國培
湖南

国培在湖南

美丽的遇见
——"国培计划"学员研修成果

湖南省中小学教师国家级教师培训计划项目实施工作办公室　组编

丛书主编

贾腊生

丛书副主编

胡惠明　李再湘

本册主编

黄佑生

本册副主编

邓水平

编　者

黄佑生　邓水平　赵健军
刘朝晖　封学武　肖　波
顾震宇　尹　川　陈　琳

湖南师范大学出版社

序 言

科学总结国培实施经验　引领全省教师培训工作

王建华

纵观我省近十年来的教师培训工作，"国培计划"无疑是一项十分重大的举措。它深刻影响了全省广大中小学幼儿园教师、教师培训机构和教育行政管理部门。

2010 年，党中央、国务院颁布了《国家中长期教育改革与发展规划纲要》，提出了 2020 年"基本实现教育现代化"的伟大战略目标，并为此对加强教师队伍建设进行了全面部署。其中重要措施之一，就是启动了"国培计划"。2010 年至 2016 年，中央财政累计转移支付给我省 6.38 亿元"国培计划"专项经费，为我省培训中小学、幼儿园教师、校（园）长超过 57 万人次，相当于全省中小学幼儿园教师人均培训一次。

"国培计划"启动后，我省以"雪中送炭，示范引领，促进改革"为宗旨，大力改革教师培训工作，构建教师培训新体系，完善教师培训管理新机制，创新教师培训新模式，大幅度提高了全省中小学幼儿园教师的整体素质，有效推动了全省教师队伍现代化建设。我省"国培计划"实施工作经验，如《深化教师培训改革，推进教师队伍现代化》《以教师工作坊为载体　构建教师培训新体系》《抓大做实　促常态见长效》等，在教育部教师工作司举办的"国培计划"管理者高研班上进行交流，被教师工作司领导和兄弟省市同行誉为"湖南模式"。

概括起来,我省"国培计划"实施工作取得了以下成果:

1. 构建了与教师队伍现代化建设相适应的教师专业发展支持服务新体系

通过"国培计划"的示范引领和项目带动,我省整合高等学校、县级教师发展中心和中小学优质资源,初步构建了以师范类高等院校为骨干、综合类高等院校为支撑,以优质中小学实践基地为基础,以教师发展中心(培训机构)为纽带的分布式、全覆盖、高质量、有特色,开放灵活的教师专业发展支持服务新体系。

2. 组建了结构合理、充满活力的省市县骨干教师新梯队

六年来,通过置换脱产研修等项目,全省培训了近万名县级及以上骨干教师培养对象,这些学员参训后日益成长为县域内有一定影响力的名师名校长。以此为基础,2014年省教育厅启动实施中小学名师名校长"十百千万"工程,设置了"未来教育家""青年精英教师"等高端研修项目,旨在培养十名左右在全国有一定影响力,百名在全省较有影响力,千名在市州内较有影响力,万名在县域内较有影响力的名师名校长。2016年,省教育厅启动了湖南省教师培训师培养对象高端研修项目,逐步培养一批在省内外有较高知名度和较大影响力的教师培训师。

3. 完善了以提升质量为核心的教师培训管理新机制

建立了项目招投标制度,坚持对所有国培项目进行招投标,坚持公开、公平、公正和依法、依规、依程序评标,确保了评审工作阳光、公正、透明。完善了绩效评估机制,建立学员测评、专家评审、实施主体互评相结合和过程性测评与终结性评价相结合的评估模式,确保了评估的公正和科学。推行教师培训学分登记管理制度,在全国率先启动了培训学分登记管理工作,激发了教师参培的主动性和积极性。实行"自下而上、协同立项、分工负责、协同推进"项目形成与实施制度,鼓励和支持市州、项目县根据本地规划和实际需要自主提出项目需求、参与项目管理,进一步形成项目实施合力。机制建设激活了全省教师培训的活力。

4. 探索了符合项目特点、适应培训需求的教师培训新模式

根据学员需求和教育教学实际,我省分项目探索了教师培训新模式,主要有置换脱产研修"五段式"模式,短期集中培训"前移后拓"模式,远程培训"统一管理,分网学习"模式,送培到县"师德巡讲、同课异构、互动研讨、专家讲座"模式，能力提升工程培训"集中现场实践性培训＋网络研修＋校本研修"混合式模式。从2015年开始，我省抢抓"互联网＋培训"的机遇，按照"省级做示范、市县促全员、重点在乡村"的基本思路，构建整合平台、精选课程、自主选学、混合研修、综合评价"五位一体"工作坊研修新模式。模式创新有效提升了全省教师培训质量。

"国培计划"实施过程中形成的"新体系""新梯队""新机制""新模式"，是教育部、财政部对我省科学指导的结果，是全省教师培训工作者共同探索和实践的结晶，也是全省教师培训工作的一笔宝贵财富。科学总结我省"国培计划"实施的阶段性经验和成果，对全省教师培训工作具有示范引领、辐射带动的作用，对兄弟省市和同行具有宣传、展示和推介的意义。在这个时候，省国培办的同志们策划了"国培在湖南"丛书，并组织专业的作者队伍将"国培计划"的实施经验和成果凝炼为《专业的培训——"国培计划"实施微案例》《美丽的遇见——"国培计划"学员研修成果》《培训达人——"国培计划"培训专家风采》《湖南模式——"国培计划"项目实施模式解读》四本著作。我相信，"国培在湖南"丛书既是对我省"国培计划"实施工作的系统总结，也是全省教师培训工作走向新阶段的起点。

我希望全省广大教师培训工作者和中小学幼儿园教师认真学习和研究本套丛书中的经验和成果，吸取精华应用于本职工作之中，为实现我省教师队伍现代化和建设教育强省的梦想做出新的贡献！

是为序。

2017年4月1日

（作者系湖南省教育厅工委委员，湖南省教育厅党组成员、副厅长）

前 言

金风玉露一相逢，便胜却人间无数，这是一种遇见。

老师们因"国培计划"结识了许许多多的同道者，他们真诚分享，相互砥砺，一路同行，这也是一种遇见。

在遇见中，老师们用文字记录着国培带给自己对教育人生的重新规划，对教育问题的深刻洞察，对教育现实的实践探索。

这些文字虽然朴素，却真挚；虽然通俗，却深刻。它们记载了学员遇见国培后从思想到行动的巨大改变。

为了和更多的同道者分享这种遇见，我们从"国培计划"项目承办院校（机构）、"国培计划"项目县初选出来的6000多篇学员作品中，精选近120篇，经编辑组整理而成，取名为"美丽的遇见"。

在编辑过程中，编辑组通过充分讨论，决定根据成果的体式类型分五个板块构建该书的框架。这五个板块分别是心得体会类、教育反思类、研修总结类、教学设计类、课题论文类。选编时，本书力求做到忠于原文，但因编写需要，我们对某些成果做了表达上的修改，因时间紧迫，没有一一和作者联系。

本书由黄佑生（湖南省中小学教师发展中心）、邓水平（衡阳师范学院）、刘朝晖（祁阳县第二中学）、封学武（桃江县教师发展中心）和赵健军（邵阳市教育科学院）共同精选和编辑完成。黄佑生、邓水平和刘朝晖拟定了本书的基本框架和写作体例，并对全书进行校订、修改和定稿。具体篇章分工如下：第一篇，邓水平、刘朝晖；第二、三篇，封学武；第四、五篇，赵健军。湖南省中小学教师发展中心的肖波、顾震宇和尹川参与了初稿的筛选和整理，并为编辑提供了必要的组织保障。

　　本书适用于广大中小学教师、各级各类教育研究和管理人员、教师教育类专业学生、研究者和爱好者阅读，并可作为教师培训的重要参考读物。

　　本书的编著得力于湖南省教育厅的坚强领导和湖南省中小学教师发展中心的组织保障，得到了所有培训成果作者、项目承办院校（机构）及项目县的大力支持，在此一并致谢。由于编著者水平有限、筛选量大、时间仓促，难免有挂一漏万和错误之处，敬请广大读者批评指正。

目 录

第一篇　心得体会类

　　或许是因为湖南省教育厅国培顶层设计的高端、缜密与实在，或许是因为培训机构的用心策划与精心组织，或许是因为培训专家的深厚学识与人格魅力，或许是因为同窗学友之间的朝夕相处与相濡以沫，学员们的内心发生了变化，有的如惊涛骇浪，有的似和风细雨，这种变化注于笔端，便流淌成这些文字……

　　有些文字流露了学员在国培后对教育初心的再度拾起之情，对倦怠人生的挥手告别之意……这些文字让我们想到了一个词——火把。

　　有些文字表达的是学员经历培训后迷茫自己多年的教育困惑得到清晰指引的欣喜……这些文字让我们想到了一个词——灯塔。

　　有些文字已不再是"一个个方块"，而是学员心中喷涌的浓浓真情，是引吭高歌的句句诗行……

第一章　国培是火把

一事精致　便已动人

长沙市一中　黎奕娜

《南村辍耕录》之《奚奴温酒》载：南宋有位官员宋季，参政相公铉翁，想在杭州找个小妾，找来找去都没有可心的。后来有人给他带来一位叫奚奴的姑娘，人漂亮，问她会干什么，回答是会温酒。周围的人都笑，这位官员倒是没笑，就请她温酒试试。头一次温，酒太烫，第二次又有点凉，第三次合适。从此以后，她温酒从来没有失手过。公喜，遂纳焉。这位官员终身都带着奚奴，处处适意，死后把家产也给了她。为什么呢？因为"一事精致，便能动人，亦其专心致志而然"。

这便是"一事精致，便能动人"的出处。意思是"一件事情做得精巧细致，便可以吸引人"。这后面还有人跟了一句——"从一而终，就是深邃"。

听到这句话的时候，我在思考：学生就是我一生的情人，教育就是我这辈子的主子。其实，曾经的我并没有想过要好好安心于教师这个职业。或者说，我原本就不是一个安分的家伙。可是，慢慢地，我发现这个职业本身有着极大的魅力在吸引着我，我不自觉地爱上了它。这好像一个女子带着一份漫无目的的无奈去相亲，阴差阳错地跟相亲对象结了婚，无意中觉得相处还不错，最后明白对方真的就是值得自己一生相爱相守的那个人。也许因为没有当下正火的"生涯规划"课程，所以我们这一辈人其实很多都是这样与自己的职业相遇，而后才把它当做事业来热爱的。

可是，从一而终，并不是做到"从一"就可以动人的，而是需要将这"一事"做得"精致"。

参加了2014高中教师高端研修班后，我想，国家、省厅和学校，给我一个这样的学习机会，正是在激励我将此生这"一事"——高中教育教学做得"精致"，故称之为"高端"。高端研修班给我们创设了如此好的平台，正是希望我能在这个100天里，这个集体中，深入研究，不断提升，修炼自身。当然，这不仅仅是希望，更是要求。要求我成为一个"动人"的老师。所谓"动人"，就是在自己的学校、班级和课堂，能吸引、触动、打动、感动学生；此外，能像一根火柴，点燃一堆篝火，用自己的光和热辐射更多人，乃至引领更多人。

其实，在这个40人的研修班里，原本就已有很多"动人"的老师。他们不仅感动了学生，感动了同事，更是早已成为了引领湖湘教育的旗手。在他们身上，我懂得了，什么是谦逊，什么是"为学生的终身发展奠基"，什么是"发得狠、霸得蛮"的钻研与敬业，什么是"上下求索"不断学习的精神。当然，华南师范大学一批优秀的老师，更让我成为了他们的"迷妹"。不必说他们的专业高度，也不必说他们的平易谦和，单是其鲜明的个性和博闻强识就足以吸粉无数。王志超罹患重病后的那份生的坚韧和对残障孩童的倾尽心力；扈中平老师的演讲直击人心，率真得毫无掩饰，非阅尽人事后的超然难以如此；钱杨义老师的文献资料备课法和对其弟子的序列指导；吴伦敦老师的声情并茂；一位中学信息学老师——罗化瑜老师的人文情怀；刘良华老师的睿智幽默，不以其所有骄人之所无……无法一一列举。当然我们也不能忘记，一直陪伴着我们的郑海燕老师的无微不至，几位班主任助理的细心体贴。总之，这是一个追求精致的团队。有人说，一起走的人，比想要去的远方更重要。人群里，我能遇到这么一群"动人"的人，何其有幸。

同时，在100天的学习中，我还接触了最前沿的教育理念，最先进的教学手段，如核心素养、任务驱动、微课、慕课、电子书包、云计算等等。在学校参访这一环节中，我有机会零距离接触了沿海城市的中学教育。尤其在广东中山纪念中学，令人震撼的优美校园环境，热情诚恳的实干家谭校长，严谨务实的教学教研团队建设和学生蓬勃的精神面貌，让人艳羡，让人深思。作为一个从教18年的中级教师，此次学习让我意识到，以往的我虽然乐于做事，但缺少必要的思考和阶段性的总结与沉淀，更不愿意将仅有的一点点思考记录下来形成文字，这些都是我亟待改进的。

同时，我也思考，在我们的教育现状亟待完善的今天，我能做什么？"精致""动人"到了我这里，我怎样对待学生？

我想，"当你想要你的孩子遇到怎样的老师，你就努力成为怎样的老师"应该成为我行动的准则。如此，我才不会被各种数据左右，不会急功近利，不会目光短浅，不会被"肉食者"左右而焦虑、沮丧。我们要尊重并呵护孩子的好奇心和求知欲。要知道，正是因为孩子的那颗求知与好奇的心未被消泯，那些特别爱好未被责罚、严禁，终得一代大家泰斗。孩子们那些奇伟瑰怪天马行空的奇思妙想，或许就蕴藏着真知大道。潜伏如卧龙，时人莫小池中水呀！一次次自以为是的无情压抑把孩子往"分数"的康庄大道上羔羊般的死赶，却渴死了羊群中那条幻化而蛰伏的卧龙！千里马骈死于槽枥之间，人才屈就于应试樊笼！真的不能再这样了！

习近平主席 2016 年教师节期间慰问北京市八一学校师生时强调："各级党委和政府要满腔热情关心教师，让广大教师安心从教、热心从教、舒心从教、静心从教，让广大教师在岗位上有幸福感、事业上有成就感、社会上有荣誉感，让教师成为让人羡慕的职业。"相信习主席此话不是心血来潮，也相信党和人民政府的执行力。习主席为教师描绘的幸福生活，今天不来，明天会来，明天不来，后天总会来。同时，我以为这段话也适用于我们的学生：我们要满腔热情发自内心地关心学生的成长，让他们安心学习、热心学习、舒心学习、静心学习，让孩子们在学习中有幸福感、有成就感、有荣誉感，让孩子成为一个不仅有关键能力，更具备必备品格的真正的人。

"一生太长，可以做太多事；一生又太短，只够做好一件事。"故曰："一生痴绝一处事。"细细想来，那些一生痴绝一处事的人，不正是有所大成之人吗？

专注于事，便可心无杂念；尽我当然，强调的是持之以恒。真正专注的人心里自有一种单纯的快乐，不需要心怀多大的梦想，要前往多远的地方，不用纠结于努力是否会有结果，奋斗是否为人肯定。

只是那样单纯热烈地向光而行……

只是那样认真地落实每一处细节……

只是回眸过去时能从容地微笑，道一声无悔……

尽我当然，专注于事，无悔矣。

用鲁迅先生的话来结束我的总结：无尽的远方，无数的人们，都与我有关。

（培训机构：华南师范大学）

我眼中的陶妙如老师

宁远县莲花小学 王毅

"高山仰止，景行行止；虽不能至，心向往之。"8 月 11 日，聆听教育专家陶妙如老师的讲座《教师的境界》后，我心潮腾涌，觉得唯有这句诗方能表达我内心的感受。

她是如此智慧。

讲座中，陶老师不看讲义，侃侃而谈，妙语连珠，一个个鲜活的事例信手拈来：谈恋爱男生女生的三大标准、批改课堂笔记……独到的见解发人深省，敏锐的思维令人折服。培训过程中，掌声与笑声此起彼伏。

"人们说要让教育充满爱，我说这还不够，要让爱充满智慧。"这是陶妙如老师的《让爱智慧》的封面语。如此睿智的语言将教育提升到了一个新的境界，它呈现的是一种生活的姿态，一种宁静淡泊的心境，一种有容乃大的气度。

她是如此自信。

上课前，陶老师让我们把自己想听的内容写下来，随后根据大家的意见，临时更换调整讲座内容。我想，只有多年的积淀与锤炼，陶老师才会有这样的底气吧！

"我讲座时从不引用名家名言，因为我认为我说的话就是名言。""我不给你们推荐别人的书，而是我自己的书，因为我要为自己代言。"这些看似有些高调的话语让人听来却没有丝毫反感，因为只需短暂的接触，你就不得不佩服她的博闻强识、思想深刻、才华横溢。

她是如此豁达。

"暖和自己，温暖他人。"陶老师总是毫无保留地把自己的成果与人分享，她说："我的资料能供更多的人学习，我感到高兴。这样更能促使我不停学习，不断更新自己，超越自己。"她从不保守，而是让自己足够强大，在专业领域中释放自己的光芒。

陶老师把自己的教育随笔汇集成一部《让爱智慧》，这部专著出版之后引起了强烈反响，甚至中央电视台还把这本书列入了《2008 年十大教师必读书目》之一。她把所有稿费捐赠给了学校，用于奖励那些普通班考上大学的学生。她说："我对钱没感觉。"这是怎样一种境界？

陶妙如老师立于山巅之上，而我们蹒跚在山脚之下。也许，终其一生，我们只能是长久地仰望她，追随她，永远也不能赶上她，超越她，但是，我们可以像陶老师一样"理性工作，温情生活"，这何尝不是一种幸福呢？

（培训机构：衡阳师范学院）

春风化雨滋兰蕙

永州市第一中学　成少华

　　2014 年，我有幸成为湖南省高中教师华南师范大学高端研修班的一员。在 100 天匆匆飞逝的日子里，第一次看紫荆浪漫、木棉灼灼，第一次听珠江潮喧、伶仃水响，特别是在一场场高端讲座中，目睹扈中平、莫雷、董标、刘良华、许锡良、郑航、左璜等岭南学者风采，觉得大道无形；在一次次驻校研修中，感悟广东实验中学、中山纪念中学、深圳中学等卓越办学特色，深感山外有山；在一场场互动、碰撞、磨合、分享之中，体验了自主、合作、探究式学习带来的现实利好，体会到了道术兼容。2014 到 2016 年，跨越 100 个日日夜夜，我们徜徉在石牌浪漫缤纷的紫荆树下，漫步在天河五山熙熙攘攘的人流中，找到了改变，觅到了突破。虽不能说凤凰涅槃，但阶段性成长的足迹却清晰穿越在我的记忆中。

　　教育的真谛是什么？俯就世俗，在激烈的应试竞争中拔得头筹，仅仅在阶段性的比拼中助推自己的学生进入更高一级、更理想的学校？作为高中教育的核心价值追求之一，高中学校在应试教育事实上没有偃旗息鼓的大背景下，追求更高的升学率无可厚非，追求考上清华、北大，追求考上 985、211 之类的学校，也在情理之中。我们在岭南地区，照样看到这里的学校把高考升学率看作立校之本、发展之基，几乎所有领导在介绍办学业绩，无不是重点强调这一块。但是，高中教育不可能仅仅只有升学率的显性逐鹿，仅仅只有分数在场，仅仅只有靠时间的挤兑来赢得突破，还应该有惠及学生终身素养的风景在，还应该有为每一个普通人终身发展奠基的教育良知在，更应该有基于民族长远发展追求教育境界的责任、担当、情怀在。岭南教授一场场高端讲座，让我们体会到真正的教育应该是人性化的教育，符合人追求自由解放的心愿，符合人追求真善美的诉求，符合人追求理想幸福生活的诉求。人性的真实、多元、差异、玄妙，不能被戕害压制，不能简化为工具，不能异化为手段。所谓说人话，通人情，做人事，走进人内心的柔软之处，而不是禁锢、压制、扭曲，以一种异化形式出现，哪怕是带着高大上的伪善面具。顺应人性的教育，更应该是指向个性化的教育。做到适性扬长，注重差异，因材施教，激发潜能。所以我们在深圳中学看到了按需选学的课程群落设置，在广东实验中学看到了学生在体育、艺术和环境科学等展示的优长，在中山纪念中学听到了每周两次唱响纪中的嘹亮歌声。

　　教育的目的除了国家层面的规范要求外，个体指向追求幸福的人生，也是毫无疑义的。但教育应当形塑学生自我，避免过度竞争，重视知情意行的合一，培养有温度、有情怀、有责任的未来公民，做一个豪迈的中国人。当然，我们注意到珠江三角洲作为我国经济最发达地区之一，这里的学生进入高中后，事实上不可能只有高考这一个入口和出口，这里在商业文化、技术文化关照的恢弘视野下，面向世界，走向世界，一部分学生通过留学、经商、创业等选择，完全可以规避激烈的高考竞争之路，特别携强势资本之优势，一些家境优裕的孩子更可以通过留学、移民等其他途径完成自我潜能的开发。不过，从一般意义上讲，这里的高考竞争并不逊色于内地，但是在学生负担上相对减轻，学生个性必要彰显、学生综合素质特别是表达沟通、体艺特长、国际视野的开阔、社团活动的积极开展等方面大多为内地学生所不及，这需要我们省思。

华南师范大学是我国师德培训的重镇，在这里，作为从事教育27年之久的教育从业者，我更加体认到师德的分量。华南师大唤起了我们从事教育工作的初心，强化对世俗物欲诱惑的抵抗力，回归自己的内心世界，种好自己的心田，以爱、责任、尊重、宽容、激励、引导等为关键词，守望学生成长，静待春暖花开。在佛山顺德、广州越秀参访启智学校，面对特教学校老师以爱心、耐心、诚心引导自闭症孩子、智障儿童、残障学生一步步走向现实生活，尽最大努力使他们成为一个个真正意义上的人，我几次潸然泪下。我顿悟，这种师爱是超越功利的，无关乎智力高下、相貌美丑、家境贫富。我们从事高中教育的不应该仅仅因为分数的高低来研判、裁量、甄别自己的学生，多一把尺子衡量人，只只蚂蚁爬上树，不能让部分学生成为另一部分学生的点缀品、陪衬品，即使在学业上没有推进到相应的梯度，依然有作为大写的人之权利，依然能够追求自己的幸福生活，至少在学校层面，要有这样的认知和行动。人才是宇宙的灵长，大地的精华，远不是分数、名次、能力等可以裁量的，至于社会惊心动魄的角逐，远不是教育人所能掌控的。

在"互联网＋"时代，在移动技术日趋介入、影响当今生活的今天，知识和信息等呈海量爆炸，核心素养的培养被提到了议事日程。华南师大是率先研究核心素养的单位之一。莫雷教授、左璜博士等专家的阐释，让我们明白，从适应未来社会所需要的基本素质出发，就要把培养核心价值当做教育旨归，我们就要舍弃散碎、繁华、臃肿的知识，在各个学段、各个学科把教学目标指向核心素养的培养，为知识瘦身，为题海训练降温，让核心素养的实践落脚在课堂，培养学生独立行走旷野所必需的必备品格和关键能力。

就语文学科而言，语言建构与应用、文化传承与理解、思维发展与提升、审美鉴赏与创造，就是学科的核心价值。我们要在常态化的语文教育教学中通过活动、实践使之落地。

与"互联网＋"时代相适应，我们还要前瞻性地对学生进行生涯规划的教育，不能让学生在蒙昧糊涂中走过了人生的关键几步。我们要为学生的终身发展奠基，指导学生从认识自我到关注未来的我，唤醒人生潜能，促使他们根据自身实际，自觉主动地选择属于自己的未来。要知道，教育不是人人争第一，而是个个成唯一。在事实上没有偃旗息鼓的应试教育大背景下，我们要引导学生努力开辟多条通往未来的路。

在华南师范大学研修期间，我们强烈地认知到信息技术与学科融合所带来的教育生态变化。"互联网＋"时代导致连接、互通、分享、跨界、多赢、个性、创新、民主等等理念的产生，更导致了教育场域内容、形式、方法和手段变异趋新。微课、慕课、翻转课堂等，以前耳闻而已，这次在广雅中学、万科梅沙书院等部分课程的实践，让我们触动到真实的事实。在华南师范大学，第一次学会制作微课。也因为华南师大这方面的熏陶和滋润，走在信息技术与语文学科融合的道路上我更加自觉和坚定。2015年领衔的湖南省优质空间课堂建设在终期评估中为良好，2016年成为湖南省基础教育网络名师，并在湖南省基础教育资源网成立"成少华语文名师工作室"，成为了"国培计划"（2016年）永州市高中语文教师工作坊坊主。没有华南师范大学培训给予这方面的敏感意识和具体指导，我不可能在这方面有所进益。

在汲取岭南地区语文教学的营养后，我开始在自己的课堂教学中践行。2015年10月，我在湖南娄底五中执教"烛之武退秦师"，2016年5月我在广东清远清新一中执教"劝学"，多少克服了自己以往教学比较注重展示教师自我的趋向，开始注重学情和现场引导调控，力求做到课堂的精彩由学生演绎，课堂的目标指向核心素养的培养。

这100多天的日子里，青春大多已经消失的我们，在华南师范大学也惬意地感怀青春的风情。教授专家在教科研能力方面的指导也让我们入耳入心，特别是华南师范大学钱扬义教授通过一节公开课达到八个八目的说法，给我启发特别大。研究就是从一堂课开始，"做一件事，形成七个一"，即上一堂观摩课，并做到以下七个方面：观摩课的研究综述、观摩课的教学设计、观摩课的说课PPT、观摩课的上课PPT、观摩课学案、观摩课学习效果测试题与教学问卷表、观摩课的教学论文。就我而言，教育理论素养储备本来不够，根本没有经过严格的学术训练，理论思维很是阙如，所以这样接地气的指导让我看到了开展教科研的方向。遵循钱扬义教授点拨，这两年来我坚持每学期为语文组上第一节公开课，坚持从七个方面使劲，两年来在全国中文核心期刊《语文教学通讯》《中学语文教学参考》《语文学习》等发表了几篇文章。在今后的日子里，坚持啃读一点教育理论原典，坚持写教学反思，坚持突破理论思维薄弱瓶颈，主持一两个课题研究，努力运用调研问卷、数据支撑、文献检索、行动研究等方法，争取超越经验层面，往形成自己的教育思想、教育理念和教育智慧的方向走。虽不能至，心向往之。

百日研修缘石牌，梦里长有木棉开。何当重走师陶路？如火青春恍惚来！

（培训机构：华南师范大学）

我因培训而改变，培训让我更精彩

耒阳市五里牌中心学校　刘小艳

2016年12月9—17日，我在邵阳学院进行了为期9天的国培学习。说实话，这次学习生活是艰苦的，是紧张的，但收获也是满满的。

一、学会艺术性地关爱学生

前不久微信上一篇题为《老师，学生只感受到你10％的爱，其余的都到哪儿去了？》的文章刷爆了教师圈。我带着疑惑认真地看完了这篇文章。文章提到，广东省江门市一名15岁的初三学生谢某伏击一位小学女老师，被交警和群众擒获。警方通报称，受害人曾担任谢某的小学班主任，因管教严厉让谢某怀恨在心。教师呕心沥血对待学生，换来的不是感恩，不是回报，而是致命的报复。这不仅让人心寒，更让身为教师的我们反思：

"我们的教育怎么了？"

"为什么会教出这样丧心病狂的白眼狼？"

在商南花老师的课堂上我找到了答案和解决办法。商老师告诉我们，如果每个老师都以生命的姿态走近学生，以父母的心态去关爱学生，以朋友的心态去理解学生，以为人师表的心态去引导学生，我们的学生就不会对老师怀恨在心而置之于死地。悲剧产生的原因之一是我们老师的关爱艺术不够。我们教师对学生不能只是简单的关爱，还要学会艺术地关爱学生，让学生感受到教师那浓浓的关爱，并且把这种爱传播出去。

二、不断反思自己，提炼人生

这次培训还给我一个感悟：一定要不断地反思、总结，不断地提炼自己。这次培训的专家让我感到意外。他们有比我年轻的——最小的贾高见老师才32岁；有第一学历比我低的——刘爱民老师第一学历才中专；有工作环境比我差的——盘晓红老师任教于一所落后的乡村中心完小；也有不教"主科"的——商南花老师是教音乐的。可是他们都比我优秀。是什么让我与他们有那么大的差距？

说实话，和这些专家一样，我也不打牌，不贪玩，不追剧，在工作上花的时间也不少。但是，和他们不一样的是，我只是在不停地做，而没有去反思、总结与升华。所以，我总在原地踏步而碌碌无为。以后，我也要像这些专家一样善做多思，真抓实干后不断反思总结，力求使自己的业务素养更上一层楼。我不求像他们一样成名成家，只求自己不再平庸。

三、勇于尝试，不断前进

就像章坤老师所说，很多学员"听课时很激动，走在路上很冲动，回到家里什么都不想动"。我不想成为这样的学员。俗话说得好：心动不如行动。培训之后，我决心要做的几件事如下：

1. 借鉴贾高见老师的班级管理模式（用积分制管理班级，根据学生日常表现量化计分，积分可以兑换相应权利，也可以兑换奖品等），实施一个适合自己班级的管理模式。

2. 开好每一次班队活动。通过班队活动让学生真正学有所得，感有所悟，坚决向以前的流于形式的班会课说再见。

3. 努力学习，"不做蜘蛛，吐来吐去都是自己的东西；不做蚂蚁，搬来搬去都是别人的东西；要做蜜蜂，采百花之粉酿最香甜的蜜。"

总而言之，这次培训是我为人师、为人母经历的一次重大转折。多年后，回顾这次培训我会骄傲地说："我因培训而改变，培训让我更精彩！"

（培训机构：邵阳学院）

不忘初心，笃定前行

古丈县第一中学　彭莎莉

记得 2014 年深秋，那个怀着忐忑而激动心情的我第一次来到温暖的羊城，来到美丽的华南师范大学，来到温馨的高研班大家庭，似一粒小小的沙砾开始在培训之路上艰难前行。回望两年来的成长历程，从开始的懵懂到现在的坚定，我清晰地感受到自己的变化，并期待将这种变化化为实际的行动，指引我的专业发展。

一、理论研修——坚定教育信念

理论学习阶段，我迟迟不能进入学习状态，因为有两个问题没想明白："我是谁？""为什么要来学习？"现在回想起来，好像慢慢找到了答案。参加培训时，我入职快十年了，正是所谓的职业倦怠期，而我却茫然不知。两年多来，通过专家的引领和点化，我终于明白并坚信：作为一种职业，教师应该成为学生心灵的陪伴者与方向的引领者；作为一份事业，教育应成为我乐于付出、甘于奉献的毕生追求。

二、跟岗实践——提升专业素养

跟岗学习阶段，华南师范大学基教院为我们联系了广东省最优秀的几所学校——省实验中学、中山纪念中学和深圳中学作为跟岗实践基地。在跟岗学习中，我观课 21 节，同课异构一节。同课异构活动中，给我印象最深的是广东本土教师，特别是青年教师的专业素养特别高。尤其是中山纪念中学的几位老师，他们入职不过短短的两三年，但课堂问题设置到位，思维含量高，课堂驾驭能力强，学生喜爱度高，这一切让我这位入职已经十年的"老教师"汗颜。在追问原因时得知，这几所基地校不约而同地落实了集体备课制度。从大的科组到备课组，这几所学校都能层层落实，严格执行。这给我的启示是，作为一名教师，专业素养是立身之本，特别是青年教师，可以通过多次磨课献课的方式来打磨自己的课堂，努力提高自身的专业素质；作为一名教师培训者，在发挥自身辐射作用的同时，我们还应积极关注青年教师的专业素养，在学校内通过集体备课等形式，发挥团队的合作精神与凝聚力，为青年教师的快速成长提供保障。

三、关注学生——学生发展指导

接触"学生发展指导"这个概念是在 2015 年 12 月。当时宋春燕老师正在对广东省第一批生涯规划师进行培训。在那次培训会上，我了解了学生发展指导是什么，为什么要对学生发展进行指导。在本次培训的最后阶段，我分享到了宋老师关于学生发展指导实践层面的研究成果。让我钦佩的还有我们高研班的孔春生老师。孔老师在 2010 年就开始学生发展规划方面的实践探索。我感叹，名师不是选出来的，是做出来的。作为西部地区薄弱学校的一员，我深感学生发展指导研究与实践在我们湘西地区的严重滞后。通过这次学习，我会尝试像前辈们一样，在自己的区域里进行不懈探索。

从理论学习带给我的"头脑风暴"，到跟岗研修给予我的"实战体验"，让我多角度地了解了先进的教育理念；从湖湘名师到南粤精英，让我全方位地感受到了同行们的教育理想。培训虽然结束了，但对我来说，却是一个新的开始。很庆幸，在我的职业倦怠期即将来临之际偶遇这次培训；很荣幸，在我专业发展迷茫之时结识这群名师。我要用自己的实际行动来承载这份幸运，书写属于自己的教育教学新篇章。

（培训机构：华南师范大学）

为爱坚守

郴州市北湖区第四十完小　朱孟英

近半个月的校长国培学习收获不小，无论管理能力的提升还是做校长的自我修养，对我来说都是一次很大的触动。

于泽元教授告诉我不同的视角决定着看问题的不同方式，不同的方式决定着不同的结果；冯维教授告诉我校长需要一个真正强大的内心和坚定的信念；艾兴教授在校园文化建设方面为我们指点迷津；澄江小学的特色发展对我校的发展有着积极的指导作用；万淑兰校长的教育情怀让我感动；付艳芳校长的香港印象让我脑洞大开；雷富光校长的未来学校信息技术发展理念与策略为我指明了学校发展的方向；王晓萍院长的依法治校告诉我要怎样谋事管人规避风险……

无论是讲座还是参观，让我感受深刻的是，作为教育人要坚守教育的信念与责任。我是一名农村教师的女儿，回想当初，丰盈的物质条件是我的人生追求，至少不能像父亲那样活着。如今，我拥有了幸福的家庭、安逸的工作，拥有了我曾想拥有的一切。然而，我的内心却无法感受到宁静与充实。我时常在想，人活着到底为了什么？当你实现当初拟定的人生目标时，为什么还是感觉不够快乐和满足？欲望就像一张无形的大网让你想把所有的东西装在里面，东西装得越多，内心却掏得越空。

30多年前，父亲带着我们三姐妹住在一个前不着村后不着店的破旧村小。雨天，外面下大雨家里下小雨；晴天，放学后跟着父亲下地种菜。白天，父亲领着一群光着脚丫的孩子上课；晚上，父亲把教室里的桌椅堵在门后我才敢睡觉……可是，这样的环境丝毫没有动摇父亲教书育人的信念。但父亲给师范刚毕业的我写了一封信，信中特别叮嘱："一定要忠诚于人民的教育事业。"我担任校党支部书记的第一天，父亲说："你要全心全意为人民服务！"

像父亲那样执著而平凡的老师我遇见很多。我无法忘记小学班主任黄晓曼老师诵读《十里长街送总理》时泪流满面的场景；无法忘记爱生如子的初中班主任邓丽平老师的身影；无法忘记史文老师在生命的最后一刻给我们讲的那个永远没有讲完的革命故事……时隔30年的今天，我才深深领悟那是一种信念，那是无私奉献之后内心的幸福与充实——和金钱无关，和权利无关，和安逸享乐无关……

我为自己安逸地活着感到羞愧与不安，我无数次在安逸与梦想中挣扎，无数次在家庭与事业中抉择。我知道，选择校长这个岗位就是选择了担当，选择了责任，选择了为爱坚守！因为我坚信，爱是可以被传递的，幸福是可以被复制的，信念是可以被影响的。今天我满怀着爱、幸福和信念担任校长就是来做这个传递者、复制者和影响者的。今天，我就是为实现自己的梦想而来……

我的梦想就是办一所像家一样的学校！让家里的每一个人都能感受到安全、舒坦、幸福、温暖；让家里的每一个人才华得以展现、精神获得归宿！

我认为教育必须以孩子一生的健康幸福作为终极目标。作为教师，我们应该从孩子的角度思考问题：学生们喜欢什么样的学校？喜欢什么样的老师？喜欢什么样的教学方式？孩子们渴望在学校里做些什么？作为校长应该从老师的角度思考问题：老师喜欢什么样的学校？喜欢什么样的校长？乐于接受什么样的管理方式？

为此，我和不下50位老师进行过这样的沟通，和不下一百名不同年级的学生交流过这样的话题。老师们回答最多的是：工作开心，环境好，待遇好。学生们回答最多的是：学校漂亮又好玩！

我思考，什么样的地方既是老师们开心的地方又是孩子们想去的、好玩的地方？幸福温暖的家不就是我们大家向往的地方吗？为什么不把学校办成一个像家一样的地方呢？就这样，我把"家园式"作为办学的主题。我认为一个学校的办学行为必须完全服从于学生的健康成长，教师的职业幸福。校长心里永远把握这一点，办学之路才不会走弯。怎样才能让学校成为一个安全、舒适、幸福、温暖的家？我认为学校建设必须让"自然"成为"家园式"学校的底色，让"微笑"成为"家园式"学校的语言，让"爱"成为"家园式"学校的灵魂。

很多年来，我都有写教育随笔和工作日记的习惯，在这里我想公开我的两篇工作日记：

2015年1月12日 星期一 雨 平静

我想将我和一位家长的QQ聊天读给大家听。他并不知道我姓朱，更不知道我是原来学校的书记，只是他加入了米兰家庭教育群，看到了我的头像和我的网名"孟子"，所以她称呼我"孟老师"。

你好！孟老师。/你好！/你还记得我吗？也许你不记得了，但是我永远记得你。/你是？/这个学期刚开学的时候开家长会那天，我抱着一个孩子站在楼梯下面的过道上，你很热情地搬张凳子让我坐下。让我很感激。/呵呵呵，我真不记得了，小事，不言谢。我也是母亲，应该的。/但是对于我这个刚生了孩子的妈妈来说却很感动。/没事的。你的孩子在一年级是吗？/是73班。/这件事让我学会了很多道理，孩子们在你们的教育下让我们很放心。/不敢不敢，这么小的事情你能有感悟，相信你一定能教出非常优秀的孩子！我只是爱孩子，希望每个孩子健康幸福！

2015 年 4 月 30 日　星期四　晴　纠结

　　今天，一个躲在校园角落里看风景的小男孩引起我的注意。小男孩眼神直直的，我料定他有心事。几句话之后，我走进了他的内心。——又是家庭暴力！看着孩子手臂的伤痕，我心如刀绞，孩子在家到底受到了怎样的虐待！我决心管到底！（之后，我很严肃地和小男孩的父母进行了沟通，也决心监督到底。后来，小家伙经常在我的办公室门口微笑着露出半个脸蛋，我知道，他是幸福的！）

　　这就是爱的传递，教育并不是要做惊天动地的事情，只要守护好每一个灵魂，善待每一个生命，当每一个人的脸上都能露出幸福的笑容，我想，这就是教育的成功！

　　我是一个教育理想主义者，可能把一切想象得太完美。我知道现实很残酷，知道前方的路很艰难，我也不知道我的理念在现行的教育体制下究竟能够走多远？不管以后的路有多艰难，哪怕是离理想教育多靠近一步，我唯一能做的是为爱坚守！为教育坚守！

（培训机构：湘南学院、西南大学）

人生需要诗意

鲁梦姣

一头飘逸的长发，一袭黑白的长裙，一双充满睿智的明眸，一口温婉清亮的普通话，董一菲老师就这样开始了她的《发现语文的诗意》讲座，也开启了我对诗意语文、诗意人生的思索与追求。

董老师认为，语文的诗意崇尚天籁、神韵、简朴的课堂设计。语文是我们的母语，是历史和文明的载体，是文人士子思想情怀的外化。人们常说，一花一世界，一叶一菩提。文人笔下的每篇文章，每个文字，都映射出他们的思想与志趣。语文的诗意就是通过探寻与品味文字的美与作者进行心灵的对话。很喜欢李清照的词作，她用女性的细腻柔婉为我们留下了"红了樱桃，绿了芭蕉""人比黄花瘦"的传世佳句。"红、绿、瘦"三字以外，韵味无穷，这也许就是语言和言语的差别，是知识和诗意之间的不同。知识可以传授，而诗意需要领悟。教师要引导学生细心玩味语文，才能进入作者内心。

董老师多次提到"安心立命"这个词，我很认同这种观点。能"安心立命"的人生是诗意的人生。我觉得苏轼的人生就充满诗意。他遭遇贬谪仍乐观豁达，大度从容。他的诗词书画尽显人格魅力。

董老师说，诗意的人生源于读书。我惭愧，平时总以没时间，太劳累等各种理由欺骗自己，鲜少坐下来静心读书。其实，这是对自己的不负责任。我必须改变这种现状。

半天的讲座，让我不虚此行，受益终生！谢谢您，董一菲老师。

快乐同行　快乐研修

宁乡县历经铺乡历经小学　张红霞

2016年9月30日,国培计划"送教下乡"宁乡县小学数学研修活动正式开班了!

早在开班之前,进修学校的领导老师们就邀请了上级专家在培训基地校——双凫铺中心小学进行了课堂问诊,并通过教师访谈和需求调研,认真制订了此次研修的实施方案,正是有了前期的充分准备,所以这次为期两个月的培训活动真正落到了实处。

本次研修活动包括如下环节:名师示范课—学员评课、提问—专家答疑、评课—专家、学员同课异构—学员分组议课磨课—专家讲座等。在每个环节的活动中,专家与学员都能面对面交流、探讨,这既让学员有足够的锻炼机会,又能充分发挥专家的引领作用。专家的理论指导让学员醍醐灌顶,学员的课堂实践也打开了专家们理性思考的另一扇窗。可以肯定地说,本次研修活动真正做到了教学相长! 8次集中培训,12节课堂观摩,还聆听了8位专家的专题讲座。这次培训活动,让我接受了先进的教学理念。回到单位,我不断尝试把学到的教育理念和我的实践结合起来,边学习,边反思,感觉自己的教学能力得到了大幅度提升。

11月25日,这次集中培训活动告一段落,我们小学数学一班的老师们就回到宁乡教师进修学校进行培训总结与提升。总结会上,各小组的成果展示,异彩纷呈。参培老师来自全县四面八方,都是一线骨干教师。承蒙学校和领导的支持,每周的这一天,我们能暂时放下手头工作齐聚双凫中小,只为继续充电,提升自我。

最让我期待的是每次的精彩示范课堂教学。记得那天一早刚到学习场地,身边同事就告诉我今天的培训学习非常值得期待,因为有重量级的人物给我们上课。从早上长沙名师邓飞雁老师的示范课,到下午数学专家张新春老师的讲座,我的心、眼、脑一刻也舍不得开小差,生怕错过每一个精彩之处。

邓飞雁老师执教的四年级《常见的数量关系》让我大开眼界。她课前的师生互动马上能让学生全神贯注,富有创意的语言训练让孩子们感受到了数学课堂语言的干练、精准和完整。一个生活情境贯穿课堂始终,每个环节丝丝入扣,循序渐进。从第一、二个数量关系式的生成,到引导孩子们去寻找它们的相通之处,我恍然大悟:原来这两个表面上看似不相干的公式,骨子里是一样的。邓老师亲切随和,信任孩子,赏识孩子,驾驭课堂轻松自如。她用自我调侃的语言让本来严肃的课堂变轻松了。比如,速度这个复合单位的读法写法是难点,邓老师用自己跑步的速度和宇宙飞船的速度来比较,让孩子们看到同样的数值带上不同的时间单位，速度就相差十万八千里了。相信孩子们通过这节课，不仅记住了速度的单位读法写法，而且还懂得了它的重要性。

张新春老师名不虚传，功底深厚。他的课看似信手拈来，其实是多年的教育实践与不断学习提升才有如此炉火纯青的功底！一个好玩的辨色游戏把孩子们和听课的老师们带入了快乐的课堂。整个课堂和下午的讲座中他一直坚持着自己的教育理念：带着一颗感谢的心看待把错误呈现在课堂的学生，给予耐心和时间让孩子自己去发现错误，改正错误；孩子们在学习中会遇到困难完全正常，老师要沉住气，不要急躁；多鼓励孩子独立思考，一个人要有了自己的思想才可能去跟别人交流撞出火花；要坚信孩子们在课堂中一定会从不会到会，到会得更多；老师要做教学的有心人，因地制宜灵活地处理教材，让数学取之于生活又回归生活；老师要成为一个有趣的人，了解学生的兴趣所在，找到与他们交流的共同语言，让他们喜欢你的人喜欢你的课。张老师，如此地包容学生，真是我们学习的榜样！

金海小学易老师的课旨在引导孩子们掌握《搭配》的方法与要点。虽然低年级孩子的语言组织能力不强，但易老师能很好地利用课件引导学生学习用精练准确的数学语言来表述思考和操作的过程。这一点非常值得我学习。课堂上，或城堡探险玩游戏，或穿美衣拍美照，易老师通过多种方式与孩子们频繁互动，让他们在玩中学，学中玩。这种寓教于乐的教学不仅给学生，也给我们听课老师带来了快乐！

县教研室闵时荣主任的讲座，案例丰富，接地气。荣主任思维严谨，出口成章。他一针见血地指出我们许多老师教学中的不足之处。比如我们在平常的教学中，生怕学生不会，问题丢出去就迫不及待地想帮他解决；老师课前自己没吃透教材，不能提出有思考价值的问题。比如教师总是不能真正地做到把课堂还给学生，让学生完整地体验研究的过程。他强调，要引导孩子自己去经历曲折去自主探究去发现解决问题的方法，从而让每一个孩子变得灵动起来，让他们愿学乐学，学会学习，而不是成为学习机器。

（培训机构：宁乡县教师进修学校）

用爱成就幸福

桂东县欧江第五完全小学　胡慧玲

七月，我们相遇，团聚成一个亲切的大家庭。我们相携相伴，一起学习，一起进步，一起成长。短短九天，成为七月最珍贵的记忆。我们收获感动，收获幸福，收获新的思想，收获新的理念；我们思考人生，思考教育，思考农村的未来。每一个思考都会在心中埋下一颗种子，每一次收获都会开出灿烂的花朵。

我一直在思考，什么样的老师才是好老师？如何成为一位幸福的好老师？这一次培训让我找到了答案——那就是爱。只有用爱才能成就幸福的好老师。

一、好老师要爱上教育

"爱"是永恒的话题。苏霍姆林斯基说，有爱的教育才是真正的教育。一个老师只有爱上教育才有可能成为一个好老师。对于教师这份职业，人们给了它太多的美称，"太阳底下最光辉的职业""人类灵魂的工程师"等。确实，教师是教育发展的关键，教师任重而道远。我们选择教师这份职业确有各自不同的理由，但既然选择了，那就爱上它吧！只有你热爱教育，才会用心教育；只有用心教育，才会有好的教育；只有好的教育，才会有好的明天。因为热爱，谭兰霞老师无私地奉献着大爱；因为热爱，黄小元老师在语文教学中不断探索；因为热爱，那么多农村教师在艰苦的教学点村小从事一辈子的教育事业，他们像"春蚕"、像"蜡烛"，为农村教育挥洒汗水，付出心血，他们爱一行，专一行，用智慧让这份事业绽放光芒。爱上教育，做一个有思想、有力量的好老师。

二、好老师要爱上学生

学生是教育的主体。一切的教育都是以培养学生为目的。我们的教育不仅要让孩子们掌握科学文化知识，还要让孩子们懂得珍惜生命，爱护生命，有纯净的心灵，有悲天悯人的情怀。我们能为学生做什么？爱上他们，包容他们的不完美，欣赏他们的闪光点，肯定他们的每一次进步。多一点耐心，多一点细心，帮助学生解决学习、生活中的难题。多一点关爱，多一点关怀，让每一个学生都能感受到你的爱。好老师应该是爱的天使。春天里，在每一个学生心中种下一棵爱的种子，用爱的力量慢慢地改变，慢慢地影响，潜移默化，浸润感染，等待它长成参天大树，开花结果。

三、好老师要爱上课堂

课堂是社会的缩影，在课堂上我们要教给学生生活的智慧和幸福的体验。什么样的课堂是孩子们喜欢的课堂？黄小元老师说，有趣、自由、闲适的课堂是孩子们喜欢的课堂。这样的课堂是纯真的，这样的课堂是生态的，这样的课堂更是简单的。简单，是一种手段。简单的课堂是一种洗净铅华的课堂，是一种富有意境、具有思维的课堂。把复杂的东西简单化，深入浅出，有趣有效，让我们简简单单教，让学生简简单单学，快快乐乐，这应该是好老师追求的最高境界。

四、好老师要爱上生活

谭志生校长说，工作是为了更好的生活，只有高品质的生活才会拥有更好的工作状态，生活是生命存在的意义。好老师应该拥抱幸福生活，去做一件对你来说不可能的事，去完成一次对你来说不可能的旅行，去读一本你读不懂的书，去听一次你听不懂的演讲，去看一次你看不懂的电影。去做吧，生命有无限可能。我们一直在走，不要兜兜转转只在原地踏步，让我们向着远方、向着梦想前进吧！

成为一个好老师是一辈子的幸福，一个人遇到好老师是人生最大的幸运。但好老师不是天生的，而是在教学管理实践中，在教育改革发展中锻炼成长起来的。于我来说，成为好老师是一场修行。在修行的道路上我一定会努力坚持，用爱，用心去成就。愿每一个老师都是孩子遇到的好老师，多年之后，时常被学生想起并心存感激。

（培训机构：湘南学院）

给女儿的一封信

衡东　阳冬萍

亲爱的小小：

是不是很奇怪，为什么妈妈会给你写信？你昨天问我这次学习的感觉如何。我觉得，电话、短信、微信这些方式都不足以表达我的内心——每天我都有很多很多的话想说。

从哪说起呢？那就从第一天开始吧。9月17日，在习总书记视察北京师范大学的余热中，我一踏入这宁静美丽、神往已久的北京师范大学，文化、学习的气息就扑面而来。"学为人师、行为世范"的文化感觉无处不在。莘莘学子背影匆匆，脚步轻盈。团队活动丰富多彩，只要围观，就已融入。北京师范大学的阳光雨露润泽了我似已久渴的生命，心底深处那种渴望学习、渴求上进的细胞瞬间被激活。我，是北京师范大学的一员了！一直渴望和遗憾的大学梦，终于在北京师范大学实现了！开学典礼上，韩老师说，在这里，我们要回归大学生活：按时作息、认真上课、勤奋学习、完成作业、建设团队……多好呀！这种生活，年轻、活力、充实、灵动，一洗机关工作之冗余倦怠，一洗红尘琐事之繁难沉郁。我，只是个学生，一心务学的学生。

再来说说我的学习心得吧。

一、我的收获：学习、成长

这次学习，能有幸聆听这么多专家、教授的讲课，这是我的幸运和幸福。如同十四年前偶然听到一位台湾教授讲授国学，回家就让你背《论语》一样，我想这次学习也会成为我人生的一个转折点。

先向你介绍钱志亮教授吧。他是一位早教专家，多才多艺，课堂生动活泼、幽默风趣，深刻严格。虽然讲的是早教，但让我学到更多的是做人。要做一个学习之人，男人要勤奋，女人要干净。要做一个会带孩子、会教孩子的人。他的课，让我明白如何做一个学习的人、负责的人、有爱的人、反思的人。

另一位老师张渝鸿教我怎么"做女人"。她讲的是"沟通力"的问题。她亲切、平和、优雅、自信，博学而经验丰富。她声音优美，语速适中。她用亲切的眼神跟我们娓娓讲授，并调动我们跟她一起学沟通。例如，她的这次课，三个小时，中间要换一次教室——从这一栋楼到那一栋楼。对此，她让我们至少写三点换教室让她高兴的理由。写着写着，说着说着，最后大家都笑了。还有，同学们要和她合影，她会把头发散开披着，摆出优雅的造型，甜甜地笑着。她说自己是一条美人鱼，只不过是一条肥一点的美人鱼。不爱拍照的我，也忍不住留下了她美丽动人的倩影。我会珍藏这张照片，并提醒自己：要做一位像张教授一样的女人，会沟通，会生活。

陈飞星教授上的是我们的第一堂参与式活动课，主题是"领导力和拓展训练"，整个过程就是游戏。先是团队建设，全班67人按1～6报数，分成6个组，数字相同的是一组，然后就给20分钟准备，各组选组长、定组名、组训、组歌，之后各组把这些内容做成海报上台展示。第二个阶段用15分钟的时间练习一个游戏——青蛙跳水的群口相声。这个游戏重点在于把握规则、创新角色的安排上。但正是这一点，各组的安排规律都不相同，有的传统，有的创新……就这样，创新、合作、沟通、服从等等各方面的品质都得到显现。更重要的是，反思！我们这组在传统中略有创新，通过八轮获得最好成绩，但却没有很好的规则和科学组织。由此，我也反思了很多生活中的问题，反思，真的很重要！要是你也能听听，那多好！

当然，在专业方面，也有着非常多的收获。

洪秀敏教授解读了《幼儿园教师专业标准（试行）》。我惊叹于她的学识渊博，更惊叹于她对于幼儿教育的一种责任、使命和担当。她客观地分析了当前幼儿教师"社会声望低、工资待遇低、专业门槛低、专业期望低"的现状，并指出幼教工作者重微观轻宏观、重专业研讨轻政策研究的现象。的确，任何一个事业的发展，都离不开政策的扶持，作为一名幼教的行政机关人员，确实感同身受。

朱继文园长，北京丰台一幼总园长，她的"幼儿园的人力资源建设"讲座让我看到的不仅仅是幼教人员的共性，更感受到了她身上独有的个性。她是一个善思、善行、善爱的具有人格魅力的人。我相信，不光是做园长，做任何事情，她都会成功。她坚定执著，目标如在三年之内从零开始办成了一所北京市一级一类幼儿园；她每天坚持写日记，随手便成一本《故事教你做园长》。她勇于创新，身体力行。为了宣传幼儿园，她晚上在园里办舞会，她举行钓鱼比赛，甚至放学之后还推着小车做外卖。她爱教师，每年都要组织教师过七夕节、重阳节，让员工家庭和谐、夫妻和睦……这样的人，怎么不会成功呢？

当然，还有很多令我感动的专家，从他们身上我接收到了满满的正能量！正是因为有了这些人，幼教才有希望。是他们铸造了昨天，成就了今天，创造着明天！而我，唯有敬佩、学习……

二、我的思考：沉重、使命

在收获的同时，我的心情也很沉重。沉重来自三个方面：

一是差距。主要是指我们县里的幼儿园现状与这次感受到的幼儿园之间的差距：硬件差距、师资差距、理念差距、质量差距。哪一个差距都不是一两年、三五年能解决的事，我无限怅惘：这怎么赶呢？

二是忽视。一个现象，有目共睹：无论哪一个地方，民办幼儿园的比例一定比公办的大。小学教育、中学教育会这样吗？这意味着什么？幼儿教育，很大程度上还处在一种被忽略的地位。

三是忧虑。现状如此，会很快改观吗？个人觉得：不能。如刘占兰教授所说，现在的幼教质量其实还不如2008年。为什么？入园率提高了，学前幼儿大大增加了，但我们与之相关的幼儿园硬件、师资、管理体制、经费支持等，这些都没有跟上。尤为突出的是在师资队伍建设这一块。不但人数少，更重要的是综合素质和专业水平较低。《标准》在那儿，但是洪秀敏教授说，很多大学培养出来的大学生都难考上幼儿教师资格证，更何况那些从小学转岗过来的非幼儿教育专业毕业的！没有合格的师资队伍，何谈高质量的学前教育！期待有一天，优秀的人才都想争当幼儿教师了，我们的幼教才会真正有希望。

培训还有两天就结束了，但我的学习才刚刚开始。亲爱的女儿，期待吧，一个北京师范大学学习归来的妈妈，一定是一个焕然一新的妈妈！

爱你的妈妈

（培训机构：北京师范大学）

独臂演绎春秋，丹心铸就师魂

东安县天成学校 翟德清

8月8日下午，全国"五一"劳动奖章获得者、湖南省"国培计划"中小学"师德巡讲团"主讲成员、湖南省特级教师、衡南县星火实验小学谭华勇老师，在湘南学院图书馆一楼报告厅为我们国培班的学员做了"用感恩之心编织的教育故事"专题讲座。

谭华勇老师声若洪钟、声情并茂地讲述"感恩之心""课堂艺术""激励识字""经典班会""晨曦亮丽"等教育故事，以自己近40年的教育教学实践经验，启发在座的教育者以良好的师德言行感染学生，以科学的教育教学方法培养学生，以"师德为本"的理念要求自己，力争做人民群众满意的教师。

在座的老师无不为谭老师精彩的教育故事、风趣幽默语言所吸引，为他乐于奉献、敢于担当的教育精神所折服。

他身为一个残疾教师，却身残志坚！他坚持献身小学教育40年。我一定好好地向他学习，学习他奋发向上、勇于进取的精神，还要学习他高超的课堂教学技巧、与时俱进的先进教学理念。

一只手臂，三尺讲台，育出莘莘学子。40年来，他用强有力的臂膀，为孩子们撑起了完整的师爱；40年来，他以校为家，把家当校，用汗水与青春书写着自己的教育篇章。

"是党和政府给了我上学的机会和工作，是党和政府给了我生存与生活之本，我一定要回报党，回报政府，回报社会！"谭老师言语之间洋溢的感恩之情，感染着我们。他认为，感恩之心是努力工作的原动力。正因这种感恩之心，他在岗位上兢兢业业，用行动回答什么是对教育事业的忠诚。

"教师非特殊情况耽误学生的功课是一种失职行为！"这是谭华勇信守的准则。他认为，教师的使命是教书育人，必须要对学生负责，来不得半点虚假。2004年4月12日，谭老师的岳父去世，为不耽误学生课程，他白天坚持在学校上课，放学后，租着摩托车去守灵堂。在那特殊的日子里，他没有向学校请一天假，没有耽误学生一天课，真正做到了忠孝两全！一只手，一颗心，一世情。谭老师爱生如子，他自费给进步的学生买奖品，他坚持用左手为顽皮的孩子钉衣扣。

单臂也能飞翔，谭老师还是教研引领者。讲座中，他和我们分享了"养成教育""发现教育"的研究成果。谭老师的教研，没有高深的理论和华丽的语言，只有实实在在的亲历故事和切实可行的具体做法。

聆听谭老师的感人事迹后，我决心在今后的工作中，更加严格要求自己，用高标准的师德规范自身的行为，用先进的教育理念指导自己的教育行为，努力提高自身素质，在平凡的岗位上，演绎精彩的教育人生。

（培训机构：湘南学院）

印象·水平

永州江永县实验小学　刘英姿

　　名导张艺谋在桂林导演了"印象·刘三姐",闻名全国。而我这个蹩脚导演也异想天开想执导一部雁城"印象·水平"。我可不管票房高低与否,至少不会亏本,因为我的成本只要一张纸、一支笔和一颗敬仰的心。

　　初识"水平老师",是在"星光"灿烂的荧屏上,此荧屏非彼"荧屏"。当时在一大串闪闪发光的头像中,我发现面对众多稀奇古怪的提问,总有水平老师贴心的回答。心想,这位老师名字挺有意思。而对我唠叨啰嗦的"三问",水平老师也在繁忙的工作之余有问必答,让人觉得态度亲和。临行前空间里的学员间师生间的互动,让我对此行多了份期待,少了份担忧。我想,"印象·水平"的序幕拉开了,第一幕是"热心的小贴士"。

　　再见"水平老师",是到培训中心报到的时候。我们一行到达时已是晚上10点左右,旅途的奔波让我们有些许疲惫。正在大厅茫然不知所措时,抬眼望见一张亲切的笑脸,里面是暖暖的问候。指引我们办好一切报到手续后,水平老师挥手示意:"大家好好休息,明天见!"热情的笑脸,温暖的话语,让我们一扫初次见面的陌生感。我想,"印象·水平"的第二幕是"学员的贴心人"。

　　真正认识"水平老师",是在国培班的讲坛上。水平老师开学第一天组织的"结缘·惜缘·感悟·分享"活动,一下子拉近了老师和学员,学员和学员之间的距离。接下来水平老师关于"我心中的语文名师"的讲授,给了我心灵极大的触动,让我的教育之路不再迷茫。在"从'教课文'到'教语文'的华丽转身"的专题讲座上,水平老师一改常规的教法,先以实例引发我们思考,再提出问题让我们寻找答案,最后针对疑惑进行深入浅出地讲解,让我们对专题的观点有了明确的认识。几天下来,无论是讲授还是一系列互动活动的组织,无不让我感受到水平老师的睿智、才学、幽默、开朗、热情、亲和。我想,那目光中跃动着的光彩,那颗永远年轻的心,都源自于他对教育事业的热爱吧!

　　"印象·水平"的第三幕应该是"教育的追寻者"。

　　"印象·水平"已翻开了三篇章,接下来,还会有"第四、第五……",相信我们一定会有更多的期待!

(培训机构:衡阳师范学院)

一场美丽的邂逅

湘潭县云龙小学　田丽

正处在对工作彷徨和困惑的时候，我有幸参加了"国培计划（2016）"——湘潭市初中班主任培训。这次培训对于我来说，无疑是雪中送炭，是我的心灵一场美丽的邂逅。

11 月 7 日，是培训的第二天。经历上午的"破冰之旅"后，我们迎来了主讲专家上海市闵行区浦江第一中学的洪耀伟老师。没有华丽的语言，也没有玄乎的前沿理论，洪老师的讲座从头到尾都是干净、柔和的家常语言。他娓娓道来，却字字珠玑，到人心坎。他的讲座让我佩服、仰慕、惊叹，更让我汗颜、反思。

回想自己的工作，好像除了开始几年，激情澎湃，耐心十足，后来面对日复一日的重复工作，开始倦怠，开始抱怨。家长难沟通，学生难教育，遇到一些不讲道理的家长时，更是义愤填膺。感觉自己为学生抛却了一片心，却得不到什么回报，便有了改行的念头。

面对这种情况，洪老师是如何看的？他认为，作为老师，我们应该豁达一点，豁达地对待工作，功利性不要太强。遇到事情，少一分浮躁，多一分宁静，尽心去做每一件事情，一切自然会水到渠成。简短的几十个字，仿佛一股清泉注入我的心灵，沁入我的心脾。回想以前的抱怨，以前的困惑，家长的挑剔也好，学生的调皮捣蛋也好，好像一切都不是事。只要我们自身能平衡心态，用心，尽心，一切不那么急功近利，豁达面对，教育的每一天都是新的。

如果说洪老师的观点给我的是启迪，那么洪老师对教育的情怀给我的则是震撼。小学语文界男神王崧舟老师说："生命即教育，只有融入了生命的教育才是真正的教育。"我对这句话开始不认同，觉得这应该是大师级专家的一孔之见。可是听洪老师与我们分享的石头作画的启示，才发现，原来是我没有真正领悟到王老师言语背后的深刻内涵。洪老师和女儿一起外出游玩，女儿拾到一块普通到再不能普通的石头。看到图片时，我觉得说它丑陋都不为过。洪老师想把它扔掉，女儿却要求带回家，意欲在上面作画。为了陪同女儿，洪老师和妻子一起参与了这个过程，经过这一家三口的用心描绘，毫无美感的鹅卵石变得光彩夺人，吸人眼球。事情到这里，对于一般人，也就结束了，最多就是一次温馨的亲子时光。于洪老师而言，却是一次教育的领悟。洪老师认为，大多数学生正如这样的一块卵石，一开始，不起眼。但是，如果我们老师能真诚地去爱，用心描绘，这批孩子也一定能焕发出耀眼的光芒，找到自己的归属。

　　这次和洪老师的美丽邂逅让我意识到，作为一名教育人，我付出的还太少，要探索的路还很长很长。我将把我的仰慕化为动力，把我的收获化为实践，以此为起点，重新起航，豁达面对工作中的点点滴滴，心怀美好，用心描绘出属于我的那一堆五彩之石。

（培训机构：湘潭江声实验学校）

难忘的学习之旅

王琪

时间如白驹过隙，为期两周的特岗教师名校跟岗培训就要结束了。作为一名乡村特岗教师，我感谢学校给了这样一次充电的机会，也感谢浏阳新文学校在这段时间给予我们无微不至的关怀！我只想说这次培训我来对了！下面就是我的几点学习心得：

一、守望道德星空，坚持教育信仰

"师德修养，不是变成神，也不是做苦行僧，而是做好普通人，深化职业理解和认同，遇见明天更好的自己。"国培专家黄佑生老师这一席话直击我的心灵，让我突然明白了教育的意义！他说教育是一种信仰，心在哪儿，风景就在哪儿，幸福也在哪儿！我们做教育，首先是为学生种福。我们改变不了世界，改变不了教育，但我们可以改变自己，让自己成为学生生命中的贵人。其次，教育是为国家和民族种福。就像新文学校的校训一样：教书育人，起步新文。我们教书育人是为国家培养栋梁之才，是为民族崛起提供生力军。教育也是为自己种福。作为一名教师，我们最大的归属感和成就感莫过于做着自己喜欢的事业。我相信只要我们时刻胸怀人间大爱，永葆敬畏之心，我们一定可以在教育的道路上面朝大海，春暖花开！

二、强化安全意识，关爱温暖学生

新文学校安全办主任宋伟老师为所有学员分享了安全管理与教育方面的成功经验。他说，在新文，安全是头等大事。学校的一切工作都建立在安全的基础上。难以置信的是偌大一个学校竟然没有设置一个小卖部，目的就是让学生远离垃圾食品，摆脱亚健康。可以说新文学校真正做到了为学生的生命健康与安全保驾护航。新文学校很多老师为我们进行了师德宣讲和爱心宣讲，如卢国珍、罗锦珍、刘异平、肖平辉、彭智慧、廖果果等。他们的共同特点是都将满腔的热情和爱给了新文学子，他们像冬日的暖阳照进每一个学生的心房！我只想说，在新文，学生们是幸运而又幸福的！有这样一群有爱的老师教育着，关心着，所以新文学子个个谦逊有礼，尊师重道就不足为奇！当然，我们所有参培学员更幸福，更幸运！幸福的是，我们找到了做老师的存在感和归属感，我们不再抱怨生活的不公。来到新文，我们的激情得到释放，我们的心灵得到净化。幸运的是，我们找到了自己职业生涯的目标：做一个阳光的老师，将爱与阳光撒到每个学生心里，让乡村教育因为我们的坚守而柳暗花明。

三、学会借力合作，跟上时代步伐

记得新文学校商南花校长说过这样一段话：不做蜘蛛，吐来吐去都是自己的东西；不做蚂蚁，搬来搬去都是别人的东西；要做蜜蜂，采百花之粉酿最香甜之蜜。作为一名教师，要想有所作为，就必须学会借力合作，集思广益，取百家之长，为自己的教育事业添砖加瓦。就好像我们听了那么多名师和专家的讲座，总有那么一些是直击我们心灵的，也总有那么一些锦囊妙计有利于我们的教学工作。其实这就是最好的借力！

当然，除了要学会借力合作，还要紧跟时代步伐。新文学校刘文章校长就是一个有长远眼光的人，他说互联网时代，我们的教育也要更新观念，运用先进的科技为教育服务。网络世界有太多值得我们学习的资源，我们应该做互联网的主人，让技术驱动教育改革，不断使用科技产品为教学服务。用蔡元培先生的一句话来说就是"教育人不为过去，不为现在，而为将来"。我们作为年轻教师，有精力，也有能力利用信息技术做好教育工作。

作为一名刚走上工作岗位的新教师，我怀揣着梦想进入教育这个大家庭。年轻人，更多的是热情，更多的是干劲，我也明白，引领我走下去的不能只有这满腔的冲动，而是课堂上那一双双充满渴望的眼睛……

我们还年轻，我们的路还很长。路，在脚下蔓延，而我，才刚刚起航……

（培训机构：浏阳市新文学校）

37℃的爱

平江县安定中学　李斯斯

"常德市气象局近日发出高温黄色预警：8月1日晚到2日晴天，南风2到3级，最高温将达37℃"。在这高达人类体温的酷热天气中，湖南文理学院却是人气旺盛，前来参加国培的老师的脚步也并未因天气的炎热而受到阻拦。当然，其中也包括我——一名来自平江县的初任教师。

本以为参培者多数会是像我们这样初出茅庐且急需知识补充、技能培训的新老师。一到文理学院时，才发现还有那么多优秀的前辈老师和我一起学，敬佩和感动油然而生。怀着对培训的憧憬与内心的紧张，我开始了这为期25天的国培之旅。

八月的常德就像常德人的性格一样，"热"情似火。太阳刚露出头就带着一身戾气，似乎要将人们心中的理想与坚持蒸发。在这样一个人们只愿待在空调房吹冷气的天气里，我感受到的却是浓浓的沁人心脾的爱意。

初次见到她是在8月1日的下午，那时我们一行人顶着炎炎的烈日找到了接待办公室，大包小包的行李占满了整个办公室，打扰了这个空间本该有的安静与宽敞，可是接待老师的善意微笑与言语却打消了我们的种种歉意。没过几分钟，班主任王滢老师来了，她给我的第一感觉就是很害羞，很腼腆。与其说是我们的班主任，其实她更像是我们的知心朋友。她对我们的关爱并不是停留在简单的言语承诺上，而是融化在细微的动作中：一声声高温气象的提醒；一句句安全问题的叮嘱；一次次对学员问题的耐心解答；以及在班级初期团队组建时极具特色的活动环节设计，都让我看到了她的用心与强烈的责任感。我想这也是我在今后的班主任工作中要深入去学习的吧！

踏进语文班这个教室的前一刻，我的内心非常紧张与忐忑。满教室的前辈老师，我却不知道该如何去跟他们交流，像刚进贾府的林黛玉，生怕自己的某个动作，某句话，会给他们带来不好的印象。可是当我静静地找到我的组员们时，一切的不安都在与他们的交流中消失了。原来他们是那么的可爱与随性——幽默风趣的龙玉春老师，满富诗意的何春苗老师，干练知性的万志敏老师，笑起来萌萌哒的易漫华老师，咋看起来酷酷的黄斌"总统"，还有和蔼可亲的杨寿青老师，对我关怀备至的同乡——徐婷和喻乐文老师。在长达两小时的班级团队建设课里，我们相处的是那么融洽。从"确定国名"到"设计国徽"再到"完成海报"等一系列环节，我们"幸运国"总是不乏笑声。团结与欢乐洋溢在我们的小组内。大家对我这个"小老师"似乎是格外的爱护，总是毫不吝啬他们的鼓励与赞赏。正是因为他们，我坚定了对教育事业的信心。

　　人们常说："相逢就是一种缘。"能在这样一个 37℃的时间与空间里与大家一起坚守"国培"阵地，难道不是一生中难能可贵的缘分吗？ "细雨湿衣看不见，闲花落地听无声"，我将会带着每位老师给我的清风细雨般的鼓励与关爱继续前行，期待在教育道路上遇见越来越多的美好！

（培训机构：湖南文理学院）

寻梦路上的新起点

湘乡市东方红小学　张景

八月雁城，暑气正盛。我在衡阳师范学院开启了小语国培之旅，这将是我人生中最为难忘的一段经历。

感　动

管建刚、汪潮……这些小语届的明星大腕平日里只是一个个散发着油墨芬芳的名字，国培让我有机会和他们零距离接触。学术班主任邓水平老师是衡阳师院文学院的副教授，四十出头的他热衷于小语教学研究，让人惊诧的是他不仅拥有高深的教学理论，竟还对一线的教学现状了如指掌。他的课从实际出发，观点鲜明，深入浅出，每一堂讲座都如同一块巨大的磁石牢牢地吸引着我的手眼身心，令人欲罢不能。课余，他会坐在学员中间，来一番推心置腹的交谈，或询问学习进展，或关注生活起居，或闲话家长里短，以至于许多学员亲切地称他为"邓妈妈"。之前总认为专家都是高高在上的，不曾想如此低调谦逊，这样的低姿态怎能不令人感动？

收　获

短短 24 天，我们聆听了十余位专家的讲座，还有来自同伴间的五次微分享（经验交流），内容大都关乎小语习作教学。习作教学是我的一大硬伤。我们一直在寻找捷径，结果却是越寻找越迷惘，越迷惘越不知所措。

管建刚老师教会我如何构建学生习作动力系统；如何在阅读课上打通指向写作的坦途；如何在讲评中引领学生步入快乐习作的胜境。

汪潮教授告诉我有一种课叫素课，语文课上少些花里胡哨，少些潸然泪下，少些图片 PPT，照样可以很精彩，很有味道。

文自成、周云老师让我明白在习作教学中帮助学生构建思维导图，能起到事半功倍的效果……

脑袋里面装了很多新理念、新方法，期待早日消化、吸收，将其转化成实实在在的教学行为。

反　思

之前也参加过很多培训，但大多奔学分而去，有些倒也一时热血沸腾，结果自然是培过无痕。但这次不一样！

　　"不爱是最大的敌人""选择了不爱是不道德的""既然不能离开，也不是很爱，那就好好琢磨原因，寻找对策，努力去寻找属于自己的职业幸福。"培训课堂中的这些话字字珠玑，言犹在耳。面对日益明显的职业倦怠，"走出去，好好学"才是唯一的出路！有真理的鞭策，也有榜样在引领。培训班主任邓老师堪称工作狂人，外人看来很辛苦，他自己却享受其中；杨旭明院长，潜心研究国培，路遇重重阻碍困惑，持之以恒寻求改革发展之道。作为一名小学语文老师，我自没有如此远大的理想追求，但也应立足本职岗位，尽心尽力做好分内之事，享受小语教学路上的点点滴滴。

　　有心人，天不负。衡阳国培定会成为我寻梦路上的崭新起点！

（培训机构：衡阳师范学院）

破茧成蝶，我的福州重生之路

醴陵市官庄镇中心学校　文辉

　　福州之行在离愁别绪中即将完结。想当初，各种疑惑，到今天，收获满满，这一趟真的是来对了，来值了。收获最大的是内心的巨大震撼，借用程灵教授讲座的一句话："从外打破是压力，从内打破是成长。"福州之行将使我破茧成蝶。

　　从教11年，教化学已经9年，在方法和观念的故步自封中慢慢失去了工作的激情。很多教学过程变成了应付，流于形式，特别是实验教学——一些稍微有点难度的实验，缺少仪器的实验就基本不再实践，放个视频了事。这次听王程杰老师和汪老师的讲座，特别是"还原氧化铜"实验课给了我很大的触动。

　　就像汪老师所演示的，其实很多实验并不是那么难，只是我们自己束缚了自己，没有站在学生需要、课程需要的角度去审视实验，去思考实验。我平常也做了一些演示实验，但这些实验正如王老师所批判的那样，"没有站在学生的角度，没有以学生为主角"。他强调，演示实验要面对学生，要以学生为主视角并尽可能扩大实验现象的可见度和直观度。这些对我的实验教学观念触动很大。

　　对我触动很大的还有"对学科知识的更新与把握"。专家的讲座让我深感自己知识的陈旧与落后。譬如，溶于水的气体不能用排水法收集，固体反应试管口朝下，滴管使用必须垂直悬空，蜡烛熄灭后的白烟是石蜡蒸汽………这些我教了近10年的知识我从没怀疑其可靠性，哪怕学生提出质疑。专家告诉我们，发现了错误就一定要改，现在上层已经开始修改，但这需要一个过程。如果我们还等着改变，那么将会有更多的新知等待我们去接受，就像程老师说的，外部压力并不是重生。所以我们就算在基层也应该及时地更新知识，特别是本学科的知识。

　　时间很短，收获很多，篇幅有限，还是借用程灵老师的一句讲座：吾听，吾忘；吾看，吾记；吾做，吾悟。这次重生之路需要我去反思、去实践。

（培训机构：福建教育学院）

学，然后知不足

津市市嘉山实验学校　王淑英

2016 年 11 月 8 日，"国培计划（2016）"中西部项目学校党支部书记高级研修班的学习之旅正式开启，我们再次成为湖南师范大学的编外学生，自豪感油然而生。在湖南教育的最高学府，我们可以暂别琐事，静心享受一小段惬意的学习时光，观看教育大世界，聆听专家深教诲，反思自我常行为。

美好的时光，总是那么短暂。今天，我们就要收拾行李，返回我们自己耕耘的一亩三分地了。历经这段美妙之旅，我们储备了友谊，积淀了知识，激发了思考。"学，然后知不足"，应该是我本次学习最为深刻的体验与感悟。

为我们授课的专家有盘晓红、彭健、陈志科、吴武夫、陈立军等。我发现，女性专家都是美丽与知性的融合，男性专家都是阳刚与儒雅的统一。

Why？细细分析，我找到了他们共性：爱、勤、绩。"爱"，对于教育，他们由衷的热爱；对学生，他们由衷的喜爱；"勤"，他们不仅勤勉务实地工作，而且勤于总结与反思；"绩"，多年的积淀，形成他们自己的教育体系，他们也获得了职业的认同，享受着职业的幸福。相由心生，他们的形象当然是美的。

一直以来，我也算是一个很努力的教师，也体验过因为努力而收获的快乐，甚至是满足，而今天，我突然觉得，在教育大军中，自己是多么的嫩涩、肤浅。看看盘晓红老师，长期扎根山村，关注孩子心灵成长，开发美心课程，培育青年教师；看看彭健老师，以"构建和谐的师生关系"为主题，旁征博引、娓娓道来，三小时的讲座，就像吟诵一篇优美的散文，我们听课者沉浸其中，如饮甘泉，如沐春风；看看陈志科老师，引领我们解读古诗文，汲取中华精髓。平时，我眼中深奥难懂的古诗文，在陈老师的帮助下，居然也变得生动、有趣；再看看陈立军、吴武夫老师，他们感恩的情怀、深厚的理论、丰富的经验、工作的激情，又怎不让我们由衷地敬仰呢！

坊间有句话很流行："这个世界最可怕的不是很多人比你牛，而是比你牛的人比你还努力。"看看这一群比我们牛得多的教育人，依然在为教育的振兴努力拼搏。我，我们广大的基层教师，还有什么理由懈怠、观望？

学，知不足，而后努力，这就是我一个基层党支部书记学习之后的承诺。

（培训机构：湖南师范大学）

每一段经历，都是一次历练

平江县城北学校 毛定会

7月31日，接到县教师进修学校胡威老师的电话，问我是否愿意8月1日去郴州参加为期25天的项目县乡村教师培训团队置换脱产研修学习。我短暂犹豫一下后当即答应了，因为我喜欢学习，享受学习，也深知在素有"平江小清华"之称的城北学校要立于不败之地，让同事和挑剔的家长高看一眼，必须不断地充电。

短暂犹豫是因为好久没见到亲爱的儿子了。儿子刚好那天从大学回家，我已有一个学期没见儿子了，不想儿子是不可能的。答应胡老师之后，马上打电话给儿子："儿子啊，妈妈想你，但8月1日妈妈准备去郴州学习，你意见如何？"没想到儿子极力支持我去学习。那天中午，与赶回家的儿子匆匆见上一面，我就前往这次学习的目的地——湘南学院。

我的选择是对的，因为收获是丰硕的。

余宪老师的"作文导写从'技术'走向'艺术'"，让我对小学写作的课程标准和写作的形式有了进一步的认识。

黄厚江老师的"语文课教什么"，使我明白了语文课堂即听、说、读、写的课堂；明白了朴实的课是最好的课，即教学内容简明、教学过程简单、教学方法简易；也明白了什么叫假课。

一同学习的学员玲玲老师的"解读文本的策略"浅显易懂，她和我们分享的正是我们小学语文老师所需要的。我完全可以借鉴学习，带到我们县里去和其他的老师分享。

吴勇老师的"习作教学走向高效的必由之路"，也解开了我多年作文教学的困惑：所教班级作文水平一直得不到明显提高，会写的一直会写，中等水平的一直"稳居"中等，差的到毕业时还是老样子。很明显，作为老师，我根本没使上劲，真是愧对学生了。听了吴勇老师的讲座，拨云见日——原来，作文可以这样教！

最令我兴奋的课是黄佑生老师的"做专业的培训者"，如果说前几位老师的课，是教会了作为一个老师的技能，那黄老师的课，则是唤醒一个教师的自信和奉献情怀。听完黄老师的课，暗自庆幸自己坚持到了最后，而没有错过生命中最美的一堂课。

回到平江县城，我就马上准备进修学校新招特岗教师培训班的培训任务。

记得那天的讲座，讲着讲着不知不觉到了五点半，生活班主任在台下提醒我下课——食堂要开餐了。看着依然举着的手，我只好说抱歉了。下课了，仍有几个学员围着我问这问那，第一次感觉自己特重要，那种感觉真好！

　　这次特岗培训能赢得学员的喜欢，并圆满地完成任务，这都得益于在湘南学院的置换脱产进修。我的说课，有理有据，我的评课，引经据典，这是我以前做不到的。尤其是我的讲座，我借鉴了黄佑生老师所教的，对待学员要亲近平等，选择内容要了解所需，课堂上要让学员感受到自己的真诚和阳光。就这样，学员爱上了我。

　　分手时，学员问：老师，您明年还来吗？从他们的眼中我读出了不舍与留恋。我说："教育局明年如果不请我来，我自己来看你们！"学员用热烈的掌声回答了我。原来幸福如此简单！

　　其实，每一段经历，都是一场修炼。所以，我要说一句与大家共勉的话：不要拒绝任务，任务就是机会；不要拒绝付出，付出就是收获；不要拒绝改变，改变就是创新。

（培训机构：湘南学院）

重新爱上教书

双峰县花门中心学校　彭昀

还记得毕业后再次走进校园，走进熟悉又陌生的教室，我的内心是激动和骄傲的。虽说环境并不是那么尽如人意，走上三尺讲台原本也不是我自己的选择，但是既来之则安之。学校给我的第一个任务就是包揽一个初三班的教学，这也没什么，我想以我的知识水平，小小毕业班也不是什么难事吧。然而，第一堂课我叫同学们每个人用英文进行自我介绍时，就发现了不对劲，这似乎不是毕业班该有的水平，仿佛连小学六年级的水平也不到吧！第二天问班主任要了成绩单以后，我心里感觉被石头压得沉沉的，全班54名学生，及格人数18名，瞬间感觉任务艰巨。一个星期以后，更是感觉到没有经验的我要把他们在毕业前把成绩提高，实在是心有余而力不足。由于想要提高的心情太急切，和学生的关系常常剑拔弩张。自己累，学生也累。一年教学下来，虽说最后及格人数翻了个倍，但是我却对教师这个职业充满了恐惧，幸福指数直线下降，甚至开始有了辞职换工作的想法。

然而通过这段时间的培训，我又重拾信心。作为一名刚刚走上教师岗位的年轻教师，虽然已经具备了一定的专业知识技能，但在如何组织教学、如何最大限度地提高教学效果上，总是感到缺乏正确的理论指导。通过培训，以前一些认识模糊的问题，现在搞清楚了，之前的一些感受体验，如今也找到了理论支持，更为重要的是，我深深地体会到，教育确是一门艺术，一门大学问，值得我用一生的精力去钻研。

首先，此次培训让我对教师职业有了新的感悟，让我明白了"亲其师，才能信其道"。教学除了技能以外，还应该讲究方法与策略，更要关注师生关系是否和谐。我提醒自己，必须走近学生的心灵，赏识每一个学生，决心做一个让学生喜欢的老师。

其次，本次培训让我印象最深的就是"教师职业道德"。谈到教师职业道德，想到黄佑生老师的一句话：一花一世界，一叶一菩提；爱出者爱返，福往者福来。对学生要有非功利的爱，一辈子的爱，换位思考的爱，尊重差异的爱，做学生生命中的贵人。在华林飞老师的课堂里，我学会了四个改变：改变教学，激发学生兴趣；改变自身性情，学会宽容和忍耐；改变互动方式；改变教育观念。培训让我明白光有责任感是不够的，教师不应只是学生的导师和帮手，更应该是学生的朋友。所以关心和爱护学生，是一个好教师最起码的道德，是强烈责任感的体现和升华。

这次培训也使我对未来的教育工作充满信心。培训指导老师十分了解我们的心理特征和变化，他们的讲话始终贯穿着一个中心，那就是鼓励和激发我们年轻教师的教学热情，鼓励我们更加理性地认识社会，认识自己的教师角色，同时还学会认识家长，认识自己所教的学生，鼓励我们要做一名能够不断适应新知识、新问题、新环境的老师。

　　我会继续提高自身素质，培养良好的师德师风，在人生的三尺舞台上教书育人，发光发热。

（培训机构：浏阳市新文学校）

小人国里的大事业

李美香

太久没有写东西了，打开电脑踌躇了半天，不知从何下手。再华丽的辞藻，再优美的语句都无法表达我这次参加国培的收获与喜悦！我像是一块枯干的海绵，尽情尽力地吸收着知识的养分。我感受良多，受益匪浅。

我非常喜欢本次活动的设计与安排。头几天的课程是为人做事、心态激励方面的内容，接着是教师专业知识、园本研修技能方面的讲座，中间穿插着观摩学习、名师示范活动。在这种动静交替、劳逸结合的安排中，我们时刻保持着抖擞的精神、澎湃的激情。

整个学习期间，两位班主任老师对我们的照顾是无微不至、认真负责。特别是武建芬老师，她才华横溢、幽默风趣、和蔼可亲，像亲姐姐一样关心我们，让我们忘却了自己身处他乡，也淡忘了离子别夫的相思之苦。更让我感动的是，我和几个同学因体质，外出观摩学习坐大巴晕车，两位老师还特意开车送我们。

童富勇教授的"名师并不遥远"告诉我：知识与能力不是成为名师的要素，态度才是最重要的！好老师不是能力问题，而是心态问题。童教授的讲座让我知道了好老师的特征和所需具备的要素，让我明白了"态度决定一切"的道理。

赵志毅教授的"做一名幸福成功的幼儿教师"专题讲座，让我明白，一个成功与幸福的老师，就是一个热爱自己事业，热爱孩子并享受整个教育过程的教师。

短短的 15 天培训，我们参观了 5 所幼儿园，领略到了不同幼儿园的不同文化气息与办园理念。

西湖区紫荆幼儿园的自主游戏活动搞得如火如荼，幼儿园里区角活动和户外活动的环境创设非常合理、漂亮。区角活动和户外活动材料的投放相当实用、丰富。傅蓉萍园长的讲座"因为儿童，所以改变"结合《指南》对幼儿园工作的影响进行了深入剖析。

上城区始板桥幼儿园在空间利用和健康领域的活动方面做得不错。娃哈哈幼儿园在艺术领域，特别是幼儿手工作品做得相当好。

西湖区杭州师范大学幼儿园环境创设非常非常的精美、漂亮。区角活动和户外活动材料的投放相当实用、丰富。她们展示的大班美术活动"绕出来的花"、小班奥尔夫"五只猴子"活动目标清晰，过程自然连贯。

本次国培让我在教师专业知识方面得到了很大提高。

王春燕教授的"幼儿园园本课程设计的理念和路径"让我明白了名牌课程的概念、设计理念、基本要素和开发路径。吕耀坚教授的"幼儿园教研经营"让我明白了幼儿园教研的主要形式、可能的问题还有基于 PCK 的活动教学流程。朱瑶老师的"合作小组在行动"详细阐述了教师合作小组的重要性与开展方式。李小玲老师与我们分享了"幼儿园'五个一'园本研修活动的设计与实施""农家乐活动的设计与运作"。

特别是杜丽娟老师的讲座"倾听与沟通艺术",让我掌握了说话的原则、要点、弹性,还意外获得了"葵花宝典"。对我这位向来语言表达和与人沟通能力欠缺的人来说如获至宝。

弹指一瞬,15 天的培训眨眼就过去了。我深深地感到我要学习提高的方面还很多。今后我要更努力地提升自己。非常赞同杭州师范大学武建芬老师观点:"学前教育,小人国里的大事业!"回去以后,我将把这些崭新的理念与我的实践结合起来,把我的幼教事业做得更好!

（培训机构：杭州师范大学）

蜗牛的梦想

岳阳市君山区柳林小学　佘江燕

"能上金字塔的只有两者：一个是雄鹰，一个是蜗牛。我也许不是雄鹰，但我愿做那只脚踏实地、一步一步往上爬的蜗牛！"这是马坪学校一位普通教师——何琦老师在做马坪小学数学课堂模式解读时所说的一句话。这句话使我对马坪学校课改之所以成功，有了更深刻的感悟——正是有了这么一群勇于攀登，又能坚持不懈，有那么一股韧劲的领导与教师团队，才能将这看似容易，实则艰难的课改做下去，逐步接近金字塔的顶端！

然而，在今天的课堂教学中，仍然有许多教师在课改面前望而却步，这是为什么呢？当我听到蜗牛这个词时，我想到了信念、坚持、梦想，也想到了儿时的童谣："蜗牛背着它那重重的壳呀，一步一步地往上爬……"那重重的壳，既有来自上级领导部门的，又有来自社会的、家长的、学生的，还有来自自身的……教师背负着如此沉重的负担，缓步前行，朝着梦想的金字塔奋进！在教师前行的路途中，校长，是他们的领路人，也是他们的护航者，同时也是这个梦想的践行者！面对如此多的无奈，校长们怎么办？是自我放逐，还是迎难而上？这次国培引发了我们对以上问题的思考与探索，也给我了我们前行的方向。

童宏保教授的"微团队支持下的校长三课：领导力提升策略"，就如何打造高效的领导团队，为校长们提供了理论上的指导；杨国斌主任的"校长在课堂教学改革中的引领作用"，强调了校长的核心地位，诠释了有一个好的校长就会有一所好的学校的理念！吕海龙校长结合马坪经验，阐述了将课堂还给学生的方法——相信学生、发展学生、成就学生，只有充分相信学生，敢于放手，学生才能得到真正的发展，在学生需要的时候，适当的扶一扶，点一点，这样才能是学生成为一个真正独立的人，真正成长为一个在各行各业有思想、有担当，能对自身的行为负责任的人。其实，成就学生的同时，我们同时也在成就着自己。这可能也是解决教师职业倦怠的方法之一吧！印象非常深刻的是黄佑生教授的"教师职业倦怠的破解策略"。职业倦怠是所有职业人在从事工作后都有可能产生的问题。黄教授组织我们分小组对破解策略进行探讨。各位校长积极踊跃发言，并辅以生动的案例，拿出了行之有效的办法。刘菲菲校长的"遵守行规 提升素养"主题讲座，结合青园中信学校的典型案例，阐释了作为一名校长应该具备的情怀和情趣。邓水平教授说的"教育是一种悲壮的坚守"，让我们感同身受。让我们佩服的是，他能在这种坚守中获得幸福，找到自身价值，他是一名真正的课改践行者！这些专家、教授们的讲座，或激情，或豪迈，或温婉，对我们来说都是一场场精神的洗礼。

培训期间，在学员的各种展示中，我发现，我们当中，不乏有思想、有追求、有做一番事业的校长。我们将带领着教育界的一批批蜗牛们逐步向金字塔的顶端爬行。尽管梦想很遥远，但只要做，我们就会一步一步接近我们的梦想，最终实现我们的教育兴邦之梦！

（培训机构：永州市冷水滩区马坪学校）

做最真的教育

邵阳市洞口创新实验学校 曾华容

北京师范大学第四次培训即将结束，回想起亓院长在此次开班时说的话："通过培训，你一定要追问自己，我有什么收获？我在哪些方面有了提高？你一定要学会思考，只有深层次的思考是人工智能所不能替代的。"静下心来，扪心自问，我学到了什么？我思考了什么？

专家指引 解惑明理

亓院长的讲话让我更加深刻地明白教育要关注学生的成长，而不仅仅是成绩；孙家芳老师的讲座"我们究竟需要什么样的教学行为"，让我知道这样做才能让不同的孩子得到不同的发展——以学生为主体，放慢节奏，静待花开；李小红老师的片断赏析点评，让我受益匪浅——把握整体性，抓住典型性，教学评价不仅要关注教师的教，更要关注学生的学；张春莉老师的讲座"对课堂有效性的思考"有理有据，切中要害，她让我明白了，课堂教学要有效，教师做好促进者、指导者、合作者角色。

实地考察 示范引领

在北京师范大学第四次培训研修活动安排中，我们先后参观了 5 所学校。这些学校落实了以人为本的办学理念，它们着眼于孩子一生的发展，关注孩子的核心素养培养；学校校长有先进的教育理念，有教育情怀和梦想，敢闯敢拼；科学的育人理念深入到了每个教师的心中，教师认真的工作态度令人钦佩。

海淀区第三实验小学校长与我们进行了亲切的交流。他对真实情况毫不避讳地描述，他的真诚让我感受到北京教育人的不易。北京大学附属小学的体育教师马老师因地制宜地自己制作体育教具，让我明白只有立足教育本真，真心付出，才有累累硕果。民族小学，学校环境优雅，古色古香，雕楼画阁，楹联石刻，洋溢着浓郁的民族文化气息。学校的"三气"文化渗透了和而不同、快乐成长的理念。特别是民族小学近 12 年的发展变化，让我震撼。有思想、有智慧、有梦想的马校长为我们薄弱学校的发展指明了航向。只要我们静下心来，做真教育，我们经济欠发达地区的学校也可以实现梦想。

联系实际 任重道远

我县位于湖南省武陵源片区，经济落后，教育与发达地区相比有天壤之别：教师严重缺乏，代课教师县城学校也比比皆是，更不用说边远的乡村；教师队伍严重老化，师资队伍建设是一个棘手的问题；学生大班额问题、留守孩子教育问题都是老大难问题……硬件投入跟不上，软件更是硬伤。看到发达地区的教育情况，也感叹本区孩子们生不逢地，但北京民族小学的崛起让我看到了落后地区教育也可以有美好的明天。北京大学附小马老师自制教具让我想到了普通教育人也可因地制宜大有可为。他山之石，可以攻玉。借鉴他校的办学优点，结合本校的实际情况，选择适合自己的发展方式，坚持做最真的教育，做最美的教育人。

（培训机构：北京师范大学）

荡涤心灵 感受责任

张家界市武陵源区张家界国家森林公园学校 张程进

刀不磨要生锈，人不学要落后。在经济和信息社会日益发展的今天，这句话尤显正确。面对新思想、新情况、新问题，怎样才能有效解决，是摆在我们面前的重要课题。我想，解决的途径就是加强学习，学习永远在路上。

2016年11月4日上午，是我校期中检测的日子。下午3点多钟，我阅完试卷乘车回家，路上突然接到区师训站站长的电话，说有一个乡村学校支部书记培训，问我愿不愿意参加。想到自己卸下学校教导主任的职位接手支部书记工作才三年时间，许多业务并不熟练，有心提高正找不着机会，果断答应。就这样，怀揣梦想，抱着学习提高的态度，来到了湖南师范大学，与来自其他学校共140位支部书记一道，接受为期10天的培训。

来到培训处，报名登记，领取资料，看看课程安排，发现要学的内容涵盖了学校工作的方方面面，有发展理念方面的，有实际应用方面的，很多内容正是自己感到困惑的地方。再看授课老师，有从事理论研究的大学教授，有从事一线教育教学的践行者，有来自国内其他省份的知名专家，有来自本省取得一定成就的有经验的校长、优秀教师……一种不虚此行的感觉油然而生。

短短10天，我的心灵受到了很大的震撼，特别是听了来自一线校长、老师的讲座，让我理解了作为教育工作者的追求与责任。

我佩服岳阳市君山区许市中学夏忠育校长，他顶住压力沉下心思，身体力行抓教学改革，抓学生的习惯养成。

我佩服长沙市周南中学的夏远景老师，将近60岁的人，却有着30岁的心态，20岁的体魄。他几十年如一日，匠心独运，用执著的教育情怀，高超的育人技巧，把学生的品德、学习、养成等教育巧妙融合在班主任工作中，通过接力日记、接力梦想、接力班会等形式，带领学生积极上进，共同努力去追求梦想，成就梦幻人生。

我佩服来自浙江省教育行政干部培训中心的李更生教授，他用风趣的教学语言和丰厚的文化底蕴，帮我们指明了立德树人的践行途径。

我佩服国防科大附中陈志科校长，他将中国传统国学文化融入学校文化建设当中，成了当之无愧的传统文化继承者。

我佩服长沙市明德中学陈立军老师，她结合自身所作所思，和我们分享了新时期开展学校德育工作的难点与对策。

　　我佩服长沙市青竹湖湘一外国语学校的吴武夫书记，他用自己的故事，给我们讲述了学校书记的苦与乐。

　　我特别佩服永州市蓝山县楠市镇的盘晓红老师。盘老师本着对教育事业的无限忠诚与热爱，为维护学生利益，为维护学校权益，敢于担当，从不言弃；她为农村留守儿童的成长倾注了心血，她用23年的坚守对"教书育人"这四个字作出了最好的诠释……

　　雄关漫道真如铁，而今迈步从头越。通过这次与专家、教授、名师近距离的接触，我对他们高深的理论知识、渊博的知识素养、先进的管理理念、独特的教育方式等留下了深刻印象。在今后的教育教学工作中，我将把这次培训的所思、所想、所得，融进管理和教育教学的方方面面，进一步修行修能，真正做一位学以致用的实践者、先进理念的传播者、教师专业成长的引领者。

　　最后，我要感谢培训班的两位班主任——凌爱群和李安两位老师，她俩的敬业和学识，就如春风春雨，浸润感化着我们。我要感谢此次一起学习培训的所有朋友，因为你们，我收获了友情和温暖。这难得的10天培训，涤荡着我的心灵。我一定在有限的教学生涯中，做一名有仁心、有爱心、有孝心、有善心、有良心、不忘初心的教育工作者！

（培训机构：湖南师范大学）

国培，我哭了

通道侗族自治县 李尚引

尊敬的各位领导，亲爱的国培班同学们：

大家上午好！

很荣幸今天能站在这里，作为学员代表发言。首先请允许我作一下自我介绍，我叫李尚引，来自怀化市通道侗族自治县。

我今天的发言题目是"国培，我哭了"。这个标题源自于龚雄飞老师那场"学本教学"的讲座。那天他的课，一下子就触动了我的泪点，国培的课堂上，我居然哭了。

五年来，我和我校的老师也走在这条艰难的课改路上。一直以来我们总担心，在课改中，没了教师的主体，学生的成绩上不来，怎么办？教学质量难提高，怎么办？龚雄辉老师、丁丽老师等众多专家们，用许多活生生的例子告诉我们，改革是大势所趋，只有课改，教育才有希望。

龚雄辉的课，让我想起了这些年课改的点点滴滴，我的眼泪夺眶而出，这泪水不是伤心，而是激动。压在我心头，困扰我多年的课改谜团终于有了答案，我犹如一个走夜路的孩子，在黑暗中看到了光明。

这次国培，让我重新定位人生。我要立志成为像丁丽老师、曾宪梅老师、殷志强老师那样的一线教育教学研究者。国培班的同学们，让我们一起为各自心中的理想而奋斗吧！

感谢国培，是您让我知道了教学原来可以如此精彩；感谢湖南电大，是您让我有了再次上大学的机会；感谢国培班的辅导老师，是你们让我知道了美貌与智慧是可以并存的；同伴们，感谢你们，是你们让我收获了纯洁的友谊。

（培训机构：湖南广播电视大学）

一个灵魂唤醒一个灵魂

常德市石门县　周崇山

接到参加"国培"的通知，看到培训花名册里只有我这个"老男生"，我发愣了，去吗？怀着忐忑不安的心情向培训班的班主任张老师说明情况，张老师笑着说："怕什么？你过来吧！我们班的生活班主任雷老师就是一个大帅哥。"

来到美丽的长沙师范学院，看到张老师和雷老师热情的笑脸，并享受到酒店大单间的特殊待遇，感觉还真不错。

9月14日上午，来到教室，看到穿得花花绿绿的师姐师妹们，一个个年轻漂亮，充满朝气，我就像五颜六色的花丛中长着的一棵挂着黄叶的枯树，立在其中，特别刺眼。

破冰活动时，我更是傻眼了，又是拥抱，又是脸贴脸的，我尴尬得不知所措。在"团结协作"时，我被大家抛弃在外，孤零零的，好可怜哟！终于有人说："来，拉住我的手。"终于有人愿意接受我了（后来得知，她是可爱可敬的曾园长）。我的另一只手也被人紧紧地拉住了，温暖从两只手一下子传导到我的心里，我内心的冰块开始慢慢融化。在游戏"花儿开几朵"中，又有人拉我"入伙"了，我彻底被这种集体的能量融化掉了，忘我地投入到班级的温暖之中。

我被分在第五学习小组，大家一定要取名为"国宝组"，寓意有二：一是所有的幼儿都是"国宝"，二是我成了"国宝级"的人物。不过，大家喊我"国宝"时，我心中还是挺得意的。

当天下午，北京师范大学张燕教授的讲座深深地打动了我，一个年近70岁的老人，一讲就是三个多小时，中途没有休息。"四环游戏小组"的故事，她娓娓而谈，如数家珍。我第一次知道了，这个游戏小组是专为城市农民工流动儿童建立的乐园，设备非常简陋，孩子的玩具大都是捡来的空易拉罐、废纸、报废的汽车轮胎……把仓库改造成活动室，在菜市场找一块空地，让大学生和孩子家长志愿参加，且全是公益活动，而张教授却乐在其中。我被她们的奉献精神震撼了。

"教育的本质意味着，一棵树摇动一棵树，一朵云推动一朵云，一个灵魂唤醒一个灵魂。"（引自张教授讲座中的德国名言）是的，张教授她们的灵魂唤醒了多少灵魂！在这次"国培"中，更是有许许多多的灵魂唤醒了我的灵魂，教育着我，激励着我。

（培训机构：长沙师范学院）

第二章 国培是灯塔

教师是学生生命中的贵人

邵东县杨桥镇中心学校 刘义勋

9月12日上午，省中小学教师发展中心黄佑生老师在视频会议室作了一堂培训讲座，十分精彩。黄老师在讲座中提出：教师要做学生生命中的贵人。虽然不是第一次听到这种观点，但在心灵深处，仍然感到阵阵激动。

第一次听到这种说法，是在北京一个积极心理学术年会上。台湾心理谘商协会前理事长、资深心理学教授张德聪博士提出：教师是学生生命中的贵人。当时我并没有认真掂量这句话的分量，现在回想起来，这可以说是海峡两岸对于教师职业价值的一个共识。

教师应当有自己的核心价值观：做学生生命中的贵人。从当教师的第一天起，我们就远离了尘世的功名利禄，抛弃了升官发财、飞黄腾达的世俗追求。虽然我们的物质生活十分贫乏，但是在我们的教鞭下，有未来的工程师、科学家、文学家、政治家，他们将主宰社会的沉浮和发展方向。从某种意义上来说，今天的教师就是未来的创造者，我们正在书写历史、创造未来。

做学生生命中的贵人，需要修养，需要积淀，需要爱心、耐心和智慧。教师既要有渊博的知识，更要有健全的人格，在学生人生道路上，特别在人生十字路口、转折点上，能够给学生以正确指引，提出真知灼见，提供强大精神动力。

对待学生，无论贫富贵贱，无论天资聪明或愚钝，教师都应该包容欣赏。把每一个孩子都看成是上帝派来的天使，相信每一个孩子都有自己的价值，并且是独一无二的。对学生的爱心是教育工作者的最基本素质。有了这份爱，我们就生活在天使之间，再苦再累我们都能坚持；有了这份爱，每个孩子身上都有闪光点，等待我们去发现；有了这份爱，每个孩子都有一双隐形的翅膀，等待我们去培养。

在我们的教育对象中，有的聪明活泼、善解人意，也有反应迟钝、调皮淘气的。作为教师，我们需要耐心，要学会等待。也许在漫长的等待后我们会发现一道道亮丽的风景。当你把一个并不十分聪明的孩子最后培养成为社会有用之才，当你把一个误入歧途的孩子拉回正确的轨道，孩子会把你深深地记在心田，你就是他生命中的贵人，你的工作因此变得格外有意义。

　　老师的价值在哪里？那就是学生比你更成功。根据马斯洛需要层次理论，人的价值的实现是人的最高需求。做学生生命中的贵人，就是教师自我价值的实现。这是教师超越凡夫俗子，提高幸福指数的捷径，也是社会持续发展的真正动力。

（培训机构：湖南第一师范学院）

此女只应天上有，人间哪得几回见

怀化芷江三中　许元卉

在培训即将结束的时候，有幸听到特级教师盘晓红的课。听完课后，我称盘老师为女神，感叹一句"此女只应天上有，人间哪得几回见"，众人皆笑，但都点头认可。

盘老师没有傲人的外表，但却让人一见就觉得她很美，那是一种由内而外溢出来的美。尤其是她的笑容有能融化坚冰的力量，给人一种温暖亲切的感觉。我想这必定是个有爱的人。她身兼多职，仍坚持自主开发校本课程——美心课。盘老师还义务为家长授课，使更多的人因为她的美心课受益。更难能可贵的是，她抚养了除自己女儿之外的 5 名孤儿，同时还爱心资助了一些有困难的群众。我惊诧于一个柔弱的女子居然会有这般力量。

我想盘老师的成功恰恰在于初心不改，坚持别人所不能坚持的，更重要的是她心中有爱，并将这种爱的种子播撒在更多人的心中，使之成为大爱，这不正是我们老师应尽的职责吗？希望在今后的国培中能多开设这样的课，多请一些这样接地气的专家。

（培训机构：衡阳师范学院）

有多少童年可以遇见你

安化县梅城镇东华完小　李姣英

　　黄丽君，人如其名，优雅婉丽，端庄知性。站在台上，强大的气场，令人仰慕、佩服。虽然年过四十，但一袭花裙，衬托得犹如一朵百合，散发阵阵芳香，赏心悦目。

　　一天的报告，总觉得时间的步履太匆匆，多么希望时间的脚步能慢些！她的脸上洋溢着满满的幸福，深深地感染着我们。至此，我们才知道，作为一个教育人能如此的幸福。能做她的下属，能当她的学生，何其幸运，又何等幸福！她对孩子的爱心、细心、耐心是有的家长都难以做到的，非常让人感动。

　　黄校长说得好，教育的原点是育人。在她的学校，教学质量不是第一位的，最重要的是做人的教育。黄校长经常告诉她的学生，男生要做君子，女生要做淑女。在她潜移默化的影响下，她的学生个个像小大人一样，和谐愉悦地相处。这也许可以算作情商的培养吧！在生活中，情商比智商更重要。正如黄校长说的，才的不足可以由德来弥补，但德的不足不可以由才来弥补。德才兼备，厚德载物！

（培训机构：湖南城市学院）

加快奔跑的脚步，追寻为师的幸福

长沙县黄龙小学　栗曼

每一次学习，都带给我新的教育教学理念；每一场报告，都如窗外的明灯，指引我们前行；每一场讲座，都会增加行动的内驱力，迫使我加快前进的脚步。在这次为期 15 天的小学校本研训骨干教师国培里，我收获了很多，思考了很多。

镜头一

难忘靳岳滨教授给我们讲授的"师生沟通的技巧"。"对学生有害，就像毒药会置人于死地。""老师像外科医生，绝对不可以随意下刀，因为刀口能永远存在。""教师的工作是指导帮助，而不是伤害。有效的沟通方式是改善教育教学生活、增进师生关系的关键。适当的沟通是一门需要学习，而不是'自然生成'的艺术。"靳教授的每一句充满哲理的话都重重地敲打着我这颗不安的心。师生之间的沟通并不像我们所理解的那样简单，它需要爱、责任和技巧。

镜头二

这是一个年轻教师的成长故事，它点燃"自我反思研修"的心灯。听刘进老师的"校本经验分享"，课后与刘老师聊天，感觉自己犹如在夜行的路上突然看到了前方一线温暖的亮光。

看名师执教实录，聆听名师上课，我常常惊叹他们对教材处理怎么如此处理巧妙，对文本内涵的挖掘怎么如此深入，心中总以为课上得好是因为他们方法高明，个人素质极其优秀。今天幡然醒悟，名师之所以为名师，是因为名师深厚的文本解读功夫。"一千个读者就有一千个哈姆雷特。"同样的教材，在不同的教者处理下呈现出的状态也截然不同，究其根本，就在于各人对文本的解读不同。要想上好课，第一步要做的并不是研究教法那么简单，而应是如何静心，再静心地认真解读文本。巧妙的教法本身应建立在对文本准确解读的基础之上。刘老师的讲座中谈到他为了解读"金沙水拍云崖暖，大渡桥横铁索寒"中的"暖和寒"，花了一周时间研读孙绍振教授的著作《乐迷渡津》《名作细读》后，再进行设计、课堂生成:在理解"暖"字时，通过观看金沙江的图片，想象红军当时的心情，指导朗读，让学生体会到了红军不费一枪一炮，不伤一兵一卒巧渡金沙江后的那种喜悦和自豪。在理解"寒"字时,先播放大渡河的影像资料,让学生对"寒"字有了感性认识,为学生理解"寒"字奠定了坚实的感情基础,使学生思维的质量逐步升华，最后在学生充分感悟、大胆表达之后，教师又引导学生反复品读，此时，学生深刻体会到了红军抢渡大渡河时的惊险悲壮、惊心动魄，对"寒"字的理解水到渠成。

　　短短 56 个字的《七律·长征》成了一部气势恢宏、缅怀英雄的革命史诗。"暖、寒"在授课中的精彩呈现，真是将叶老"一字未宜忽，语语悟其神"做到了极致。后来刘老师还进行及时反思、总结，撰写并发表了《文本解读的三重境界》。

　　这种有深度、广度与温度的研读、学习如细雨般滋润着我，让我重燃激情，仰望名师，靠近名师，高山仰止，景行行止，虽不能至，然心向往之！

镜头三

　　吴伦敦教授给我们讲解《小学教师专业标准》时，从始至终，都是一脸的阳光，满脸的灿烂。幽默、诙谐的话语引得阵阵笑声和掌声。我想，这幽默的底蕴应该是智慧，这掌声的能量应该是素养。需要做笔记时，吴教授总会把句子重复两遍。今天的笔记内容丰富，我却轻松自如地全部书写完毕。这里面，包含着吴教授的一份细心、耐心和爱心。

　　情绪是可以传染的，快乐是可以传递的。当我们笑容满面地走上讲台时，台下的孩子该有多么期待这堂快乐的课呀！用阳光播撒阳光，用智慧唤醒智慧。微笑吧，亲爱的老师！我们的微笑可以改变一个孩子，改变一个课堂，甚至改变一个世界。

镜头四

　　参观完小小的武昌区解放桥小学，我们都依依不舍，不愿离开，我知道，我们完全被孙民校长的"以校为本的发展探新"征服了。

　　孙校长向我们介绍了他们学校的情况，90% 以上的生源来自于务工家庭，但是他以先进的理念引领老师和孩子，快乐地工作和学习，幸福指数极高。他们的办学理念是"开心地笑，大声地说"，他告诉我们，小学、中学、大学，应该呈现梯级式的办学理念，才能适应孩子的发展。他说："虽然我们学校不美，有点破旧，但是能让孩子们在这里'开心地笑，大声地说'足矣。如果一个学校还停留在办学硬件的条件上，教育一定要落后。"这是一位有思想的好校长，清楚自己想要的是什么，完完全全地将以人为本的办学理念落到实处，不做作，不浮夸，常态化，一切都那么真实。他带给我们的是震撼，他让我们明白什么是真教育。孙校长创办了《快乐童年》校刊，每一篇刊首语就是校长编写的一个故事，如《让我猜猜你吃啥》《拖把的故事》《从竹蜻蜓到吹泡泡》《如果我猜不出，你就赢了》等，一个个的故事就凝结成了学校的发展史。他告诉我们，他一个学期只开五六次会议，每次开会，都认真做好 PPT，给老师传递的信息量相当大。他努力做到不耽误一分钟。

　　一个好校长，就是一所好学校。这一次，我信了。

　　精彩的镜头真是太多太多……

（培训机构：华中师范大学）

自新应是长江水，日夜奔腾无歇时

湘潭市岳塘区火炬学校　田艳

在国培"陪"我的日子里，思想不断地穿越关乎教师、关乎新课标理念、关乎小学数学教育教学的片片领域，积淀着沉思着反省着，不知不觉提升了"三度"。

一、心灵的纯度

在小学的三尺讲台上耕耘了十几年，时而辛勤，积极上进；时而疏懒，倦怠停停。没有了初踏讲台的激动，也没有了因学生欢笑而欢欣的心情，久而久之，不断地以那种践踏灵魂的工作方式工作着，离"德高为师、身正为范""传道、授业、解惑者"甚远。如今，黄丽君老师的讲座——"以学生为本、师德为先、能力为重、终身学习"的基本理念重新点燃了我从事教育工作的热情！从中，我明白了以"以学生为本"强调"教学生三年，要为他们想三十年，要着眼于学生未来的发展，为他们一生的幸福负责"；"师德为重"提醒我们为人师表，对学生有"三心"——爱心、耐心、责任心，要平等对待，不讽刺、挖苦、歧视，不体罚或变相体罚学生；"能力为重"要求我们具备先进的教育理念、专业知识，还要有驾驭课堂的能力、点燃学生智慧的方法；"终身学习"再次强化了我们教育者的身份——教育是传递知识、启迪智慧、点化生命的过程，作为教师只有努力提高自身素养，才能驾驭好课堂。这四大理念，足以净化我铺满杂念尘埃的心灵，提高心灵的纯度。

二、知识的广度

本次集中培训内容丰富，涉猎甚广：一是教师职业导向性专题，如黄佑生老师的"守望道德星空"；二是学科领域纲领性专题，如周锡华老师的"数学课程标准解读"；三是小学数学各板块教学理论与实践知识专题。通过这些专题的学习，我懂得了许多教育规律，提升了我驾驭教材、有效把握课堂教学活动的能力，也提高了教学理论水平。如刘莉老师的"以'面积和面积单位'为例，谈如何研究一节课"。所有这些，一如和风般吹散我浮躁的愁云，像细雨般滋润我干涸的心田。在学习过程中，我彷徨、我惊恐。因为越是深入地学习，越清晰地认识到自己十几年教学的偏颇，我汗颜自己课堂教育技能的不敢恭维，我自惭自己教学底蕴的贫乏单薄，我愧疚自己对待职业的倦怠、精神的惰性、思想的僵化……如今，在各种新理念、新课改大潮中，我如何定位我的教学方向？数学课上我们到底要教给学生什么？张新春老师说："怎么教比教什么更重要。"一语惊醒梦中人！我们的数学教学的目的不是教会教材的内容，而是运用数学的能力呀！

一个人的成功与否，很大程度上取决于个人是否同时具有宽阔的眼界卓识与深刻的思维能力。"踩在巨人的肩膀上向上蹦，才有办法让自己够得着规律的葡萄。"我是站在国培各名师的肩膀上，获取了宝贵的知识经验，拓宽了知识的广度。

三、学习的效度

"采蜜式"的基地研修学习，让我们有机会走出户外，走进名校，走进名师的课堂。忘不了观摩名校时的啧啧赞叹！湖南一师附小老师们的专业、敬业让我们敬佩不已，学校的特色让我们大开眼界，让我们折服……

本次培训，除了以重视理论知识的讲座渗透为主外，还让我们进行了实地"修炼"。忘不了在研修期间，聆听了"格子旗""分数的认识"等示范课，这些名师的课，让我们耳目一新——他们独到的教学方法、精湛的教学艺术令人佩服。他们在课堂中用精湛的教学艺术，别具匠心、灵活有效的教学手段，培养学生的能力，水乳交融，相得益彰。他们以别具一格的人格魅力、艺术魅力征服了学员，课后雷鸣般的掌声响彻礼堂，久久在我们心中回响。

边学边做，边做边听，边听边实践。这样的研修活动，让我们的心灵在欣赏中陶醉，思想在沉思中升华，技能在实践中提升！它加强了我们学习的强度，提高了学习的效度。

"自新应是长江水，日夜奔腾无歇时"，国培是自新的一个里程碑。以后的学习之路还要继续，保持心灵和身体每天都在学习的路上。我相信，与智者同行，与高人为伍，自己会变得更智慧。每天的厚积薄发，能造就明天的智慧泉涌。

（培训机构：湖南第一师范学院）

理论与实践相结合，知识与态度同收获

宁远县舜德小学　邓沉雁

20多天的国培中，聆听了专家教授及一些富有经验的教师的讲座，收获颇多，感触颇多。印象最深的当属孙颖校长"小学数学协作建模学习研究"的讲座。

综观孙颖校长的讲座，以下几个方面是我亟须学习的：

一要善于发现教学中的问题。作为一线教师，我们要关注孩子们的数学学习。关注他们的学习过程，关注他们的数学知识和技能，关注他们的思维和情感，关注那些不会学习、不爱学习的孩子。

二要寻根问底，积极探索解决问题的方法。在教学中要追溯问题背后的原因，养成协作的意识，如建立学习团队，落实协作学习，生成数学建模，培养思维能力等。

三要熟练运用协作学习的任务支架，帮助学生形成数学建模。协作学习的任务支架是孙校长所创设的一种非常实用的课堂教学的操作模式。这种任务支架既可以让教师创造性地用教材来教，又可以让学生在具体的操作和思维中完成对新知识的探究，培养协作能力，使协作学习落到实处。长期使用既可以提升教师的教学能力，又可以使学生的协作成为一种习惯，从而形成数学建模。

四要善于归纳总结，养成勤动笔的好习惯。一线教师不缺课堂实践经验，但怎样使实践有理论的支撑，让自己的教学研究上升到理论的层面，怎样使自己的教学有理有据让人信服呢？常练笔是一个有效的方法。只有这样我们才能让自己在教学中的所思、所想、所见、所感能得以解决，并最终有所提升，只有这样我们才能完成由一个教书匠向一个研究型教师的蜕变，才能使自己得到真正的提高。

五要珍惜学习机会，端正学习态度，真正做到学以致用。态度决定一切，前进成就未来。以什么样的态度来对待学习，就会得到什么样的回报。不论是在课堂教学中，还是在课题研究中，都要扎扎实实地去做，不要搞花架子，不要流于形式。

（培训机构：衡阳师范学院）

许市模式：浸润与改变

江永县允山中学　邓凤美

　　一直很固执地认为"模式"不仅会禁锢人的思想，还会抑制个性的发展。但走进岳阳市君山区许市中学仅仅三天时间，让我对"模式"有了新的认识和理解。

　　许市中学特色的"模式"历经十年沉淀而来，管理严格、具体而精细。从走进许市中学的第一天，我们便深刻地领教了"模式"管理的威力！因为，王竞老师就是用许市中学这一套"模式"来管理我们。严明的班规、严格的程序、严肃的要求、严酷的评比、严实的课程和作业……压得学员们快透不过气来！参加本次课改主持人高级研修班的学员，基本都是校长、业务校长。说实话，平时参加的业务培训不少，但被当做中学生一样严厉的管理还是首次。这令校长们一时难以适应，不免有些怨言。但怨言归怨言，该学的还得认认真真地学，该完成的任务还得保质保量地完成，该交的作业还得按时交，如若达不到要求，该罚的还得老老实实地接受处罚！班主任的要求与号令如同扬起的孔雀翎柔和而犀利，校长们不得不乖乖地循规蹈矩。

　　与其说是参加国培的校长们虚怀若谷、求知若渴、素养高，不如说是年轻漂亮的班主任——王竞老师的人格魅力，或者说其实我们都是迫于"模式"管理坚定的执行力！我们是学员，是怀着期盼和希冀求学而来的，角色定位，身不由己！虽然排斥这"模式"，但是我们却在这"模式"的促进下迅速发生着变化：为了考评不落后、不被罚，小组团结协作，奋力争先；课堂中的交流反馈，热烈而精彩；每天的测评与反思按时完成；放学时，没有任何人提醒，学员们竟然都自觉摆好桌凳、带走一次性水杯以及零碎垃圾，甚至紧急情况下需请假离开，还不忘交作业……学员们由最初的排斥与抱怨，转变为主动适应并开始积极享受"模式"管理带来的乐趣！

　　短短的三天，许市中学的"模式"管理改变了我们的态度、行为，也颠覆了我们的观念，更引发我们无尽的思考：这种"模式"管理真的不会阻碍师生个性的自由发展吗？他们的"模式管理"与"开放的课堂"难道不矛盾吗？后来，在李大航校长关于"模式的正确认识"的专题讲座中，我找到了答案——成熟、理性、有效的"模式"不仅是学校有效管理的底线，还是实施教育教学的工具，更是培养师生能力的有力武器。也许，许市中学正是在坚持与固守"模式"中追求开放与变革，促进学校、教师、学生的个性发展吧。真诚祝福新课改的明天更美好！

（培训机构：岳阳市君山区许市中学）

研修路上，遇见智慧人生

长沙市望城区第一中学 陈国军

2014 年 11 月 7 日，我和其他 39 位同学一样，有幸成为了湖南省高中教师高端研修项目华南师范大学班的一名学员。回顾两年 100 天脱产的研修历程，我为专家、老师们的投入而感动，我在研讨交流中得到了快乐，这一切让我觉得这次美丽的邂逅将成为我今生的财富！

一、聆听专家讲座，感悟教育智慧

在前后四次集中研修阶段，聆听了 40 多位专家的精彩讲座，用心感悟了他们独特的教育智慧。其中给我启迪最大、印象最深的有：华南师范大学基础教育培训与研究院吴颖民教授的专题讲座"我所理解的教师职业道德"，吴教授的讲座诠释了习总书记关于做一个好老师的"四有"标准。让我懂得了树立教育信念的重要性，它不仅是教师专业成长的重要标志，还是克服教师职业倦怠的根本。凌云志博士的讲座"当代学校德育的困境及其突破"，告诉我们突破德育困境要回归人性、张扬个性、生命关怀、幸福指向。张广君教授的讲座"用教学哲学引领教学变革"，思想深邃而充满智慧，教学为促进个体的成长和发展，为促进文化的传承和发展。他提出的教学的基本职能是促进人文化成的观点，教学中一切都是生成的观点——在生成的预期中启动、在生成的过程中运行、在生成的超越中演化、在生成的有效性上评价与调整，使我深受启发：关注个性、重视过程的教学才会促成教学的生成，促进人文化成，达成教学的有效。华南师大化学系钱杨义教授的教育科研"1+8 套餐论"让我明白：教研其实就是从小处着手，做大文章。重庆名师罗化瑜的讲座"匆匆那年——我们相遇互联网＋"更是给我一次视觉的冲击和心灵洗礼，第一次听到"互联网＋"思维，虽然"互联网＋"时代带来的社会变革已经发生，也有感触，但是我还没有上升到认识的高度，形成思维，让我感到学习的紧迫性，必须加快学习步伐跟上信息化时代的潮流，否则就会落伍。东北师范大学刘晓明教授的讲座"心理与道德融合：心理健康教育的新探索"告诉我们：教师的发展有四个阶段，从新教师的"用术"到熟练型教师的"炫技"再到智慧型教师的"明理"，最后到教育家的"悟道"，要做一个智慧型的教师必须树立正确的教学观，教学目标的定位必须由关注"知识"到关注"人"，教学内容的处理必须由关注"教材"到关注"学生"，教学过程的落实必须由关注"演技"到关注"沟通"。刘教授的讲座深入浅出，把"以人为本"的教学观具体化为实际的教学操作方法，为我们提供了很好的方法指导。莫雷教授和左璜博士关于核心素养的讲座让我们了解到中国学生核心素养的研究背景、研究过程、研究方法和研究结果。把培养学生的核心素养落实到今后的教学过程和教育科研中是我要努力的方向。华南师大郑希付教授的"压力与情绪管理"让我们懂得如何修养身心。还有王志超、刘学兰教授的心理学知识讲座，宋春燕教授和我们班书记孔春生老师的人生规划讲座深入浅出，受益匪浅。专家们的讲座，联系生活，贴近实际，注重互动，指导性很强。让同学们在一次次掌声中，一阵阵笑声中，一个个参与中，激荡了心灵，启迪了思想，激发了思维。

二、深入学校参访，感受育人特色

　　两年100天脱产的广州研修之旅，我们参访了十几所学校，它们特色鲜明、优势尽显。向贤中学的特色课程：贤文化——尚贤、齐贤、宏贤，在此理念下的课程改革的目标是：让每一个学生都能够成为最好的自我，成为明理、厚德、修身之人。它的基于建构主义思想的"三年整合导学"模式：导、读、议、究、拓、思，对于一所生源中等偏下的省示范性中学，和我所在的学校有很多相似之处，值得我们学习借鉴。广州市一中的智慧课堂，真正体现了自主、合作、探究学习，这得益于它先进的硬件设施和教师的功底。广雅中学丰厚的文化底蕴，让它在和谐办学的研究上，实现了办学理念从"和谐教育""和谐优质教育"到"和谐创新教育"的三大跨越，提出了"在和谐中求优质，在优质中求创新，在创新中求发展"的思路。广州市47中学坚持"以人为本，和谐发展"的办学理念，无论是教学模式、环境培育、课程设置、教材开发以及教育教学教研等，无一不体现出这种统一的、综合的、彰显个性色彩的"多元追求，和谐发展"的办学特色。广州市天河区外国语学校以外语为学科特色、以多元为文化特征、以和雅品质为人才规格，它的办学理念是：和雅君子，世界公民。中山纪念中学秉承"祖国高于一切，才华贡献人类"的校训精神，以"中山精神"为引领，以"纪中文化"为内涵，促进教师专业发展，提升学生核心素养，形成"中山精神＋文化素养＋国际视野"的育人格局，培养具有民族情怀、国际视野以及全球竞争力的高素质"纪中人"。深圳中学的办学理念是：建设学术性高中，培养创新型人才。培养具有丰富生命力的人：他们能自主发现和实现个人的潜能，成为他们最好的自己。这种办学理念现代、超前，给人耳目一新，凸显了它张扬个性、鼓励创新的育人特色。这符合深圳特区经济发达、创新产业成熟的特点。参访顺德和海珠区启智学校，让我感受到教育只要有耐心、恒心、信心、爱心，无论什么样的孩子，哪怕是智障儿童都可以教育成人、成才，更为这些学校老师的敬业、乐业、爱业的精神所感动。每一所学校都有自己的精彩，每一所学校都是潜在的特色学校，如何挖掘学校特色，办出最好的学校是我们今后的研究课题。

三、跟岗影子学习，反思教学行为

2015 年 6 月在广东实验中学、广东实验中学顺德分校、广东实验中学天河分校跟岗影子学习，感受最深的是他们在培养学生综合素质这方面做得很不错，学校突出社团活动指导、综合实践能力培养，创客教育，作息时间充分考虑了学生的这些活动需要。我们通过听课、评课、上课，参加同课异构等活动，向他们学习。通过这次跟岗影子学习，我体会到，教学不能以牺牲学生的学习过程体验换取教学进度的完成，这样培养的只能是有知识而情感缺失的人。2016 年 12 月在广东省中山纪念中学跟岗学习，给我印象最深刻的是优美的环境。公园般的校园，处处体现中山文化，环境育人在这里得到充分的体现。主题班会课主题鲜明、来源生活、注重参与、凸显教育意义。备课组活动注重实效，一人主讲，其他参与，讨论热烈。从所听的几节课来看，集体智慧和个人理解相结合的备课做得很好，课堂教学体现共性又彰显个性，年轻教师的成长很快，这些都值得我们学习。在深圳中学跟岗学习期间，郭胜宏校长上的一节"圆锥曲线中的探索性问题"的数学思维能力培养课，给我们印象最深刻，他引导学生从战略高度构思，从战术角度探索解题方法，我想，这样的课学生的思维能力何愁不能提高呢！我们的课堂却到处充斥着满堂灌、题海战术，学生的创新思维怎么能发展呢！

四、交流思想体会，碰撞智慧火花

在华南师范大学，教师好声音、思想碰撞、教师论坛、锵锵三人行、小组汇报、课堂互动等活动，让我领略了湖湘名师的教育智慧和风采，听激情飞扬、才华横溢的少华演讲，听有条不紊、慢条斯理的正雄评说，听满肚是数、出口成诗的湘楚高见，听南腔北调、欲盖而彰的科中诗歌，读情感丰富、重情重义的自生总结，读勤思善悟、任劳任怨的朝晖日志，看充满智慧、思维严谨的日晖解题，看一脑点子、满腹经纶的奕娜微电影……我获益匪浅。40 位同学，不同的人生经历，不同的理解，产生不同的思想，这些思想碰撞在一起，便产生出智慧的火花。这种智慧体现在我们对教育的认识，对生活的理解，对人生的态度，对幸福的追求。它将伴随我们一生。

（培训机构：华南师范大学）

花开的声音

涟源市桥头河中心学校　颜波

沐浴着炽热的夏日，迎着凉爽的河风，回首 10 多天的国培生活，我的视野开阔了，教育理念得到了升华，对师德师风有了新的感悟。

一、厚积薄发，深钻浅授

作为一名教师，要想让你的课堂变得生动有趣，精彩纷呈，仅仅掌握书本上那点有限的知识是远远不够的。只有当你拥有的相关知识远远超出了课本，你驾驭课堂才能做到驾轻就熟，旁征博引，妙趣横生。国培中众多专家的讲座，让我深深地认识到了，名师之所以成为名师，与其广博的知识积累和深厚的文化底蕴是分不开的。

朱翔教授的大名对于使用湘教版地理教材的教师再熟悉不过了。8 月 9 日，一位年过半百的高个缓缓走上讲台，与众多教师不同的是，他手中无书，肩上无包，满脸微笑，显得非常慈祥与自信。朱教授用他那抑扬顿挫的语言，娓娓道来，虽不用课件，不用讲稿，但长达三小时的讲解，有条不紊，从师大校园讲到全国教育的现状，从世界地理讲到中国地理，从自然地理讲到人文地理，没有空洞的大道理，而是以自己的切身经验来谈生活中的地理知识，从中国当代地理学科的现状，延伸到地理学科的发展方向。语言诙谐而富有节奏感，把深邃的地理知识融汇于简单的事例之中。朱教授虽没用课件与讲稿，但我想这一堂课是他用几十年的生活体验与思索沉淀下来的，厚积薄发，深钻而浅授。我想作为一线教师，要想成为骨干教师，甚至是名师或专家，厚积薄发，深钻浅授应是必须具备的能力。

二、善于观察，勤于笔耕

8 月 11 日的野外实地考察，长沙市一中的江新平老师带领我们走进了风景如画、文化底蕴浓郁的岳麓山。60 多人一同从资环院出发，沿北坡直上，一路上江老师为我们讲解了岳麓山植被的垂直分布特点、南北坡植被景观不同的原因、土壤的类型、岩石的构造等。大部分学员到达半山腰已是气喘吁吁，然而身体的疲惫难掩收获的喜悦。野外观察让很多深奥的书本理论知识变得浅显易懂，如在麓山寺附近，江老师就一背斜成谷的岩石，向我们阐述了背斜与向斜的特点与成因，让我们印象深刻。这一课不仅让我感受到了观察对于地理教师的教和学生的学至关重要，同时也让我感受到了地理知识在我们生活中无处不在，也对地理课标所要求的："教有用的地理，生活中的地理知识"，有了更深刻的领悟。

作为一名学术型的研究者，如果只停留在观察的层面，是远远不够的，应诉诸笔端。刘铁芳教授在讲授"什么是好的教育"一节时，一个精短的事例让我感触颇深：周末，刘教授带女儿游桃子湖公园，天真可爱的女儿和同伴在草地上你追我赶，摸爬打滚，看到这一幕，刘教授感悟得出——家庭教育的一个中心（陪伴），两个基本点（陪孩子阅读，陪孩子去野外玩耍）。最终诉诸笔端，形成了他的一种学术理论。我想只有勤于笔耕，不断学习，手熟才能生巧，久而久之，才能文思如泉，笔走如神，也只有勤于笔耕，我们的理论水平才会真正得以提升，对事物的认识才更有深度与高度。每天看到群里何老师发的第二天授课老师的简介时，发现他们简历的后面往往都拖着一个长长的尾巴，那就是他们的著作。这些著作无疑是他们思想与学术的外在表现，也是他们观察、思索、总结与归纳所得的精华，这些作品说明他们的付出得到了社会的认可，反过来也提升了他们自身的价值。

因此，作为一名教师，要想真正得到他人的认可，提高自己的价值，丰富自己的理论水平，勤于笔耕是必不可少的。常言：妙笔生花，我想也可以理解为写作可以让我们的心灵之花绽放，让我们人生如花般璀璨。

三、寓教于乐，勇于创新

叶滢教授在"地理教师的专业定位和成长途径"一课中对我们说："工作是美丽的，工作应成为幸福快乐的源泉，快乐工作，享受工作，追求卓越应成为我们的生活态度。"但是很遗憾，在我们的乡村教师群里，听到的更多是牢骚满腹，怨声载道。抱怨教学的压力大，薪酬低；抱怨学生的顽固不化，家长的不可理喻；抱怨领导的错误领导，制度的不合理等。杨碧漪教授在"教师心理健康"一节中所说的怨职情绪和职业枯竭，可以说在乡村教师群体中成了一种普遍现象。教师的怨职，导致教师身心健康大打折扣，教学质量大大下降。

按常理来说，学生只有在宽松的环境、和谐愉悦的氛围中，才能心情愉快，思维活跃，才能敢想、敢说、敢问，才能敢于探索。也只有学生积极、主动、自觉自愿地参与学习过程，学生才能得到发展。所以作为人师，我们应该不仅要为自己的身心创造温馨的环境，更要为学生营造和谐的学习氛围。我相信只要我们真正把"寓教于乐"的理念贯通于内心，那我们所从事的教育环境就会温馨而美好。

国培犹如奔流不息的湘江，滋润着我们每个学员的心灵，它用知识的活水哺育着我们这些求知若渴的乡村教师，让我们在岳麓山下，湘江河畔，名校腹地，慢慢滋生，然后随着湘江之水，源源不断地流向三湘大地，让教育之花处处怒放。我相信，有了夏日国培之光的温暖，有了师大浓郁文化底蕴的熏陶，一定很快就会在教育领域听到花开的声音。

（培训机构：湖南师范大学）

端端正正写字　堂堂正正为人

耒阳市集贤中学　肖文权

　　这次有幸参加了"国培计划（2015）"——湖南省中小学书法骨干教师培训班。虽然课程安排得非常紧凑密集，但是学员听得很认真，学得很投入，完全忘却了疲劳，屡屡要求专家们延长时间多讲点东西，想多学点东西。通过这次培训，我结识了很多良师益友，收获颇多。现将心得体会总结如下：

　　书法的前途之忧。有人说，"大棚把四季给废了，电脑把书法给废了"，这话不无道理。随着信息技术的广泛应用和"无纸化办公"的普及，人们的书写水平正在日益下降。孩子们迷恋网络，成年人对计算机产生依赖。人们的书写时间越来越少，能力愈来愈差。有幸的是面对书写技能退化的严重事实，国家教育部已经下发文件，要求书法走进课堂，中小学要开书法课，弘扬和传承经典的中华书法文化和艺术，教育孩子端端正正写字，堂堂正正为人。同时，还有像李再湘主任一样的有志之士不留余力地推广书法教育，相信书法艺术在我国又将会开启新的航程。

　　书法理念的认识，更新。文以载道，技从道出。李再湘主任说：字如其人，从中国书法发展史来看，一个没有高尚品质的人是写不出流芳百世的书法作品。柳国良教授特别强调一点，书法技巧不是最重要的，也是好学的，个人的文化修养和对书法之道的理解是书法品格的关键，如果一个书法家没有深厚的国学和古文字学的功底，他充其量只是个书匠。书法是矛盾统一的和谐。如大与小、密与疏、浓与淡、曲与直、枯与润、疾与涩等矛盾的统一，只有把这些矛盾处理和谐了才能算一幅好的书法作品。

　　书法技能的提高。培训期间各专家分别把篆、隶、楷、行、草的笔法、章法以及各体的临写与创作，作了深入浅出的讲解，并且作了示范。让我们学得很轻松，领悟较透彻。特别是柳国良的"第一根毛"理论，让我们更容易去领悟书法的奥秘。

　　书法与绘画、篆刻的融合。书画同源，书即画，画即书。学习书法同时加强对绘画艺术的学习是必要的。古代很多书画大家都把书画、篆刻融为一体，当然还包括诗词。如郑燮、李可染、扬州八怪等都是集诗、书、画、篆刻为一体的大家。杨正良先生的讲座给我们展示了书画艺术的异曲同工之妙。

　　书法教学视野的拓展。先后在湖南一师附小、育才三小、宁乡金海小学、岳麓实验中学、枫树山大桥小学现场观摩了书法教学课，领略了他们书法特色办学的成果和成功经验，受益良多。

（培训机构：湖南省中小学教师发展中心）

我与优秀园长的距离

娄底市娄星区民办幼儿园 曾海河

优秀的园长会有幼儿园科学的经营方式和良好的管理模式。通过吴顺发院长的讲课学习之后我觉得优秀的园长应该具备如下几点：

一、优秀园长有独特的人格魅力

1. 恪尽职守，爱园如家

这是一位园长应当具备的最低要求和必备素质。如果一位园长对幼教事业具有强烈的使命感，同时具有高度的事业心和责任心，工作上能精益求精、管理科学，那么，这所幼儿园就会是一个风气纯正、奋发向上的育人阵地，幼儿教师就会自觉形成一种"不用加鞭自奋蹄"的使命感。只有全体幼儿教师都能爱园如家，幼儿园才能步入良性发展轨道，才能健康发展。

2. 公正豁达，尊师爱师

园长管理的是一个具有鲜明个性的群体，是具有一定文化素质的教师，并且大都是女教师。面对这个特殊群体，园长就必须要有宽以待人的胸怀，遇到问题能换位思考，能设身处地地为老师们着想，积极帮助老师们解决问题，尤其在遇到犯错误的老师，要有责人先责己的态度。某幼儿园，一位幼儿园老师无故迟到将近1个小时，当这位老师急急忙忙赶到幼儿园时，园长当时强压怒火询问："你怎么迟到这么长的时间？"老师说："是我的老父亲生病，因为送医院没来得及请假所以迟到。"结果园长自责地说："是我的工作不够深入，不了解实际情况。"园长随后组织相关的工作人员到医院看望这位老师生病的父亲，还特批该老师一周的假，让她到医院陪护，这位老师深受感动，自此工作非常敬业。问题虽小，但这位园长的处事风格在老师队伍当中引起了很好的积极反应。同时，该园长还经常创造条件选派老师外出进修深造，赢得了老师们的敬佩和爱戴。

二、优秀的园长具备良好的综合能力

1. 具备良好的组织能力

园长要管理好幼儿园，单靠园长一人孤军奋战，是很难成就大事的。园长要通过民主管理，做好人的工作，为广大职工创设一个有利于他们施展才华的环境，从根本上调动人的积极性。园长不仅要树立以人为本的现代管理思想，树立依靠全体教职工民主管理的意识，还应拥有较强的处理人际关系的能力。做到知人善任，具备了解人、说服人、关心人、使用人的本领。

2. 具备良好园所文化培育能力

良好的文化氛围是整个教师队伍感受到幸福的关键，园长应该如何来营造良好的文化氛围？从幼儿园工作的实际看，可以从真诚、务实、创新方面来加以理解。真诚体现人与人之间的一种以诚相待的关系，这是人际对话和互动的基础，也是良好关系环境的形成的基础。在以诚相待的教育氛围中，园长与教师、教师与教师、教师与家长、教师与儿童、儿童与儿童之间的关系是真诚的。真诚能够形成有效的对话和互动，会意识到人的主体性与差异性。

比如幼儿园老师生气、耍性子，应是有深层次的原因的，可能是因为家庭，也可能是因为身体方面的原因。由于幼儿园的教师主要以女性为主，而女性天生的那种希望被关注的心情是普遍的，在真诚的文化氛围中，园长和教师之间可以直接面对很多话题，尽情交流和讨论，一起解决问题，释放必要的工作压力和心中的压抑。务实体现了处世行事的态度和精神。在工作中切实履行自己的岗位职责，有了务实的工作态度，人际交往和相互信赖的关系才会有保证。在各项活动中，大家团结一致，齐心协力，共同将工作做得更好，在获得一定的成功感的同时，也会带来相应的幸福感。

3. 具有一定经营协调能力

从管理学的角度讲，作为园长，管理指的是幼儿园内部的运行问题，而经营特指幼儿园的外部相关问题的协调和处理能力。麻雀虽小，五脏俱全，幼儿园的工作涉及方方面面，所以，一位好的园长就要善于当好"总联络员"，协调好上、下、内、外等各方面的关系，使之形成合力。这样园长才能集中精力抓办园质量，才能形成幼儿园管理工作的良性循环。正如吴院长所说经营的概念远远大于管理。

三、优秀的园长具备先进的教育理念

在幼儿园中，整个教育目标的导向与其教育理念是分不开的。如果园长常常以各种条条框框要求老师，或者赶潮流，那么整个幼儿园的教师会疲于应付，怨声载道，影响幼儿园正常的工作秩序。教育是一项理想的事业，带有乌托邦色彩，教育中的实用主义和功利主义是教育的大敌，它使教育功能异化为工具，最终偏离了方向。幼儿教育需要许多实干家，更需要梦想家。园长的无为观念很重要，其教育理念与评价标准主导着教师教育行为，一个园长观察到孩子天天在变化，看到孩子身心健康，注意到孩子们天天快乐地在幼儿园中玩耍，教育就获得了一定的成功，而不是要求教师备课怎么样，总结的完成情况，你们班的幼儿能写多少字，会背几首唐诗等。园长只有树立无为的观念，才会更有利于将教育目标落实到幼儿的发展上来，才会处处从人性的角度去关心、了解教师与幼儿。

一个优秀的教育工作者，首先是个快乐的大孩子。所以园所课程所体现的不是今天老师如何填鸭地教学，让孩子们学会几个字或者几道数学题，而是真正让孩子们养成良好的行为习惯、正确的儿童观，以及如何让孩子们自己真正找回属于自己的快乐的健康的童年生活。对于成年人，快乐是难能可贵的心境。孩子是最无忧无虑、远离烦恼的群体，作为教育工作者势必要融入这个快乐的群体，保持孩童般的心情，用自己的快乐感染孩子。幼儿园的孩子最擅长模仿身边的人，特别是父母和老师。

（培训机构：湖南民族职业学院）

那一盏盏"航灯"照我前行

新晃侗族自治县凳寨乡中心小学　周静

当了将近五年的美术老师，同时也当了这么久的语文老师，每次看到同行们去参加各类美术学科培训，大有"春风不度玉门关"之感。当看到国培班主任张莎莎老师发来的短信时，心里真的很激动……集中培训期间，我们在湖南第一师范学院见到了很多知名的省内外专家，学到了很多美术课程改革的理论，也知道了未来的发展趋势，最重要的是给自己今后的课堂教学和职业发展道路指出了"明路"；"影子教师"跟岗实践研修期间，我很荣幸地来到湘潭风车坪学校，丰富的校园生活、充实的跟班听课、议课、备课、磨课让我收获颇丰。

一、认真对待每一节美术课

几天学习下来，我深刻地认识到：认真对待每一节美术课，不光是只认真对待课中的 45 分钟，还要做到课前充分备课，包括备教材、备学生、准备好教学用具、范图；课后做好反思，不只是学期末来个工作总结，平时每节课都开展课后反思，写些教育随笔。

二、特色教学怎么做

虽然每个学年我都会推陈出新地想带着学生们做些新鲜的活动，感觉还不错。但是当看到巩平教授用一张纸短短一两分钟就可以做出那么多惟妙惟肖的小动物，才发现自己一直以来的小探索都没有好好深入。如果真的把一件事情、一个领域钻研透彻了，那才是真的了不起。什么都来一下，什么都不精的"三脚猫"，我做得太久了。

当看到范荃老师的纸艺特色课程，我受到很大的震撼。剪纸、衍纸、纸蕾丝……虽然课堂上老师没有回答我的问题，但是课下我很"饥渴地"与老师进行了交流。当我问"常规课堂教学与特色教学的关系"时，范老师的话给了我很好的指引：常态化的东西都要有，但是要做出自己的一点特色然后加入教学中，不用做得太泛，要坚持做下去，再在这一领域去加深加宽；一个新东西可以先在兴趣小组试行，觉得学生比较喜欢，便可以引入课堂教学中，视效果再回归兴趣小组……

三、时刻注重提高自己的素养

从教五年，每天都在忙碌，可是在专业上、素养上从未提高。当听到崔卫博士解释"传神阿堵"的由来，自己真的需要有所学习了。当看到尹少淳教授分析格列柯的画、他分享的图片，才发现自己真的孤陋寡闻。当听到肖丰教授讲课的后半段，我终于开始思考：为什么蔡元培要提出"以美育代宗教"了。如果说，世界上最大的投资是对自己的投资，那么，一个学校给老师最好的福利就是给予他学习提高的机会。

四、儿童画中的"儿童性"不能抹杀

每年我都带学生参加现场绘画比赛。每次都会发现整个赛场的整体水平提高了。每张画都工整漂亮，有的甚至很复杂，可是总是感觉缺少了点什么？很少能令我感动。通过这次培训我终于茅塞顿开：我们的儿童画整体"成人化"痕迹太多了。原来在儿童画教学中不能只注重技法，不能以成人的标准去衡量，而要注重观察力、感受力的培养，要注重直观教学，多引导启发。儿童画中最珍贵的就是其中的"儿童性"。

五、"影子教师"催生蝶变

2014年10月13日到16日，我很荣幸地来到湘潭风车坪学校进行"影子教师"跟岗实践研修。风车坪学校本部并不算大，但整个校园文化建设渗透出深厚的文化底蕴。书法励志作品悬挂于各显眼处，激励着学生，也感化着我。每一栋教学楼有序地展示着学生们的优秀绘画作品，这是一座以学生为本的校园，学生作品展示了孩子们朝气蓬勃的精神风貌，天真烂漫的内心世界。让我觉得孩子们就是这里的主人，回去以后，我也应该把学生们的作品展示出来。

跟班听课，让我看到导师的常态课胜过了很多老师的公开课。导师们对每一堂课都精心准备，每一个教学环节、每一件教具都无不用心。让我体会到：用心在教育教学中是多么重要的一个关键词。从议课、磨课，到平时的谈话交流，无不体现出导师们教育教学"功力深厚"。哪怕是细微处，也让我收获良多。从王樱璇老师谈原生态美术课，到左晓蓉老师谈低年级美术教学的关键点，再到潘文炜老师指导我们上汇报课，我们学到了很多很多。

我更加深刻地认识到：每一个环节都要紧扣三维目标进行，直击教学重难点；充分了解自己的学生，一切为了学生；坚持以学生为本，关注学生的发展；上课不做"花架子"；用心备课，反复磨课，认真反思。同时，丰富的校园生活让人感受至深，升国旗仪式、少代会、大课间活动上的国学经典诵读、教师心理健康讲座、教师社团活动……这是一座以人为本、积极有活力的学校。

（培训机构：湖南第一师范学院）

心若在，希望就在

衡东二中 刘巧玲

我有幸参加 2014 年 11 月 13—19 日为期一周的初中英语骨干教师培训，紧张而忙碌的"国培"培训即将结束，回顾这段学员生活，收获颇多。

一、知识的"更新换代"非常必要

"学而不思则罔，思而不学则殆"，对于英语这门课程来说，本身就是一种挑战，要提高一线学生对英语的兴趣和提升学生的学习水平尤为困难，所以知识的更新尤为重要，作为一名一线初中英语教师，我对这点理解尤为深刻。在这次培训中，我深刻体会到，教材是教学过程中的载体，但不是唯一的载体。在教学过程中教材是死的，但作为教师的人是活的。作为新时代的英语教师，要不断地增加、更新自己的知识，活学活用，才能将教材中有限的知识拓展到无限的生活当中去。"是用教材教，还是教教材？"作为一名教师，应当经常清醒反思，而这次专家们给了我们明确的回答。从今以后，我们教师必须用全新、科学、与时代相吻合的教育思想、理念、方式、方法来更新自己的头脑，这次培训无疑给了我们一次深刻的洗礼。

二、注重教学方法的生动性与合理性

在实际教学中，只有多关联生活，多创造情境，多动手操作，多注重教学方法和学习方法，英语课堂才能变得丰富多彩。

新课标要求学生的学习内容是现实合理的，有意义的，富有创造力和挑战性的。从情境中引入要学习的内容，激发学生学习的兴趣和欲望，使学生体会到英语无处不在，通过与学生的互动交流，达到预期的教学效果。在七年级上册第五单元的单词教学设计中，我将在国培学习中总结到的教学经验和创设思维，将自己的全家福照片做成课件，先让学生来猜猜他们分别都是谁，然后再一一引入家人称呼的单词。这样一来，学生在一个真实贴近生活的情景中进入到课堂学习，整个课堂设计显得生动，富有趣味性，同时，这样做也符合初中生的认知规律，达到了预期的教学目的和较好的教学效果。

三、大家的"国培"——成果共享

国培的学习与培训，专家、学者、学员，不少的教育教学的经历、体会、感受和学习成果的展现……这是一次大规模的集体智慧的共同创造和创新，是一次教育成果的大荟萃，是不可多得的资源共享，彼此影响着彼此，收获着收获，你的，我的，他的，我们大家的。

　　此次"国培"虽已结束，但是教师素养的提升永远不会结束，"国培"带给我们的知识、思想和精神将会是持久的陪伴和影响；通过这次培训，使我提高了认识，理清了思路，找到了自身的不足之处以及与一名优秀教育者的差距所在，我将以此为起点，让"差距"成为自身发展的原动力，不断梳理与反思自我，促使自己不断成长。"国培"，你真的很"给力"！

（培训机构：株洲市第一中学）

种福的老师能获得幸福

双牌县第一中学　蒋笃家

2016年11月5日，"国培计划"双牌县"送教下乡"通识培训在县花鼓剧团隆重举行，本人有幸以"国培计划"双牌县"送教下乡"初中语文组学员身份参与学习，感慨颇多，兹录于下，与同行们切磋、学习。

一、原来师德讲座可以这样讲

结合自身经历讲。黄佑生主任就是从自己的小学老师谈起，从小学老师的一句话"佑生将来一定有出息"引出做老师，要为学生种福：做学生生命中的贵人。黄主任娓娓道来，道出了自己的贴身体会：我之所以想成为好老师，做一个好人，因为我曾经遇到了好老师！自己教师节不忘打电话给过去的老师以祝福；自己做了老师之后，也同样收获了来自学生的帮助与祝福，做教师的幸福感就来自这样的感动！

结合案例讲。黄主任的讲座让在座的400余位学员屏声静气，甚至无暇上卫生间，为什么？是因为黄主任讲座中一个又一个生动的案例深深地吸引住了他们。一位老师的一句话挽救了一个孩子，为什么杨志每次回家，先不看父母，却要最先看望如香老师，因为如香老师是他生命中的贵人！这样的案例还有：学校中的"正常现象"，一个女老师的流泪诉说，15岁女儿不在家，邵阳弑师案，林森浩事件，等等。

带着底蕴讲。仅仅是讲故事，那么再好的讲座也不过是一场故事会；故事很多人会讲，但听的人收获却大不相同，为什么？能深挖故事背后的道理，那才是精彩绝伦的讲座。能深挖故事背后的道理却非人人能为，靠的是底蕴与涵养。黄主任就是这样一位学识渊博、底蕴深厚的学者型大师，故而能在常人所见的平凡事中，每每给听讲座者以无穷的启迪，让听众领略人生的更高、更深的境界！

听黄佑生主任的课，真是如沐春风，启迪多多！

二、做最好的自己，方能做最好的教师

唐科副校长来自双牌县江村镇中心小学，他的讲座既结合自己的家庭，又结合自己的亲身经历，向我们讲述了一位来自教育世家的乡村教师的成长历程。在最边缘的小教学点工作，也曾下海经商，却时刻不忘初心，在教书育人的岗位上默默奉献，既教书，又管理，还资助贫困学生，其奋斗历程令人钦敬！从唐科的报告中，我领悟到的是：做最好的自己，方能做最好的教师；做老师，可能不是你最好的选择，但是，在教书育人的岗位上，唐科却实现了自己无悔的追求！

聆听张秀华老师的报告，这是第二次。张秀华老师的报告的内容有不同，但也有相同的地方。但是，于我而言，两次报告的感受却截然不同。

第一次听张老师的报告是今年的教师节，张老师是发言的三位教师代表之一。当张老师诉说因病住院、躺在病床、顿生恍若隔世之感时，泪盈眼眶，台上的县里领导和台下的老师们，无不唏嘘，为之动容。我亦是泪眼婆娑，流向心田！对张老师，我是久闻大名，知其教学不错，在学生中声望不错，工作不错；但是，这一期报告，在我的心中树起了一个更为丰满的张老师的形象：真没想到，原来这么优秀的老师背后，还有这么感人、令人动容的曲折、坎坷的故事！

第二次听张老师的报告，就是这次送教下乡的通识培训了。不知是凑巧还是怎么的，就在这一天，我的微信上收到了两篇文章，分别是新华社和人民日报的评论——《"5＋2、白加黑"不值得宣扬》《加班是一种坏的工作方式》，耐人寻味，很值得一读。新华社和人民日报的社论，是权威的声音，权威如此同时发声，向我们大众、社会传达的是什么理念？以人文本！

曾经一度，教师被搬上了神坛，教师牺牲健康、牺牲正常的生活甚至家庭，有的甚至子女有病不回去看、父母临终不能尽孝等等，被大力宣扬。但随后不久，人们又呼吁：教师也是人，还是要让老师们过正常人的生活，这才是"以人为本"。像张老师这样的身体，是让她挑一挑重担，还是让她担子稍微轻一点，在修养好身体的同时，好好地从事教育教学工作？是我，我会选择后者。

好在，主席台聚光灯下的张老师，身体在好转，吃药的次数在递减，本有些苍白的脸上有了精神！不好多说，也不必多说，还是让我们一起祈福：祝张老师身体健康，祝像张老师这样的老师们身体健康，祝天下所有的老师们身体健康！正如佑生主任所说，老师们，你们是为国家、为社会、为家庭、为学生种福的人，你们理所应当要获得幸福！

（培训机构：双牌县教师进修学校）

没有简单的文本，只有简单的老师

长沙市岳麓区雨敞坪镇中心校　张天宏

　　文本是作者与读者沟通的唯一桥梁，要真正做到正确解读、深入研读文本，需要我们有大量的知识储备和敏锐的洞察力，我们永远不要轻率地说"教学内容很简单"，没有简单的文本，只有简单的老师。

　　那如何解读文本？今天张玉新老师"文本的教学解读及其要领"的讲座说了三种方法。其一是以作者为中心的文本解读法，也称"知人论世"。狄尔泰说："恢复作者的意愿，重新体验作者意图，保持历史的客观性。"比如杨绛先生的《老王》，为什么把"我"对"老王"的愧怍，说成是一个幸运者对不幸者的愧怍呢？这背后的缘由究竟是什么？首先是作为一个相对幸运者，杨绛为自己知识分子的清高和冷漠愧怍。同为"文革"中受难的知识分子，杨绛看到"文革"后有同伴们摇身一变，批斗身边的"文革"得势者，却无视身边那些更孤苦者。而事实上，自己从与老王的交往中，也深切地感受到自己的清高与冷漠，感受到悲悯与忏悔的稀缺。读过《干校六记》中钱钟书先生写的小引，我们会知道愧怍的第二个缘由是通过自己的愧怍，提醒"文革"中的忏悔健忘者。所以在解读文本时能够与作者相识、相知，才不至于误读文本。

　　其二是以文本为中心隐去作者而直面文本的解读法。直面文本，是研读文本、把握作品精髓的最真挚的态度和最重要的途径，文本是我们读者与作者之所以能见字如面的媒介。直面文本，就是要尊重文本自身的逻辑存在，当我们带着自己的生活经验进入阅读时，这并不意味着文本可以被随心所欲地肢解和剖析，因为作品一旦形成就有它自身的逻辑存在。这就要求我们应用字斟句酌的细读法在读懂文本语言上下工夫。不对文本语言本身下工夫，不遵循语言的约定俗成，解读就失去了基础和前提，也就难以理解作品和作者。

　　其三是以读者为中心的文本解读法。在解读文本时，我们要在读出自己上下工夫。对于读出自己，我们甚至可以说："我尊重作者的意见，但我有权利不接受作者的观点。"读懂作者是尽可能发现作者的感受和意见，但是否同意和接受作者的观点却应该由阅读者自己决定。文本解读是个性化行为，是一种个性化的创造性活动。读出自己是对自身这个阅读主体的尊重，是跳出文本对作品和作者意义的审视。作为语文教师还要鼓励学生对文本进行批判性阅读，形成自己的见解和观点。比如，阅读《珍珠鸟》，学生理解了作者"信赖，往往创造出美好的境界"的观点后，有权保留批判作者笼养小鸟、欣赏小鸟、对待小鸟的意见。读《台阶》，分析文中的父亲是怎样一个人时，允许并肯定学生评价"这是一个很要面子的父亲"（有些老师认为"要面子"是贬义词，要改为"不甘人后"）。读出自己，更重要的是在文本阅读中读出对自己生活的意义，用文本来观照自己的经验和生活，使经验不断得到更新，生活不断得到改善。

　　总之，在面对不同的文本时，我们可以根据文本的特征恰当选择文本解读法，有时候也可以综合运用一种或多种文本解读法。如何解读以及选择哪种解读方法考验的还是老师的知识含量。

　　叶澜教授曾经指出："没有教师精神的解放，就很难有学生精神的解放；没有教师的主动发展，就很难有学生的主动发展；没有教师的教育创造，就很难有学生的创造精神。"一位教师如果对教学文本漫不经心，满足于一知半解、浅尝辄止，怎么能给学生相对深刻的引领和帮助？因此，语文教师一定要不断打磨自己、主动发展、海量阅读、培养创造精神，以不断提高自己正确、深入解读文本的能力。

（培训机构：湖南师范大学）

让我们做叶的事业

宜章县沙坪中学　肖志伟

2016年9月11日，我聆听了宜章三完小黄郴宜"用热爱之心、喜爱之情去做班主任"和长沙仰天湖小学校长刘菲菲校长"教育的禅意人生"两场报告，深受启发。

雨果先生曾经说过这样一句话："花的事业是尊贵的，果实的事业是甜美的，让我们做叶的事业吧，因为叶的事业是平凡而谦逊的。"黄郴宜是一位智慧的班主任，是一位快乐的教师，她能站在学生的角度看问题，热爱学生，让每一个学生都生活在希望之中；她用自己的魅力，用激励方式，为学生营造了一个好的成长氛围。听了她的报告，我看到了自己工作的不足，今后在工作中要从小事做起，教育学生讲究方法，注重策略。班主任要有童心、爱心、责任心和公正心，要用自己满腔的爱去关心、尊重每一个学生。

作为一名教师，只要爱学生，就会创造出奇迹。一个感情贫乏、冷若冰霜的教师给学生的印象是严肃、可畏而不可亲的，学生难以产生敬仰之情，更不敢向其敞开心扉倾吐自己的衷肠，自然难以达到心理指导与教育目的。爱意味尊重学生，信任、理解、宽容和接纳学生，重视和欣赏每一个学生，耐心地倾听他们的意见，接纳他们的感受。我深深地知道，一名优秀班主任、一名优秀教师，既是知识的塑像，更是爱的化身，只有接近学生，用爱去感召学生，才能教育好学生。因此，教师只有把爱的种子播撒在学生的心田，以学生的要求作为爱的起点，才能在学生的内心世界培养出爱的感情，并使之升华。

刘校长告诉我们：作为教师要安贫乐道，要学会"简单、快乐、亲切、宁静"地教书育人。首先，要试着简单生活。要学会放松自己，不强求、不萎靡、不浮躁；简单生活，随心、随性、随缘。让心阳光，心是快乐的，幸福就简单。其次，学会快乐。因为生命的存在，我们才品尝幸福欢畅，我们才体悟真情快乐。精彩的生活，往往在沧桑中创造。给自己一份洒脱，笑看流年云卷云舒。总有起风的清晨，总有绚烂的黄昏，总有流星的夜晚，给自己一份洒脱，学会对自己说：生活，没什么大不了。第三，要微笑面对生活。微笑使人快乐，微笑使人年轻，微笑让人充满激情。微笑是一种自信，一种释怀，一种对命运的挑战。只有学会微笑的人才会去面对挫折，去接受幸福，热爱学生，热爱教育。最后，要学会宁静的生活。宁静，是思维的乐园；宁静，是心灵的圣地；宁静，是一种归真，一种淡泊，一种沉淀，一种抒情。生命的色彩，不在于浮华三千，从容坐于方寸之间，一茶、一筝、一笺，亦是幸福。以一颗乐观豁达的心行走尘世，看山山静；以一份宠辱不惊的心意笑对浮生，看水水清。

（培训机构：宜章县教师进修学校）

取人之长，为己所用

安化县教师学习与资源中心　王舜国

年过半百的我能参加本次培训实感机会难得，近一个月里专家、教授的教学理念、人格魅力和治学精神给我留下了深刻的印象，青年教师们教学风格、灵动的课堂让我茅塞顿开、受益匪浅。

一、生命因"读"而充盈

湖南省中小学教师发展中心谢先国教授说道：读书是教师专业发展永恒的主题，生命因"读"而充盈。读书是一种享受；读书是一种情怀。由于生存的压力和物质利益的诱惑，大家都把眼光和精力投向外部世界，不再关注自己的内心世界。只有不断读书才能使自己的精神世界变得充实，才能使教师不断增长职业智慧。不读书，就不知道当今教育观念变化之大，教育形势发展之快，也不知道自己的教学观念落后到什么地步，自己过去的教学是多么可悲、可笑。教育需要知识渊博的教师，教育要培养出智慧的人才，而只有知识渊博的教师才能培养出智慧的学生，才能适应时代的需要。让书的精髓融入我们的生活、融入我们的生命，让我们的生命之花开得更加绚丽多彩、富有活力。

二、教学因"比"而鲜活

作为一个教研员参加各类培训的机会比较多，听过的讲座也不少，其中有关新课标的解读也听过一些，但此次来湖南师范大学参加国培，听了余柏青教授主讲的课标解读后，又给我了新的启发，让我眼界大开。在课标解读中运用列举法、比较法来说明 2001 版与 2011 版差别的还是第一次。

"2011 年版与 2001 版相比，坚持了以历史唯物主义为根本指导，并以中国特色社会主义理论体系为基本依据，切实把社会主义核心价值体系融入义务教育之中。"为说明这一变化余教授用了中国古代史的三个实例，采用历史比较的方法就很好地说明了 2011 年版巩固和深化社会主义核心价值观体系，并使其落到实处的具体表现。

众所周知，比较法是历史教学中常用的一种方法。它就是在综合归纳的基础上，对一些重要历史条件、历史现象进行比较，找出异同点，探索历史发展规律，从而培养学生的记忆、分析和概括能力。余教授通过比较法的运用，使我们了解了两版本之间的相互联系，明白了其不同之处，认清它们的不同特征，不仅增加记忆的准确性，同时也极大地提高了学习的兴趣，起到事半功倍的效果。

"从一粒沙中可以看到一个世界，从一朵花中可以看到一个天堂。"余教授的课没有矫情的造作，却给人精深的思索，心智得到启迪，原来"高人"的高明之处就在于此。

三、舍弃也是一种智慧

湖南大学文学院教授、岳麓书院博士生导师胡遂在做学生思想工作时说了这么一句富有哲理的话：留恋小河是因为没去过大海。说得真好，她告诉我们有时舍弃不仅需要勇气，也是一种智慧。平庸的人只知道追求，不知道放弃。有的年轻教师或非专业的教师因为工作时间短，经验不足，所以经常找不准教学的起点，不明白要教些什么，更不清楚教到什么程度。拿到一个教材内容，觉得这里要讲一点，那里也应该教一点，上课如蜻蜓点水一般，照本宣科，一讲到底。一节课下来学生还是一团雾水。老子有一句名言："少则得，多则惑。"从来大道至简，就很好地诠释了教学原则。大哲学家苏格拉底也说："千鸟在林，不如一鸟在手。"崇尚简约教学，就要学会"减法思维"，尽量减少不必要的东西，突出重点，确保学生一课一得，每堂课都能有收获，每天在进步。

高效教学需要我们在课堂教学中，学会适时的放弃，作出正确的选择。确立正确、精当、合适的教学内容，选择简便、得当、灵活的教学方式，紧扣教学目标和课时目标，深入研读与判别，发掘富有教学价值的资源，甄选出切合学生学习需要的教学内容，加强取舍整合。放弃面面俱到的知识灌输，大胆取舍，给学生学习的自主性；放弃过多的教学预设，培养学生合作探究的精神品质；放弃繁花似锦的多媒体演示，回归自然简朴的方式。

四、高效课堂可借鉴不可复制

本次培训安排了好几堂课例研修。有幸欣赏到了一些省城青年教师精彩的课堂教学，课堂上老师们先进的教学风格、变化多端的多媒体课件，这些都给我们留下了深刻的印象和启迪。赞叹之余，更多的是深深的沉思，从中让我更深刻地了解到城乡间巨大的差距，体会到了学习的重要性与紧迫感，更深刻地认识到务实与高效对于追寻理想课堂十分重要。任何教育模式都不可复制，同样高效课堂可借鉴也不可复制。当我们身边涌现出一些成功的教育模式的时候，我们要有选择的吸收，重要的是根据自己的本土化特点进行改革创新，兼容包并。"教育是一个慢活、细活。"需要教师们去研究，去反思，去探索。我认为打造高效课堂应首先准确把握高效课堂的内涵。高效课堂包括"学生高效地学"和"教师高效地教"两方面，这要求教师做到：一是要有丰富的知识储备，努力提升教师个人素养。"给学生一碗水，自己应当有一桶水。"应该说，现在仅有一桶水已经不够了，教师要有不断流淌的源头活水，这源头活水只能来自不断学习。只有教师拥有更高的知识素养，才可能对教材理解得更深刻、更全面，才能对学生的历史素养的提升形成直接的或潜移默化的影响。二是要有与众不同的"立意"，巧妙整合教材资源。有的教师每次上课都能给人耳目一新的感觉，留下深刻的印象，这和他们独特的教学设计是分不开的。因为只有认真深入地研读教材，才有可能产生"独辟蹊径"的灵感。三是要善于创设情境，激发学生学习兴趣。"兴趣"是最好的老师，而良好情境的设置无疑对激发学生的学习兴趣有着不可替代的作用，充满学习兴趣的课堂才可能是高效的课堂。心理学认为，愉快的环境可以使人感到自由、安全和可以依赖。在这样的氛围下学习，更有利于知识的生成。因此，教师要运用语言、课件、音乐等各种手段创设一个宽松的学习氛围，使学生以一种自由、放松的心态投入到学习中。

（培训机构：湖南师范大学）

课改之路，任重道远

新田县龙泉三小　李明

金秋时节，相聚马坪，参加"课改主持人研修班"学习，14天的研修学习虽然短暂，但这段经历在我心中难以忘怀。

一、马坪印象

此次研修给我留下了"三个不一样"的印象。

1. 不一样的见面

本次研修打破了传统培训模式，以"破冰之旅"活动为主线，通过一系列的集体游戏，让学员们在第一次接触时就认识了不少老师和研修班的同学，让来自四面八方的学员一下子拉近了距离。

2. 不一样的方法

本次培训运用较多的是师生互动、精彩分享。每个专家授课以后，都留有一定的时间与学员互动交流，解答学员心中的问题、困惑，现场气氛十分热烈；每次授课前，都安排了一名学员主持课前活动，由主持人在班上与全体学员分享交流学校管理、研修感悟等，大家都静心聆听，用心感受。

3. 不一样的效果

培训中学员积极参与，发言主动而精彩，以至于在师生互动环节，学员们都争抢话筒。小组注重团队合作，发挥特长，充满激情。在培训中，无论年龄大小、无论男女、无论生疏，都是那样的生气勃勃，都是那样的开心快乐。

二、研修感悟

1. 全面感受新课程改革的理念

在学习过程中通过专家的解读引领，我对新课程改革的理念有了更深的认识。通过邓美华、何琦等老师精彩的课堂展示，我们全面感受到新课程改革理念和方式上的多元与实用。马坪学校的阳光生态教学是开放的、自主的、多元的、宽容的，学生没有压力，思维活跃，阳光生态课堂是令师生快乐的课堂。

2. 零距离体验阳光生态课堂

走进马坪学校的阳光生态课堂，学生的自主学习、合作探究自始至终摆在首位，教师只是起到"点燃""点拨""点化"的作用。做学生学习的引导者、组织者、参与者和欣赏者，教师充分信任学生，放手让学生自己学习、思考、质疑、合作、讨论、提高，让课堂充满了生机与活力。教师引导学生自主学习、合作探究，最大限度地发挥学生的主体作用，让孩子们自信、从容，课堂教学因课改而精彩。

3. 充分感受授课专家的风采

授课专家给我的印象是"认真、阳光、热情"，他们是那样坚韧执著、一丝不苟，课堂是那样的精彩。授课专家为我们提供了各类丰富的案例，使本来枯燥的学习、抽象的内容变得生动、易懂，提高了学习的效率。刘菲菲校长的讲座中提到了课改是一项循序渐进的工作，不能冒进，想"瞬间"课改成功那是谬论，不切实际的，令我感触很深。吕海龙校长举例雄鹰、蜗牛登上金字塔之巅的故事，使我懂得了只要认真、脚踏实地、循序渐进地开展课改工作，终有一天会到达光辉的顶点。听了周大战、吕海龙、黄明艳等校长的解读介绍，才深刻体会到马坪学校课改成功的不简单之处，就在于他把一件简单的事坚持做下来，并且从自己的实际出发，做得很实很细，贵在坚持，是真正地在求实悟道。

眼界决定观念，观念决定发展。课程改革是一项长期的任务，是一个富有生命力的永恒课题，在与课改同行的道路上，我深知任重而道远。教学改革引发我们深思，使我们蜕变，我将把这次的研修所得，落实到今后的教育教学实践中去，相信课改会为课堂带来新的生机，引领我们走进新的天地，结出累累硕果！

（培训机构：永州市冷水滩区马坪学校）

凝聚人心，谋求发展

韶山市韶山乡学校　贺鹏程

2015 年 8 月 3—16 日有幸在美丽的银城——益阳参加"国培计划"农村初中学校校长的培训学习，通过这次学习让我开阔了眼界，拓宽了思维，明确了使命，让我真正领悟到作为一名新时期的校长应有的新理念、新思想、新方法。下面就我的学习和认识谈几点思考。

一、用科学的办学理念引领人心

我们常讲，办学理念是学校之魂，是立校之本。作为一名校长，首先必须树立科学的办学理念，这样才能引领学校沿着正确的办学方向健康发展。针对我校目前的现状，本人提出了"健康、安全、和谐、进步"的办学理念。健康，指校园环境（工作环境、学习环境、生活环境）健康，教师、学生心理健康；安全，指校园及周边的安全；和谐，指校园人际关系的和谐（管理者与教师、教师与教师、教师与学生）以及学校、家庭、社会三方面的和谐；进步，指以教师的进步促进学生的进步，以师生的共同进步促进学校的发展。应该说，当前校长们确实不缺少科学的办学理念，关键是如何落实的问题。作为校长要使科学的办学理念成为学校全体教师的自觉行动，需通过教育引导、组织实施、检查督促等方式，使科学的理念牢固植根于全体教师心中，落实到教育教学各项工作之中，使其成为学校的一致行动。

二、用良好的人文环境熏陶人心

对学生，侧重抓好养成教育：每周一国旗下讲话有针对性、有专题；通过丰富多彩的主题班队活动、校内活动课，发展学生个性特长；开设学校广播站，创建平台，促进学生树立自信……学生的书画作品上墙了，学生的生活经验、喜欢的歌曲通过广播播出来了……浓浓的文化氛围，让孩子们对学校生活越来越喜欢，时时受到学生心理熏陶，时时用爱心和真情打动学生，处处用事实摆道理教导学生。抓反复，反复抓，让养成教育贯穿于每天的学习生活中。对老师，则利用每周一的政治学习时间，每次会议都有不同的切入点，做到有的放矢，让老师们自觉放下思想包袱，视校如家。让校园充满了"人文精神"，让师生觉得生活在一个文明有序、充满关爱的和谐温暖的环境中，这样才能更加愉悦地投入工作和学习。

三、用科学的制度规范人心

"没有规矩不成方圆"，要让学校可持续发展，必须建章立制，通过制度规范人心。具体做法是：

1. 建立健全制度

强调"向管理要效率"，为使学校工作能正常、有序、高效开展，结合学校实际，建立自己的学校章程，如教师岗位制度，年终考评制度，班主任工作考核制度，班主任工作考核制度，财务管理制度，文明班评选制度，后进生转化工作制度，升国旗及国旗下讲话制度，行政、教师、学生值日制度等。一系列的规章制度先后出台，从而把学校逐步推向制度化、规范化，提高依法治校的能力。

2. 坚持"以人为本"，实行"四大管理"

我们以科学管理为宗旨、制度管理为骨架、民主管理为基点、情感管理为纽带逐步培养严、勤、实的作风。强有力的教学管理保证了教学气氛活跃、教学秩序井然。如《教师奖励绩效工资分配方案》便是经过教工代表反复讨论，行政班子再三斟酌修改才出台的。像这样体现"四大管理"精神的规章自然能被教师接受，并成为规范自身工作的自觉行动。

四、用校长的人格魅力激励人

作为一名校长，必须具有强大的影响力。否则，就很难有效组织引领广大教职工瞄准目标，凝心聚力，推动教育教学工作顺利开展。因此，如何增强个人影响力，是一名校长需要研究的重要课题。通过学习培训，我认识到，在构成校长影响力的职权、威信、信息三个要素中，威信最重要，因为有威才能政令畅通，有信才能令人心服。校长树立威信，必须着力做好三个方面：一要努力增强人格魅力。校长的人格魅力，不仅在于率先垂范干工作，更在于有正直无私的品格、良好的道德修养、严格的自律意识。二要不断提高才能和学识。一名校长只有具备较高的才能和学识，才能对各项工作统筹有方，指导有力。为了增强才能和学识，校长一定要加强学习，做到多读书、多实践、多反思，尤其要努力争作专家型领导，懂业务善管理，能够团结带领教职工一道抓好教育教学各项工作。三要注重情感投入。从某种意义上讲，积极的情感激发是调动教师工作积极性的原动力。这种动力比外在制度约束的力量更强大、更持久。因此，讲究情感投入也是增强校长威信的一个重要方面。校长要牢固坚持以人为本的思想，经常走进师生，交流思想，了解情况，关心师生工作学习，特别要走进师生的心中，知道大家的所思、所盼和所求，做到关心得及时、帮助得其时，实现密切感情与推动工作的双赢。

（培训机构：湖南城市学院）

享受培训带来的幸福

汨罗市智峰中学　程大明

2016 年 7 月 14 日，我们的培训破浪起航了。汨罗的语文老师们开始拥有了自己"经营的家园"。"彼此成为彼此的莲叶。"近 80 天的行程，再回首，我们收获了很多很多，不是吗？让我细细地道来吧！

在培训中，提高了自己的教育教学水平，幸福就流淌在教学时得心应手中。在暑假的培训中，我将课件制作列为重点"进攻"的方向：几经努力，初步学会了课件制作的基础知识（如下载音乐、下载视频等）。在下半年的教学中，我能比较熟练地使用班班通教学了！这对我而言可是一个"革命性"的进步呀！使用班班通教学，增大了课堂容量，提高了课堂效益，受到了同学们的欢迎；同时，我也能帮助同事制作课件，并以亲身的经历，鼓励他们在教学中与时俱进。结合专家的讲座和坊内交流的经验，在教学实践中学以致用，提高了自己，幸福了学生！

在培训中，提升了自己的教育教学理念，幸福就流淌在课堂点评和学校专题培训中。4206 分钟的专家培训，我获益匪浅；700 次的回复交流，我含英咀华；1200 次的点赞，增加了我在培训中奋力前行的动力；10 多次的"推优"鼓励，我体会到了学习成功的喜悦。扎实的培训，实实在在的提高，推动了我的管理水平的提高。我担任学校教科室主任，需要培训老师，需要点评教研课，需要带头投身教研实践。老师们说："程老师，你的评课水平提高了！""你的讲座培训更受欢迎了，我们更爱听您的讲座了！"一声声的鼓励，我知道，这更是鞭策！培训推动了自己主管的教研工作，推动了学校教研工作的进步，这何尝不是幸福呢？

在培训中，结识了优秀的同伴，扩大了交流的圈子，幸福就流淌在在线的交流和线下的互助提高中。在培训中，我体会到了扬帆组组员们的勤奋努力：郑海波老师克服年龄大、工作忙的困难，老当益壮，成为培训中带头人，堪为我们的榜样；阳慧组长善于组织，业务精湛，带领扬帆组破浪前行，是我们小组的核心人物。在培训中，我欣赏和下载了坊内老师们无私奉献的优质资源：刘皇良老师的心得文章成为我们学习的榜样；优质的作业成为了我们交流提高的乐园！坊主黄翔焱老师的热心鼓励、及时耐心地解惑答疑、恰到好处的督促让我尤为感动！学科专家杨青老师的精湛的教学艺术和耐心的指导，尤其是在 2016 年教师节的发言《把每一个学生放在心上》，让我仰慕不已！我也要做一个像杨青老师一样的好教师！榜样的力量是无穷的，榜样的示范是催人奋进的！同优秀的同伴交流、提高、共同进步，这不就是幸福吗？一苇语文坊，汨罗语文老师的精神家园，我为拥有这样优秀的同伴而自豪!

　　培训只有进行时,没有完成时。行进在培训的征途中,幸福如影随形。在享受幸福的时刻,回望汨罗语文老师的精神家园,我们应该为自己的家园做点什么呢?把培训做精致、做实在,让每一位培训的老师成为语文教学的种子选手,让我们带动更多的语文老师成为种子选手,幸福了老师,也幸福了学生!我想:这应该是本次培训的真谛吧!愿每一位老师享受培训的幸福,享受家园的熏陶,享受彼此相拥前行的温暖!

(培训机构:汨罗市教师发展中心)

优秀从坚持开始

吉首市排绸小学　张吉愿

秉承着一颗学习的心、欣赏的眼光、研究的心态加入了"实事助学基金会优秀教师"高级研修班。专家讲座、学员教育故事分享、跟岗实践观摩，使我深刻地认识到了教师这份职业所独有的幸福感，在很大程度上开拓了我的眼界，明确了今后努力的方向。

坚持微笑——拥有积极、乐观的心态

微笑很容易，一直保持微笑就是一种修养。王崧舟在长达 3 个小时的讲座中，脸上不失微笑，娓娓道来，让人沉醉其中，享受其中，赢得台下一阵阵掌声。吴伦敦亦是如此，微笑从始至终，他的课堂就像在为我们讲相声一样，有趣生动，吸引着我们在座的每一个人。反思我自己，作为学员，我都希望自己能在愉悦的心境中获取知识，那面对我的学生，我微笑了吗？想到自己之前的死板、苍白、冷漠的面孔，我一定吓坏了我的学生，所谓的轻松学习，快乐学习成为了一句空话。引用陈瑶老师的一句话"与其 talk talk，不如 walk walk"。以身作则，让微笑成为我最大的武器，让我的学生都能在愉悦的心境中获取知识，在充满爱的意境中汲取营养。

坚持童心育人——学会换位思考

吴伦敦老师课堂上的一个案例：一个是趁妈妈不在家偷吃苹果打破一个杯子的孩子，一个是帮妈妈洗碗打破三个杯子的孩子。吴老师就问，你们觉得哪个孩子过错严重些？当时在座的我们，第一反应当然是第一个孩子，我们考虑的是事情的性质，而吴老师说，可在孩子看来，第二个孩子过错严重些，因为他打破的是三个杯子。很多时候我们在以成人的认知水平来做判断，却忽视了孩子的年龄认知特征。用陈瑶老师的话说，我们在面对问题时，把自己的脚放在对方的鞋子里，这就叫做同理心。

坚持用心教育——做教育的有心人

青竹湖湘一外语学校，坚持学生是活动的中心，各种活动的现场，坐在主席台上的永远是学生，跟学生一起加油、打气的是老师；坚持每周一次的校长有约，可能是食堂吃饭间的闲谈，也可能是在太阳下的草坪上；坚持把有意义的事做得有意思……正是他们的这些坚持，让他们真正做到了"把每一个学生放在心上"。

黄丽君老师面对自闭症的小男孩，一抱就是6年，面对这些问题学生的不放弃，给予关注与关爱，赢得了孩子们的爱戴，成为她幸福的源泉。初到桃花江小学任校长的她，为了赶走校门口的商贩，每天上学、放学时在校门口监督，一站就是一学期，让她获得了全校老师的肯定。

许市镇黄金小学坚持国学教育，创建了一所"书香校园"。学生在传承传统文化——孝心与礼仪同时得到不同程度的发展，各有一技之长，在浓厚的传统文化的熏陶下更显纯朴动人。

培训中，我认真聆听、勤于动笔、用心反思，取其所长，补己之短，并将结合自身情况，运用到实际工作中。引用吴伦敦老师的话"简单的攀登动作让人感到厌倦，但每一步都接近顶峰"。

（培训机构：湖南省中小学教师发展中心）

小镜头里的教育思考

芷江侗族自治县荷花池小学　陈雁飞

镜头一

时间：暑期培训

地点：芷江县进修学校

人物：我和"全县中小学课改骨干教师培训"参与人员

暑期七月，树木在阳光的照耀下，绿得可以淌出油来。花坛里鲜花怒放。朴素的花草都在尽情地舒展着它们的无限活力和积极的生命姿态。座位上的我是培训的学习者，也是倾听者。"我就是来捞学分的，要不然谁愿意放假坐到这里！""这课改就是演戏一样的，看它演出什么名堂！""老师工资那么低，要求又那么多，我反正不管什么课改不课改的，领多少钱做多少事！"……这些话语经常回响在我耳畔。同为一名一线老师，我很想说什么，又不知说什么，让我也迷惘了，困惑了，甚至质疑了。

镜头二

时间：学校课改研讨会

地点：学校

人物：我和语文组老师们

"语文大师于永正说过，中低年级语文还是应该老师抱着学生教，要落实到字词、语句、书写等每一个细节。课改理念又提倡要放手给学生。我们到底应该怎么教？"

"课改改得我都缩手缩脚，越来越不知道课要怎么上了！"……在学校里，我经常与老师们交流，同行们在课改路上的种种疑惑让我深深思索：我们教育改革的目的肯定是为了孩子们。可爱的孩子们，我该拿什么样的教育来帮助你？

镜头三

时间：下班回家

地点：家中

人物：家庭成员

"你是金刚之躯吗？你想给我们留下因公牺牲津贴？"——丈夫几度劝我工作不要带到家中，未见成效，终于说"狠话"了。

"妈妈，你能不能陪我玩一下？一天到晚上班，在家里也备课！"——儿子不满地说出了内心的委屈。

是啊！只要按时上下班，做好安全工作，课堂对得起良心，对得起职业道德，就很敬业了。还老要为课改费什么心呢？可安静之余，我在心里与自己对话，一下又豁然开朗。我决定听从内心：我要做课改路上的一名行者，和我们学校的每一位老师一起去领略课改路上的别样风景。行笔至此，我有了以下想法。

首先，课改要有一种姿态。

课程改革作为国家启动的一场自上而下的教育变革，行进到今天，如何提高这场变革的效率，是大家都在思考的问题。而学校又是这场变革的重要基地和力量源泉。作为一线教师，我对教育教学改革的姿态直接影响着学生在课堂的收获。这不是时间的长短问题，而是一位教育者对教育必须要有的一份敬畏与虔诚，更是良心的体现。

其次，课改要有一种情怀。

"我们的课堂还是沉闷了，不够灵动，学生们学起来不快乐。要想让学生在课堂充分地表达自己和展示自己，必须要让学生享受课堂。"这是领导经常对老师们说的话。

教育改革是最有难度的改革。因为我们面对的是一个个有独立人格，有鲜明个性的孩子。只有俯下身去，以孩子的心理去体会，去评判，才能知道改得到底行不行。不能只纠结于课堂模式、课堂流程。改革首先要有创新精神，我最抗拒的就是把课堂改得像车间流水线加工。

说到这，我不由得想到自己尝试作文教学的改革。我在班上成立了"六班后花园"写作交流群。我没有具体的要求、具体的任务。我认为生活是最丰富多彩的老师，自由与快乐是最有灵性的老师。我给这个群取了一个美丽的名字，叫"后花园"。我确实就是一个赏花人，我只想让作文成为孩子们生命的一种绽放。他们灵动的文字，飞扬的思想，鲜活的灵魂，让我体会到孩子们在写作时是多么快乐。每篇文章不求技巧高超，语言精美，只要发自内心，充满童趣，我都会点赞。我坚信抒写心灵是培养孩子们写作兴趣的不二法宝，而兴趣又是学习的最好老师。现在，我们班的孩子们天天回家忙于发表文章，相互点评。家长们也纷纷反馈：孩子们回家上网玩游戏的时间大大减少。既提高了写作能力，又响应了国家"绿色上网，文明上网"的号召，这种改革何乐而不为？

再者，课改还要有一份思考。

作为一名小语人，我思考得最多的，就是如何让孩子们爱上语文。学语文，应该从爱语文开始。我始终认为：成功的课堂是兴趣的课堂。平时，也常听到教育同行谈及"教学兴趣"的话题，说明老师们也对此关注极高。但大多数老师喜欢把"兴趣"定义为一种"教学艺术"，比如，语言幽默，肢体艺术，或者课堂小插曲。我觉得这很不够，这也是我们需要大力改革的一个方向。真正的兴趣，是要让学生对学习对象本身感兴趣，而不是老师本人在舞台上营造兴趣。尽管这也很有效，但太肤浅了。

学生能爱上语文，一定是学生看到了，感受到了语文的美妙风景。

美妙的语文风景，取决于老师的语文基本功。

老师的语文基本功，源自老师本人对文字的热爱，对语文价值的感悟。

总之，老师自己本身要爱语文，爱生活，才能真正带领孩子们爱语文。"一个好老师就是一种好教育，庸师比庸医更可怕。"这句话是我在改革路上永远不会改变的指导思想。我相信，在内心和操守上留有底线，在思想上包罗万象，课改之路会越走越远，看到的风景自然会赏心悦目！

最后我想说，感谢课改的一路相伴，欣慰还将和课改继续前行！

（培训机构：芷江县教师进修学校）

做学生的知心者，做教育的有心人

湘乡市翻江中心校　陈希光

10月24日，70高龄的王教授给我们上了第一堂课，培训算是正式拉开了序幕。师德师风建设，这几年不断提及的话题，让我再次对教师这个职业进行思考。八年前，当我踏入师范学院的大门，我看到的是一群朝气蓬勃的年轻人，我似乎感受不到他们身上师者的气质，我就是这么浑浑噩噩的按部就班，直到实习。第一次走上讲台，第一次听到众多学生尊称我为老师，我才缓过神来，我此刻是一名老师。

我依稀记得，第一节课上的并不顺利，70多个学生的班级，后面有许多学生没有跟上来，在干自己的事情。我当时并不理解什么叫组织教学，什么叫面向全体学生，只知道要把自己该讲的课程内容完成就可以了。实习结束后，我对自己的身份更加模糊了，说我是学生，但很多孩子都叫我老师，说我是老师，可我压根就不知道如何去上好一堂课。

后来，应聘面试的时候，考官问我为什么想当老师？为了在面试取得好成绩，我说的比较冠冕堂皇："我热爱教育事业，热爱学生，我国的基础教育还比较薄弱，希望用自己的努力为教育事业贡献一份力量。同时自己是师范院校毕业，掌握了基本的教学理论和教育技能，在大学期间，我还得过什么什么奖，如果给我一次机会，我有信心把这份工作做好。"就这样，我"混"进了教师队伍。

第一年工作，真的很辛苦，每天扯着嗓子和学生斗智斗勇，恨不得时时刻刻变成哪吒，拥有三头六臂。因为面对不同的学生碰撞出来的各种鸡飞蛋打，我有时也感到心有余而力不足。备课、上课、批改作业、处理矛盾，每天都很忙，我的生活完全没有了自主权，所有事情都是围着学生转来转去，真的辛苦。我想过放弃，想过对他们不再要求那么严格，想过逃避，想过不管不顾。可一看到那双无辜的眼神，那双渴求的眼神，我不由自主地又转向了他们。慢慢的，我的疲惫感减少了，厌恶感也减少了，我欣喜地感觉到，孩子们的每一次进步，我似乎比他们还高兴。我知道，我已经踏上了教师这条道路！

在王教授的课上，再次引入了这个话题："我们为什么要当教师？"他讲述了四个层次的理由，其中最高标准是"以爱为根本"。他说，教育事业就是爱的事业。我听了后极为震动，常常思考我为什么要当老师？特别是当了老师之后，面对为数不多的薪水，面对调皮的学生，面对家长的不理解与不支持，面对同行的冷嘲热讽，我有过迷茫，是什么支撑我走到现在，是什么信念让我继续走下去？今天，我终于明白了，既然这是一份爱的事业，那支撑我当老师的唯一理由就是学生爱我，我也爱学生。是的，学生违纪扣分时，我会突然暴跳如雷；学生比赛获奖时，我也会一起手舞足蹈。学生怎么样我就会有类似的举动，学生的快乐就是我的快乐，学生的悲伤就是我的悲伤。我希望做一个受学生欢迎的老师，我也开始了这漫长的道路，融入他们是第一步，引导他们走向成功是我的工作重点，也是我的追求目标，帮助他们成功就是我完成职业理想的重要环节。

"最近发展区"的寻找，让我再一次翻开尘封已久的教育学理论，几年的实践，重温理论，再次回到理论中来，又有了新的感悟。当然有一些还处在意会阶段，但这种感觉确实不错，没有第一次接触这些理论时那么枯燥无味了。这或许就是一种进步，正如许月良老师讲到的 "不见其增，日有所长"。大概就是这种意思吧。理论联系实际，实践检验理论，当两者完全融入我的脑海中时，我感觉自己向优秀教师迈进了一大步。

好课堂目标准确，结构科学合理。开始时我还不太理解，但沉下心来仔细思考，确实如此，定位教学目标就是给课堂定了一个基调，结构合不合理决定了课堂完不完整，严不严谨。除了加深对自己课堂的反思，也学会了怎么去欣赏别人的优课，出去听课观摩时，不再有那种门外汉的感觉，偶尔也客串一回专家，看到别人赞许的眼神，我知道，我的这些思考没有白费。

课堂要着力启迪学生的思维，而发展的核心正是思维。这让我想起了很多满堂灌的画面，确实，在短期内，满堂灌能够起到一定的效果，但对于学生的终身发展还是存在一定的阻碍作用。磨刀不误砍柴工，思维发展了，知识性的东西和技能性的手段只要稍加引导，学生就能够举一反三。我知道，在这个问题上，我还是有些急于求成，以后要逐步放慢速度，毕竟教育是一门慢的艺术，揠苗助长的故事不能在今后继续发生。

做一个有心的老师，是我这次培训最大的收获。我们面对的是鲜活的个体，是有思想，有意识的人，我们只有用真心去交换，他们才愿意敞开心扉和你交流。教育是一门爱的艺术，它需要我们教师做个有心人，教书育人过程中的点点滴滴，都需要我们用心去感悟。

做学生的知心者，做教育的有心人。

（培训机构：湖南广播电视大学）

国培，让我找到了课改的路

怀化市卢峰镇中学　刘克宇

湖南省教科院刘建琼老师说：以分析为主的语文教学时代已经一去不复返了！也就是说，语文新课程改革是历史趋势，谁再固守传统课堂阵地，满堂灌，一言堂，谁就跟不上时代的潮流！于是，形势催着我们"课改"，领导逼着我们"课改"，学生盼着我们"课改"！可是，我该怎么做才是"课改"呢？

到岳阳许市跟过班，看过山东杜郎口上课视频，也听过一些"课改"先行者们分享经验。但禀赋先天不足的我，就是抓不住要领，领悟不了真谛，在科学分组、合作探究、座位安排、班级文化建设等方面，总是模棱两可，捡得姑娘样，学不得姑娘像，在困惑中被挟裹着向前。一旦没有了外力推动，立马缴械投降，"课改"行为就自然放弃。

然而，机会还是照顾像我这样禀赋不高的人！加入到"国培计划"初中语文教师集中研修班，听了许多专家或高屋建瓴或引领实践的讲座，我感觉任督二脉被打通，"课改"思路豁然开朗。

特别是"中国最卓越的班级文化建设的代表者"、怀化铁路一中班主任覃丽兰老师的讲座——"谈中学班级文化建设的艺术和技巧"给我启发很大。她对班级文化的阐释，对班级精神文化的精心打造，对班级组织文化的独特摸索，对班级制度文化的诗意建构，真是让我佩服得五体投地。

我以前也重视班级文化建设，但只是皮毛。我只是想好班名，做好班牌，拟好班训，写好条幅，教室里弥漫一些文化气息。听了覃老师的讲座，才知道班名是学生智慧的结晶，班训、班歌、班徽、班旗等，都是学生们共同愿景的自觉表达，出炉的过程即激起了全体学生缔结共同目标的积极性。"给他一点阳光，他就灿然怒放！"覃老师如是说。

尤其感动于覃老师"三人行"自主择位模式。寻常班级，编位置一直是班主任头疼的问题。"课改"班级，因为要服从科学分组有利于合作探究的目的，给学生编位置就更难了。而覃老师介绍的"三人行"自主择位模式，以其独创性和实用性，一下震撼到我乃至我们。"三人行，必有我师焉"模式的提出就有渊源，孔子的至理名言就是依据。首先选定一个优生为组长，再由潜能生自主选择组长，后让优生和中等生互选的三阶段模式，用签订《"三人行"承诺书》、授予优生《九字诀》、优中潜科学排位组成强强联盟等三步骤运作，漂亮完成学生、家长都满意以及能保证优生更优、中等生超越自我、潜能生步步向上的班级编位。这一绝招，非常值得我学习追随!

　　还有怀化三中特级教师杨巧英老师 "如何打造魅力课堂"、靖州教研室黄俊文老师 "语文课改实践与思考" 等讲座,都是来自一线的实践经验,很具实践指导价值。专家们的这些讲座,打开了我心中的许多谜团,解开了我心中的许多疑惑,指引了大家的 "课改" 方向,增强了我的 "课改" 自信!

（培训机构：怀化学院）

国培，让教育生命茁壮成长

祁东县金桥镇第一中学 陈江

2014年7月30日，来自三湘四水近50位初中思想品德课教师，响应衡阳师院人文系国培中心的召唤，为梦想，相会在衡阳。在以廖建平教授为首席专家的培训团队组织管理下，经过"五段95天"一体化培训，教育专家学者们的言传身教，培训基地学校领导老师们的引领示范，学员之间的相互交流切磋，促使我对教师这个职业进行了重新的认识，使我对教育事业有了全新的认识，也使我更加热爱这份职业。通过研修，我进一步明确了教师专业化成长对教师个人成长的作用，初步找准了教育创新的坐标：横向——宏观层面追踪国际教育动态与省部级教育改革政策；中观层面领会市县校教育措施；微观层面把握个人教育教学策略；纵向——对传统教育的继承创新；对当代教育实践的反思（如典型教育创新案例的收集剖析；把典型教育创新案例的主事人请进来现身说法；走进典型教育创新案例的发祥地实地考察）；对未来教育模式的科学预测。

一、集中研修培训：突出专业引领和诊断

暑期30天集中研修培训期间，简单庄重的开班典礼、热烈和谐的破冰活动、别出心裁的经验分享、各抒己见追求卓越的小组讨论、学以致用寓教于乐的实地考察，让我们开了眼界，长了见识。在这里，我们研修了初中思想品德课程标准、初中教师专业标准、初中思想品德高效课堂的理论与实践、现代教育信息技术与初中思想品德课程的整合、初中思想品德微课的开发与利用等。

最令人难忘的是：在这里，大师云集，名嘴荟萃。我们聆听、观摩了廖建平、凌云志、孙菊茹、唐云红、宋建丽、魏书敏、张云峰、詹艳萍、邓春林、蒋瀚洋、资检春、吴思维、谢芳、黄朝霞、吴伦敦、胡田庚、匡宏、宋社洪、唐良平等大师名师的谆谆教诲、微课示范。专家团队言传身教，有效进行教育传承，有力地推动着学员自觉自主参与教育创新。

二、影子教师培训：重在跟岗实践

1. 见证省级示范学校的办学特色，反思农村初中的发展之路

对于教育工作者来说，树立一个正确的教育观、学生观、人才观非常重要。我们怎样看待孩子会影响我们对孩子的观察和判断，进而影响我们的教育理念和教育行为。就这次看到的培训学校，想到了自己的学校，虽然资金保障上不能和省级示范学校相提并论，但重要的是要让自己的教育理念跟上时代的发展，因校制宜，创自己的办学特色，尽最大的努力为学生提供最优质的教育。

2. 感悟先进的教育教学理念，提高自身的教育教学理论水平

我在浏阳社港中学得到了领导、老师的悉心指导，也观摩了老师们的优质展示课，独特的魅力，轻松的课堂，活跃的氛围，和谐融洽的师生互动，让我感受到前沿教育教学的理念和魅力。这次学习，让我真正了解什么才是中学教育教学，怎样的课堂才是适合中学生的课堂。我同时深刻地认识到自己在教育教学上存在的诸多不足。值得庆幸的是，我找到了奋斗的方向和追求的目标，今后不再感到迷茫。

3. 领悟指导老师的教育教学智慧，提高自身的专业素养

在这一阶段，我深切感受到了指导老师的真诚和热情。他们妥善安排，方便我们学习，让我克服困难，完成学习任务。他们毫无保留，指导我如何备课，如何上课，从分析教材到目标确定及课堂流程设计，都给予全面指导和帮助，让我学到了不少东西，提升了自己的专业素质，也让我认识到自己的不足，从而获得进取的力量。同时，通过参加培训学校的集体备课活动，见识了老师们的认真踏实、潜心研讨的精神。在这样的学习氛围中，我学会了反思，学会了总结自己教学活动的不足，学到了很多提高教育教学技能的具体操作方法。

三、返岗实践：主要为成果应用

名师名校历来有之，在现阶段被更多地托出水面，反映了社会对教改的祈愿，只是这星星之火何日燎原，还有赖于整个教育环境的改良。

在新课程下，教师应当成为学生学习的组织者、引导者和合作者，激发学生的学习积极性、创造性，为学生提供思考和发言的机会，构建合作学习的平台，让学生成为学习的主人。这就需要我们教师，在平时备课中吃透教材，搜集、整合与教材相关的知识，适时使用多媒体教学软件，研究把握学生的心理特点；在教学中善于引导学生从熟悉的事物、现象出发，创设情境提出问题，引导学生参与合作，发挥想象思维来解决问题，并尊重和正确解读这些合作体验的结果。

面对新课程，我们老师应确定更高层次的教学目标：全面、深入地理解素质教育的真正内涵，体会并实践课程理念的核心"为了每一位学生的发展"这一评价新课程课堂教学的唯一标准。

总之，我们是教育人，教育是我们的职业生命，我们要珍惜、尊重自己的教育生命，不断发掘教育生命的潜能，善于从多学科视角发掘教育生命的属性，多维度探究教育生命的本质和功能，寻找教育生命发展的特殊规律，让教育生命健康、茁壮成长！

（培训机构：衡阳师范学院）

第三章 国培是首歌

灯

新化县上渡办事处中心学校 李吉东

2015年8月17—18日，应湖南人文科技学院"国培计划（2015）"小学数学教师培训团队置换脱产研修班的邀请，湖南省中小学教师发展中心主任贾腊生为参培学员授课。贾主任的课在学员中反响巨大，他的评课地道中肯，他的指导精炼独到，使听课之人有了质的飞跃。本文是作者在听完贾主任的课后有感而发。

——题记

人这一辈子，要做很多的选择题。

对了，诸事顺意。

错了，寸步难行。

站在岔道口，你犹豫着，纠结着！

那时候，你就是在黑暗中寻路的人，

无助，而又充满恐惧……

灯，一盏亮着的灯！

那就是一根救命草，

光，会给你希望，

热，会给你力量！

曾几何时，倦怠，懈怠……霸占了我的心。

迷茫，沉沦……写在了我的脸上。

在人生低谷，总有几个人帮我走出困惑。

生活上嘘寒问暖，工作中细心指导。

眼神里，是殷切的希望。

话语中，是由衷的祝福。

那些人，就是灯！

耳濡目染，我受益匪浅，

笨鸟先飞，我勤能补拙。

当下我也能幸福而骄傲地活着！

风雨过后，有彩虹。

历经荆棘，有了鲜花和荣誉！

终于也能人五人六地活着了！

这时候，你是否想过是哪些人帮过你？

是你的亲人，师长和朋友！

他们都是你的灯，照亮了你前进的路。

这时候，你是否知道也正有人期待着你的帮助？

你也可以给予他们信心和力量！

因为，你也是一盏明亮的灯！

记住，任何一个散发正能量的人，

都是一盏灯。

你是，我也是。

为了照亮更长的路，为了指引更多的人，

我们一起加油，让我们的灯更亮！

（培训机构：湖南人文科技学院）

爱的阳光

罗水中心幼儿园　周昭锦

　　桂花开了，你会和孩子一起去闻那风中弥漫的花香吗？柳树绿了，你会和孩子一起去看那如烟的柳条和春风戏舞吗？蒲公英开了，你会和孩子一起去吹开那梦中的心愿吗？秋天到了，你会和孩子一起在秋风秋叶中起舞吗？会！我们会！因为我们都是幼教人！

　　我们会用爱心串起千家万户，会用责任心启迪颗颗童心，会用信心璀璨一方天空，雨露阳光，桃李芬芳。启蒙是一个大家庭，我们为了同一个目标，同一个信念汇聚在一起，展露自己的才华，实现个人的价值。体验教育的快乐，我是世界上最快乐的人。面对着无瑕的心灵，我们的世界无忧无虑。

　　我是世界上最幸福的人，每天做着心爱的事，我的世界充满了爱。我是世界上最伟大的人，天使们以为我高大无比，我是小天使的偶像。我是一块雨花石，只有沉在水中，才能显露本色。我是一颗小沙砾，只有在河蚌中孕育，才能光泽闪烁。我是一束烟花，只有在夜色中绽放，才能绚丽夺目。我们是一群可亲可爱的人，我们有着共同的真心、童心和爱心。

　　亲爱的朋友们，幼儿园教师的生命是美丽的，那是因为孩子们的世界充满希望。让我们用爱的阳光去普照这些幼小的心灵，做每个孩子心中永远美丽的妈妈。

（培训机构：长沙师范学院）

国培，你最美

祁阳县大村甸镇中心小学　唐树明

QQ 线上相识，柳子宾馆相会。
破冰课上相知，学习之余相随。
阳光明媚日子，我们来到潇水。
教授风趣幽默，国培你是最美！

彼此相互问好，热情告知是谁。
不易山村老师，犹如雪中寒梅。
大多年过半百，还把理想在追。
从不轻言放弃，国培你是最美！

培训形式真好，小组合作搭配。
教授不同凡响，学习津津有味。
学员积极发言，精彩感人流泪。
收获颇为丰富，国培你是最美！

时光悄悄流逝，收获犹如秋葵。
虽已年入不惑，没有半途而废。
九天时间不长，感情亲如姊妹。
感觉相见恨晚，国培你是最美！

临近分别之际，我把时光追悔。
汲取潇水灵气，欲将云彩带回。
宗元默默含笑，怀素频频意会。
收获人生美好，国培你是最美！

感谢科院恩师，给予大量词汇。
不管走到哪里，都会大有作为。
感谢科院教授，赠予学员玫瑰。
祝福我们学员，幸福永远相随。
啊，国培，你是最美！

（培训机构：湖南科技学院）

和您相遇

龙山县苗儿滩镇九年制学校　田茂

在静谧美丽的洗车河畔，古色古香的幽静校园，我们和您——"送教下乡"不期而遇，回眸相望。从此，掀开了我们教学生涯的崭新篇章。

当深情的晨曦初露微弱的光亮，我们便和刺骨的寒风结伴。滚滚车轮后，尘土飞扬；仆仆风尘中，脚步匆忙。

充满欢声笑语的课堂里，教师声情并茂，精神抖擞，激情飞扬。播撒知识的种子，点燃智慧的火光。

流淌着幸福快乐的课桌上，学子童真勃发，畅所欲言，思维碰撞，收获被点赞的喜悦。憧憬未来，那梦一般的美好遐想。

专家团队优秀教师的示范，传播出了——先进的教学理念。为我们徐徐开启了，一扇新的教学之窗。清新的教学气息，扑鼻芬芳。

专家老师的精彩点评，使我茅塞顿开，幡然醒悟。如黑夜中的一盏明灯，照亮了我——教学之路前行的方向。

当太阳收敛起所有的光芒，我们拖着——疲倦的身躯，在苍茫的夜色中，学会躲藏。天上的星星，也变得灰色和暗淡。

当月亮的脸庞上，写满柔和的亮光。灯光下的我们，又开始了——孜孜不倦。"送教下乡"的喜悦，如一坛洞藏百年的美酒，香飘四溢，弥醇久远。

（培训机构：长沙师范学院）

许中培训有感

衡阳县台源镇中心学校　罗业授

国培课改育精英，培训观摩许市行。
小组建设求真班，志在参与好收成。
特聘专家传理念，交流分享传心声。
宿舍挑灯深反思，观摩实践练艺精。
六路英豪展风采，逐鹿课堂定输赢。
东升实践创新课，黄金国粹虎山顶。
君山岛屿观泪竹，尧舜湘妃梦中吟。
岳阳楼上忧喜乐，天下兴亡寄心中。
洞庭湖畔品佳肴，浩淼烟波诉衷情。
文艺晚会百花放，乐韵心声引共鸣。
历经一番寒彻骨，他年桃李报春风。

（培训机构：岳阳市君山区许市中学）

听苏美华教授讲书法与人生有感

新晃县兴隆小学　姚祖学

银钩铁画不容猜，
总是千锤百炼来。
多少成功甘苦伴，
人生风雨蕴胸怀。

（培训机构：湖南省中小学教师发展中心）

让优秀成为习惯
——聆听李萍教授讲座有感

湘潭市东方花蕾幼儿园 曹焱娟

春风满面，落落大方
让开朗成为你的习惯。
放飞心情，愉悦歌唱
让快乐成为你的习惯。
抖擞精神，淡妆轻抹
让美丽成为你的习惯。
昂首挺胸，气定神闲
让自信成为你的习惯。
修炼自己，乐于助人
让善良成为你的习惯。
善于倾听，学会尊重
让优雅成为你的习惯。
常思进取，喜好读书
让学习成为你的习惯。
滴水之恩，涌泉相报
让感恩成为你的习惯。
娇而不媚，上善若水
让优秀成为你的习惯。
铿锵玫瑰，阳光心态
让幸福陪伴我们终生！

（培训机构：长沙师范学院）

国培抒怀

新宁县解放小学　梦海

　　顶着骄阳，冒着酷暑，带着梦想，我们从四面八方，齐聚衡阳。在游戏中结缘，在书香中分享，在合作后展现，我们从素不相识到亲密无间。不经意间，时光流去一月，点点滴滴，怎不让人怀想。

　　难忘王崧舟，诗意语文醉心头。难忘黄佑生，道德明灯指前程。难忘吴伦敦，娓娓道来解标准。难忘朱迪光，传统文化来弘扬。作文指导一套套，建刚笑把革命闹。专家名师来送宝，师生互动气氛好。

　　最是难忘啊，朝夕相处的人。透过细节看水平，水平印象赛桂林。一笑一哭皆姣丽，姣丽歌声真给力。

　　永州女生很辛勤，勤答问来勤写文。衡阳女生最热情，芳菲引领快乐行。邵阳女生有才情，歌舞诗文彩纷呈。四十四朵花，个个值得夸。还有六根草，珍贵似熊猫。海华、志华有才华，诗万电脑顶呱呱。显芳好学不怕忙，义建勤快又俊朗，二武憨厚藏锋芒。

　　好好学习求上进，孜孜不倦长精神。国培简报多华章，名师论坛坛坛香。

　　学习娱乐相结合，活动丰富乐趣多。国培七贤游书院，葡萄园里露笑脸。KTV里歌声扬，雨中烧烤最难忘。

　　相逢是首歌，歌手你和我。学习是主旋律，娱乐是小插曲，唱不完的心声，诉不完的衷情。把回忆定格为画面，把希望寄托在明天。

　　衡山高峻待攀登，湘江绵延似情缘，缘定今天，情到永远！

（培训机构：衡阳师范学院）

硕果累累享国培

郴州市北湖区三十九完小 邹军

任职已数载，今年首国培，主题乡村校，城区可借鉴。
赴渝高铁上，思绪有万千，但愿学有成，回来能践行。
初入泉来店，迎来班主任，吃住安排好，两人标准间。
领取授课表，讲座博士生，高端培训课，一想就兴奋。

培训第一天，开班仪式新，介绍西南大，强调纪律性。
签到管得严，不准打瞌睡，如此管学员，培训效果显。
分组破冰中，组员拼智慧，我们梦想组，首登舞台前。
组徽设计好，嘹亮组歌声，各组精彩呈，个个非等闲。

课堂新视野，开讲于泽元，以学来定教，讲究生为本。
回想我东风，六自和三导，异曲实同工，也有模式建。
惩戒与体罚，界限难把握，惩戒之作用，有效亦有限。
国外有惩戒，法律规定细，慎用和善用，守住教育根。

教育信息化，时代大趋势，理论钟婉娟，九小早实践。
考验领导力，家校共支撑，回校要试验，开通云校园。
校长有压力，冯维来解困，压力要归因，需求有五层。
正确待名利，公平又公正，树立好信念，事业更有成。

课程分三级，顶层设计好，整体来推进，重点是校本。
乡镇澄江校，课程魂形体，主打板凳龙，金鱼是亮点。
北碚两江小，课堂是关键，功夫在课前，课中有提升。
心在最高处，行在最低处，家校共同体，文化是名片。

艾兴硕导师，引领我梳理，关注校整体，建设点线面。
校园文化篇，制度是导向，核心是精神，物质是表现。
发展有理念，举例珊瑚校，珊瑚我最红，孩子我最亲。
文化全覆盖，重点是课程，课堂来实现，再提生为本。

结束重庆行，满载回到郴，不怕热浪滚，入住高职院。
各自说心得，分组来讨论，本土诸专家，轮番来培训。
普通话讲座，当一回学生，方言难纠正，方恨当年闲。
参观一完小，一步一拍照，惊诧百年校，榜样在身边。

维多利亚港，教育应同源，全人教育观，确实可取胜。
同仁详道来，计划定在先，校园全开放，与我同频振。
浸会大学生，我校曾相联，课堂小组化，游戏贯全程。
最后一讲座，依法治校园，深入还浅出，法治是根本。

时间稍纵逝，转眼十五天，学习上级定，相逢还是缘。
回到工作岗，必须思与行，细细想所学，要把校情研。
集思并广益，上下一股绳，提振精气神，校园面貌变。
脚步要踏实，心中装师生，积小成大变，工作开新篇。

（培训机构：湘南学院　西南大学）

第二篇　教育反思类

　　传说，阿波罗神庙门楣上有句"人啊，认识你自己吧"的箴言，数千年来，一直在给人类以理性的昭示和警醒。

　　叶澜教授说："一个教师写一辈子教案难以成为名师，但如果写三年反思则有可能成为名师。"

　　国培集中了全国大量的最佳教育实践和丰硕的先进教育理论，它让参训教师找到了比对的标杆，获得了洞察与分析教育现象的理论工具。

　　国培是一面镜子，它让很多参训教师眼睛向内，开始内省和反思。

　　国培像一顶大钟，它时刻提醒教育者要学会通过改变自己来改变孩子，来改变教育，因为一味地埋怨是无济于事的。

　　这些教育反思，就是参训教师通过国培来观照自己内心写下的文字，有的指向课学科教学，有的指向学生工作，有的指向学校发展。

第四章 教学之法

做语文教学路上大写的人

湘潭县易俗河镇中心学校 刘勇君

俗话说："读万卷书不如行千里路，行千里路不如阅人无数，阅人无数不如名师指路。经师易得，人师难求。"经历了国培网络研修及集中面授后，我经历了语文原来可以这样教的惊喜，也体验了语文到底怎么教的困惑；更明晰了语文本就应该这样教的心路历程。

一、语文教学路上需要真正用心的人

"世上无难事，只怕有心人。"古人诚不欺我。听了张琦老师无数个课堂案例后，不得不为张大师在语文教学上的智慧所折服，大师擅长抓住文题中的某个词和文中的某句话，拎起整堂课的教学，为学生打开一个又一个神奇、生动、蕴含哲理而又感人至深的语文世界。张大师在语文教学上的独树一帜，缘于他对语文的真正热爱，因为热爱，才能将"用心"做到极致。

大师的语文教学无处不体现他的"用心"。没有用心研读文本，他找不到藏在课文中能拎起全篇的神奇之门；没有用心设计教学，他做不到如此深入浅出；没有用心对待学生，他无法将正确的价值观贯穿到每堂语文课的始终。因为"用心"了，语文教学在大师的手中变得轻松、愉快、幽默而又蕴含哲理，这样的语文谁会不爱，这样的课堂如何能不精彩，这样的大师谁会不崇拜？在大师已开启的这条语文教学路上，谁能拒绝相随，谁又不愿有他引领并与他为伴？

二、语文教学路上需要真性情的人

亚里士多德说过，生命的本质在于追求快乐。幸福很抽象，快乐却很实在。听了马源老师的作文指导课，在惊叹于她扎实的语文功底、出众的语文素养后，我更佩服她在教学上、对待学生上的真性情。

她注重对孩子们在视野上的引领，教会他们怎样去积累知识；她反对过多地对学生进行应试技法的传授，她主张尊重学生的个性发展；她坦言自己是吃货，学生

是厨师，等着品尝学生烹制出的一篇又一篇"美味大餐"；她鼓励学生写出精彩的美文，却又同样表扬和肯定那些只能写三五十个字甚至只有一个句子一个词的孩子；她对孩子极尽赞美却又无丝毫的浮夸；她对孩子的作品细心阅读，精心点评。只为开启学生眼中美丽、温暖、充满温情的文学世界。

　　当我们愚蠢地哀叹语文难教、作文难写、学生太差时，当我们只是固执在自我习惯里，逼着孩子耗时间、拼体力时，当我们在抓着应试技法如同法宝般显摆时，她已经带着她的孩子们在语文的世界里尽情遨游，快乐地绽放。

　　她的真性情让她在学生中如鱼得水，如沐春风，时而调皮，时而幽默，时而侃侃而谈。她的真性情让她在语文教学的世界里潇洒、坦然，也让她的学生爱上她，爱上她的语文，爱上她的那份美丽情怀。

三、语文教学路上需要与时俱进的人

　　语文教学就是让学生识字、写字、读书、作文；就是读读写写，写写读读吗？听了汤颂老师"信息技术与核心素养下的语文教学"后才深刻意识到，时代在变革，教育在变迁，语文教学也需要与时俱进。

　　语文不能只停留在听、说、读、写等方面的苦苦训练上，语文教师更该追求的是有趣味、有深味、有回味的语文。

　　"一支粉笔打天下"曾是语文课堂的常态，也曾固执地认为，语文教学并不需太多的画面及音乐，以为它会损伤语言文字最本真的美感。但是恰到好处的使用幻灯片能加深学生对文本的理解，好的音乐能增强学生对美的享受，视频的插入能让学生对情感的领悟变得真实而又明白。因此，语文教师应加强自身的信息技术能力，让语文教学与信息技术完美融合，只为让学生遇上更好的语文。

　　语文教师还应意识到，语文教学关系着对学生情商的培养，引领着学生正确地认知世界，更肩负着优秀文化的传承与继往开来。

　　语文是一种智慧，是一种情怀，更是一种无与伦比的力量。感谢国培的这一次美丽相遇，感谢指导老师们用心的引领！愿每一个热爱语文，热爱教育的师者，在以后的学习生活中，以人为本，以学生为重，以学科为尊，潜心钻研，真正为学生传道授业解惑。每一位如我般对语文教学怀有无比虔诚之心的人，在语文教学的道路上，坚定不移地走下去，做一个令自己无悔的大写的人。

（培训机构：湘潭县江声实验学校）

踏踏实实教语文，平平淡淡守本土

桃源县漳江中学　张彩珍

什么小组合作，什么翻转课堂，时下有关语文教学的说法太多，花样太多，让人眼花缭乱，无所适从。殊不知"大道至简"，我们应该放慢追赶的脚步，静下心来，让语文课堂返璞归真。

一、深入研读文本，课前做足加法

"治学不为媚时语，独寻真知启后人"，不管外界如何纷繁复杂，世俗如何急功近利，我们做教师的，尤其是做语文教师，都应该有一种苦练内功的决心。因为我们本身就是一本书，如果我们博览群书，深入研读文本，就相当于增加了自身这本书的厚度，增加了自身这本书的内涵。当捧起这本书时，学生就会兴致勃勃。学生"亲其师"，必然"信其道"。

为了教好《吴汉何尝杀妻》这篇文章，我买了《后汉书》《东观记》，重点读了邓拓先生在《吴汉何尝杀妻》一文中引用过的章节，其他的粗略地读了一遍。我还读了邓拓先生《燕山夜话》中的所有文章。至于《吴汉何尝杀妻》这篇文章，我更是反复地读，自己都记不清读了多少遍，反正最后能背下它了。一分耕耘，一分收获，有一次读的时候我突然想，这篇文章为什么会有这么多的否定词呢？我仔细一数，竟然有21个"不"字，外加"无""非""没有"等，全文竟有30个否定词！我马上上网查找，结果发现没有一个人关注这一点，我十分兴奋，因为我真正体会到了发现的快乐。于是，我在教学中设置了"阅读因发现而美丽"这样一个环节。我先让学生找出这篇文章中用得最多的一个词，然后引导他们说出这30个否定词的作用，最后让学生明白：原来驳论文就是跟敌论说"不"。

如果不是静下心来读，我不会享受到发现的快乐，学生更不会有这样深的阅读体验。

二、坚持一课一得，课中做足减法

加法做足了，便想把自己知道的全教给学生。然而时间有限，学生的精力也有限，一篇课文不必要也不可能面面俱到。"任凭弱水三千，我只取一瓢饮。"这就要求在教师在课中做好减法。

试讲时，我用了40张幻灯片，每个知识点都如蜻蜓点水，一带而过。最后草草收场，学生自然是一头雾水。评课时，老师们给我提的意见竟有25条，我感觉自己就是个"二百五"！我有一种想哭的冲动。但我想起了陶行知说过的一句话："凡做一事，要用最简单、最省力、最省钱、最省时的法子去收最大的效果"。我于是大刀阔斧地做减法，幻灯片由原来的 40 张改为 20 张。教学主线由多条改成一条。即：跟邓拓学树靶，跟邓拓学打靶。教给学生的知识点由十多个改为四个：议论文中的记叙，语言要简洁；以史为据；演绎论证；否定词的运用。第二次上这堂课时，我再也不手忙脚乱了，孩子们也是收获多多。

　　"失败是成功之母"。如果不是失败，我大概不会懂得：与深入研读文本相比，大刀阔斧地取舍教材，更能显示教师解读文本的特殊功力。如果说深入浅出地解读文本是有效教学的前提，那么大刀阔斧地取舍文本就是有效教学的保障，否则，我们会把一篇文章解读得支离破碎或臃肿不堪。

三、把握拓展宽度，平平淡淡守本土

　　语文学科是集知识性、科学性、思想性于一体的综合学科，文质兼美的语文教材比其他教材有着得天独厚的育人作用。但在语文教学中的拓展活动要注意它的策略性，千万不能喧宾夺主，不能把德育当成语文教学的"副产品"，更不能把语文课上成思想品德课。

　　学生学完《吴汉何尝杀妻》这篇驳论文后，我设置了这样一个拓展作业：日本政府说钓鱼岛是他们的，九年级小明想写一篇驳论文，证明钓鱼岛是中国的领土，他找到了三类史料，你认为哪种史料最有说服力？为什么？

　　问题一抛出，一石激起千层浪，所有学生都动了起来，课堂辩论中，几乎全员参与，学生唇枪舌剑，口若悬河。最让人欣喜的是，一个男生在评论日本的史料是否最具说服力时说道："我认为日本的史书和地图最有说服力，因为如果日本的地图没有把钓鱼岛归在自己的版图之内，那我们就能'以子之矛攻子之盾'，让他们无从辩驳。"另一个女生马上说："那要是日本的史料上说钓鱼岛是他们的呢？""那就去查其他国家的史料啊，这样更公正！"这个活动既训练了学生的思维能力，又锻炼了应变能力、表达能力，更重要的是在不知不觉中提升了对"维护领土主权，捍卫国家尊严"的认识。

（培训机构：桃源县教师进修学校）

"引领学生亲历科学探究的过程"案例研讨

长沙市芙蓉区火星小学　张辉

【小组概况】

"国培计划"（2016）——中小学校本研修指导教师华中师范大学高级研修班第四小组（共 10 人）。

组名：四季阳光。

组长：张辉。

口号：心向阳光，遇见更美的自己。

【研讨背景】

开展小组合作学习，构建学习共同体，深度开展"同伴互助、经验共享"学习活动。依据本次培训的主题，结合小组成员的特点，我们选取了小组成员递交的一份案例作为本次集中研讨的内容，并将研讨主题确定为"如何提高科学探究的有效性"。

【研讨过程】

首先，方案的制订者（本人）谈方案制订的思路和要点：这是一节典型的科学探究课——探究摩擦力大小与哪些因素有关。我的设计是，通过学生猜想、设计对比实验、实验探究和合作交流等教学环节，引导学生亲身经历一个完整的科学探究过程。让学生在科学探究的过程中构建科学概念，主动获取科学知识。

接着与会老师轮流发言。来自长沙市芙蓉区燕山二小的刘琳琳老师认为：张辉老师的教学设计突出以学生为主体，通过让学生猜想、设计对比实验、实验探究和合作交流等教学环节，积极主动地获取了摩擦力及影响摩擦力大小因素这一科学知识。正如案例标题所言——引领学生亲历科学探究的过程。我想，这就是本堂课巧妙的精髓所在。之前在武昌实验小学听的科学课，老师也是采用了实验教学的方法。建议在设计的第四大块，即实验探究环节，将小组合作的要求考虑得更细致一些，如：组员的分工、操作、发言、材料整理等，确保这一环节每个人都有明确的任务，防止学生操作时的无序、无效与吵闹，这样将能从程序上保障科学实验的有效性。

来自长沙市芙蓉区火星二小彭佳佳老师谈到：通过昨天武昌实验小学听课和今天对本案例的学习，我们坚信学生的潜力是无穷的，就看老师怎样去挖掘。另外，学生的一切操作活动必须有明确的目的，清晰的步骤指导。可见，老师的合理安排、准确表达、适时引导、全面总结等都是很重要的。教育需"授人以渔",基于此,建议最后添加一个"实践运用"的教学环节。另外,"认识和感受摩擦力","感受和认识摩擦力",哪个说法更恰当?"重点提醒学生注意在拉动弹簧测力计时,一定要……"是学生自己观察思考的发现还是由老师直接给出的?学生假设了三种影响摩擦力的因素,但课堂实验只验证了两项。老师评价"我发现同学们做得很好",好在哪里?是否需要明确指出以引导或强化正确的实验方法?

　　来自长沙市芙蓉区东郡小学的范淼老师认为:从张老师的案例出发,提高探究有效性至少做到以下几点:①从学生日常生活感知出发。没有感受就没有发言权,先有感性认识,然后才能引发理性思考。张老师从一些生活常见的现象出发,比如足球停下来等来带领孩子找寻生活中的摩擦力。②大胆假设,细心求证。为什么会有摩擦力?摩擦力的产生跟什么有关系?哪些物品或者运动方式摩擦力大?影响摩擦力的因素有哪些?这些都是需要科学老师要启发并鼓励孩子去假设然后求证。③提供丰富的实验材料。课堂为孩子们进行探究,实验材料的丰富是非常重要的物质基础保障。④探究性辅助必不可少。探究中,老师并不是完全的退出者,而应是问题的推进者,还应该是正确条件的提供者。

　　长沙市芙蓉区双新小学盛建娜老师也非常认可范老师的观点,她认为:小学科学教学的主旨应为通过课堂教学提高学生科学探究的有效性,完善学生的科学知识和科学素养,培养和锻炼学生的理性思维、批判质疑和勇于探究能力。"运动与摩擦力"教学案例做到了两个"巧"以达到目的:①巧设问题,激发探究欲望。教师透析了教学目标和重点,循序渐进地提出问题,引导学生进行观察,引发学生思考。②巧用材料,掌控课堂走向。材料包括视频、"手"和教师准备的各种实验材料。实验材料的使用和选择为学生的探究热情提供了物质保障,同时也决定了学生探究的方法和探究过程的深浅。个人困惑:科学实验与探究活动是否需要延伸到现实生活,并服务于生活?生活中如何利用摩擦力?如何在运动中增大或减小摩擦力?提出以上问题,将科学探究在课后让学生继续,是否有必要?

　　长沙市芙蓉区育华小学的王瓒老师认为:本堂课开篇,张老师通过踢足球和轮胎两个事例,唤起学生的生活经验,从而引出摩擦力的概念,非常流畅自然。随后,张老师创设了手在空中左右移动与手在桌上用力左右移动的对比情境,使不可见的"力"直观地呈现在学生面前,学生对"摩擦力"这一概念的建构有了基础与生长点。实验之前,张老师引导学生回顾复习测力计的正确使用方法,巩固了旧知,也确保了实验的精确严谨。小建议:课堂最后应举几个利用摩擦力特性的生活中的事例拓展一下,更有利于引导学生利用科学知识来解决生活中的问题。

　　来自长沙市芙蓉区育华小学何颖老师谈到:张老师的教学设计,我觉得有几点值得我们学习。①问题导入，激发探究欲望。运动的足球会停下来，这是我们生活中司空见惯的现象，但为什么会停下来呢？孩子们未必思考过。上课伊始，老师的提问能激发学生的学习兴趣和探究思维，并创造良好的学习氛围，为授课的成功奠定良好的基础。②以生为本，注重探究方法指导。实验前，教师先让学生分组讨论、研究实验步骤和需要注意的问题，然后指导学生自己去操作、去发现，在实验的过程当中有分工、有合作、有观察、有交流，最后再进行全班汇报和交流，达成共识。这样，学生的学习兴趣更浓厚了，理解起来也容易，知识的掌握也更牢固。几点建议：①要多关注不会的学生。对知识与技能的掌握不能以个别已会的学生为标准。老师对学生遇到的困难应有预设与解决方案，要让每个孩子都真正学有所获。②适当延伸课外探究。现在的孩子，特别是城里的学生，每天除了被围困在语文、数学、英语等课程和各种培训班中，很少有时间去接触那充满生机的大自然，自然知识的贫乏、实践能力的滞后等问题越来越凸现出来。所以要鼓励学生走出教室，到大自然中去学习、去探究、去创新、去实践。

长沙市芙蓉区五一中路小学的陈艳老师认为：科学课是孩子放飞梦想的地方，是孩子创造力和想象力起航的地方。张老师的课，除了其他老师说到的优点，个人觉得还有以下两点非常值得我学习：①对探究活动进行了有效的指导。引导学生思考，带着目标动手操作，了解材料的使用后再动手。试验后组织学生进行有效汇报，帮助学生对探究问题的结论形成清晰的认识，加深对知识的理解，使学生从感性到理性认识，达成科学概念。培养了学生严谨的科学态度，使探究活动更有成效。②让每一个孩子参与活动，亲历探究过程。学生对科学学科充满好奇心和探究欲，学习科学应该是他们主动参与和互动的过程。情景导入时的"滚动的足球为什么会停下来呢"到课中的"这些小车运动时受到的摩擦力大小一样吗"，再到"物体运动时受到的摩擦力大小与什么因素有关"这些问题一步步推进，让课堂一次次激发学生的探究欲望，既符合学生的认知规律，又充分体现了学生的主体地位。

【归纳梳理】

要提高小学科学实验探究活动的有效性，就要求教师灵活处理教材，用心设计实验，合理组织教学，有效运用教的策略和学生学的策略，让学生在实验过程中既学到知识、锻炼能力，又能体验科学探究过程的乐趣。在参与中自主观察、发现问题、动手动脑解决问题。培养学生乐于实践，善于发现，勇于探索，敢于创新的良好科学素养。

【达成共识】

从之前接受研讨任务时的忐忑和模糊，到今日小组成员集中研讨的热烈和踊跃，我们这 10 个来自不同学校岗位的同学共同经历了专业的培训，一起体验了小组合作学习的魅力，进而形成了几点共识：①方案制订前的学情分析，了解学生的前概念是案例设计的有力基石。②学科案例的基本框架可包括：学情分析、教学目标、教学重难点、教学准备、教学过程、设计意图、案例分析等基本要素。③不同类型和不同学科的教学案例要体现原创性和学科特点。④在案例修改过程中，要及时收集和听取不同学科老师的感受和建议，及时调整或修改。⑤优秀案例的不断完善，需要我们不断更新理念和创新方法，提升自身的专业素养。

（培训机构：华中师范大学）

心中的风景，永远的风景
——《"不一样"的风景》教学实录
安化县八中　蒋红霞

一、情境导入，揭示课题

师：同学们，今天，我怀着激动的心情，站在双牌一中的多媒体教室讲台前，向大家汇报我到这里学习后的情况和感受。

我汇报的题目是《"不一样"的风景》。

（课件展示课题："不一样"的风景）

【直接导入，表明此课的目的，表达感激之情，以达到吸引学生的目的。】

二、走近"风景"，明确概念

师：什么是风景？请同学们简要回答。（课件上，标题中的"风景"一词变色，闪烁、放大，以示强调。让学生一目了然。）

生：山上的树木。

生：家乡的山水。

生：家里的年夜饭。

生：爷爷奶奶的劳作。

生：老师在上课。

生：我们在玩耍。

生：我们在学习，做作业，体育课上玩游戏，搞活动……

师：同学们的思维很敏捷。的确，凡我们眼里所见的场景，无疑都是风景。那下面，我们一起来做一个游戏怎么样？（出示课件，请用"在我们眼里，_____是风景"的句式，写一句话，最好能用比喻。时间，2分钟。）

（学生写句子，老师下到学生中间，不断有学生举手。）

师：差不多了吧，有人举手了，同学们写得真快！下面有请大家展示一下自己的风采吧。

生：在我眼里，窗外的一切都是风景。

生：在我眼里，过年时父母回家团聚是风景。

师：很不错，这位同学可能是留守儿童吧。他的句子不仅写出了什么是风景，而且还融入了一种情感，自己和家人的一种渴望。一年到头难得跟父母团聚，唯有过年时，他们才能回家跟亲人团聚，所以，这也成了他眼里的风景。

（老师在点评上一位同学的句子时，发现有同学嘴里念念有词，便走过去递过眼神示意，然后递过话筒，作了一个"请"的手势。）

师：我们还有同学跃跃欲试呢。

生：在我眼里，家乡的一山一水，一草一木，都是风景。

师：非常不错！家乡的山水，在我的眼里，不仅仅是风景，更富情感。我们把对家乡的热爱，寄寓在家乡的山山水水中，一草一木中。

三、走进"风景"，全面理解

师：结合同学们对"风景"一词的理解，还有刚才做的文字游戏，我们一起来看看大屏幕，到底什么是风景呢？

展示课件，什么是风景？①"风景"是人对自然环境感知、认知和实践过程的显现。②"风"和"景"的基本含义是"流动的空气"和"日光"。③"风景"不是冷冰冰的"自然"或"环境"，而是活生生的人和自然的复合体。④"风"的"教化"含义具有现实意义。

生：齐读。

师：读完后，我们对"风景"有什么更深的理解呢？懂得它的内涵了吗？

（学生小组探讨，对"风景"的概念提出质疑。）

生：老师，我们组一致认为第四个不好理解——"风"的"教化"含义具有现实意义，这好像太抽象了，您能给我们解释吗？

师：这个问题提得很好！"风"与"教化"有什么相干呢？教化，一是指儒家所提倡的政教风化、教育感化；二是指环境的影响。例如，我们受到教育后，就会形成一定的：

生：班风。

生：学风。

生：校风。

生：在家里，会形成一定的家风。

师：真是锦上添花了！既然全面、深入地理解了什么是风景，相信大家透过自己的双眼、运用自己的思维，将发现更多更美的风景吧。

【开始两个环节比较浅显，通过"师生问答—文字游戏—明确概念—质疑释疑"四个环节，将"风景"一词，已由浅入深，由具体到抽象，逐层深入，进行了全面的了解。写作，审题是最关键的一环，不能忽视，更不容忽略。遵循学生的认知规律，循循善诱，才能激发学生探求的兴趣，激发他们的想象力和创造力。】

四、辨识"风景",强调个性

师:我们完成了对"风景"一词的理解,再一起来看看什么是"不一样"?

(屏幕显示:"不一样",变色,放大,旋转,闪烁。学生分小组探讨。)

生:"不一样"是"与众不同"的意思。

生:是不相同的意思。

生:是有差别的意思。

生:是有个性。

生:是创新。

师:还有同学在念念有词,而望着老师的眼神却躲躲闪闪,要不要请她站起来说说?

(师微笑着走过去,一个女生很忸怩地站起来。老师将话筒递过去,全班同学热烈地鼓掌。)

【说明:作为老师,在课堂上,一定要关注每一个学生的成长,要察觉每一个学生表情的细微变化、瞬间变化,特别是潜能生在课堂上的细微变化。有时,课堂的成败,也在乎细节。这样,潜能生就会自信地展示自己。】

生:"不一样"就是指事物的独特性,或者差异性。

师:这位同学说得怎么样?大家要不要给她一点鼓励!(教师带头,全班同学长时间的鼓掌。)

【这种即时评价,不仅仅是给这位同学的肯定,同时也是给这一类同学的充分肯定。】

师:正如刚才我们的同学发言一样:有的同学大方,有的同学勇敢,有的同学羞涩,有的同学内敛,这就是"不一样"。"不一样"就是我们大家所说的:能展示自己个性的、独特的地方,或者与别的东西不同的地方,也就是说,有差异的地方。"一千个读者,有一千个哈姆雷特","世界上,没有两片相同的叶子",这些句子都说明了什么是"不一样"。那么,现在在我们懂得这个标题的意思了吗?

生:懂得了。

生:就是独特的风景。

生:是与众不同的风景。

师:是的,"不一样"的风景就是独特的风景,就是别样的感受,或与众不同的情感。下面,我们利用5分钟的时间,再来做一个文字游戏怎么样?

(课件展示:请用"在我们心里,_____也是一道风景"的句式,写一组排比句。)

生:齐读题目。

师：注意到这个游戏规则与前面的不同了吗？

生：前面是"在我眼里"，这里是"在我心里"。

生：前面是什么"是风景"，这里的是什么"也是一道风景"。

生：前面是写一个句子，这里是写一组。

生：前面是用比喻的修辞手法，后面是用排比的修辞手法。

（生开始写作，师走进孩子们中间。偶尔，有小组的学生示意，与老师小声交流。陆续有人举手示意，写好了。）

生：在我的心里，爸爸的叮嘱，也是一道风景；在我心里，妈妈的嘱咐，也是一道风景。

生：不是排比，少了一句。

生：补充就是，在我心里，奶奶的目光，也是一道风景。

师：两位同学在课堂上能够互动，一个及时提醒，一个才思敏捷，都值得表扬，更应该提倡。（大家一起鼓掌。）

生：在我心里，窗外的雨滴也是一道风景；在我心里，室内的课堂也是一道风景；在我心里，远方的父母也是一道风景。

师：不错。前面两句由室外到室内，前两句与后一句之间，又由眼前延伸到了远方，寄寓了情感。

生：在我心里，父母的关爱也是一道风景；在我心里，老师的教诲也是一道风景；在我心里，同学的帮助也是一道风景。

师：真是越发精彩了！这一组排比，不仅结构紧凑，而且还层层推进，由近及远，仿佛镜头的推移，将一个个特写呈现在我们的面前。要不要给予鼓励？（大家一起鼓掌！）

【这一环节由明确"风景"的概念进入到辨识"不一样"，由视觉的反应转入学生的情感体验，由简单的说话到情感的表达，层层推进，以实现学生创作的冲动，从而出现了不少精彩的片断。】

五、阅读范文，分析写法

师：在上一个环节，同学们做了最精彩的展示。在老师的眼里，同学们今天的精彩表现就是一道亮丽的风景；在老师的心里，家乡的一山一水，一草一木，也都是老师心里最亮丽的风景。分享完同学们的风景后，同学们想不想分享一下老师眼里的风景？

生：（异口同声）想！

师：好，那现在就满足大家的愿望吧！

（出示课件：展示教师的下水习作《白云深处是我家》，学生手中有纸质的文章。生认真阅读品味。）

师：读完文章后，请同学们探讨这么两个问题，以小组的形式进行探讨，并作出点评。

（出示课件：①本文中的风景，有哪些"不一样"？②本文在写法上，有哪些值得我们借鉴的地方？）

（以小组为单位探讨，时间5分钟，陆续有学生举手。）

生：老师家乡的山很高。

生：老师的家乡四季花开。

生：老师的文章用了很多的修辞手法：比喻，拟人，排比。

生：老师的学生，也成了老师眼里的风景。

生：老师的语言很美，有很多优美的语句。

生：老师写出了学生的美。

生：老师写了眼里的风景，也写出了心里的风景。

师：同学们都说得很好，发现了老师文章的闪光点。老师还在同学们讨论的过程中，发现不少同学在老师的作品中作了不少批注，有旁批，还有眉批。如胡婷婷同学的。（师边说边走到胡婷婷同学身边，拿起了这位同学手中的范文。）

师：胡婷婷同学在文章的开头，这样批注："如果用故事的形式开头，会更好。"

在写第三段描写家乡充满诗情画意的那组句子旁边，他这样批注："一组比喻句，很美，同时也用了排比的修辞手法。"

在"喜欢这样诗意的家"这一段下面，她写道："借景抒情的写法。"

在写带孩子们到山里玩这一段的末尾，她评道："如果能更具体一点，那就更能展现孩子们的特点了。"

在写孩子们在山里活动时，她提出了如下建议："要是写写孩子们此时的心理活动，会更全面。"

在结尾一段后，她是这样评的：首尾呼应，结构完整。

……

感谢婷婷！你是第一个给我的作品做出如此详细批注的孩子，其中的建议非常好，再次感谢！（大家一齐鼓掌！）

【在鼓励学生主动表现的同时，还要善于从细节中发现学生潜在的才智。潜在的才智，对一个孩子来说是最难能可贵的。对教师作品的点评，也是一种很好的主动表达。她很可能还没有足够的自信，或者仍然有所顾忌，如果此时不能及时发现，学生有可能在失落中对教师有些许的失望。如果能及时发现，得到教师的认可，不仅能让她有很大的成就感，而且能进一步激发她内心的表达欲望，从而在产生主动写作的同时，写出更好的作品。】

师：结合这篇文章，还有同学们对这篇文章的点评，老师归纳出这篇文章有以下几个值得借鉴的地方：

（出示课件）

师：从写作内容上——（生齐：可选择最熟悉的材料）

师：从构思布局上——（生齐：可由浅入深，逐层深入）

师：从修辞手法上——（生齐：可选择比喻、拟人等修辞）

师：从表达情感上——（生齐：可选择亲身经历的事件）

师：从语言文采上——（生齐：可选择文化底蕴深厚的材料）

【在学生阅读、讨论、点评的基础上，得出写作方面成功的经验，可谓一气呵成，水到渠成。实际上，学生在品读、讨论教师习作的过程中，也是一个很好的学习过程。只是这个过程，比从网络上或者从优秀作文集中选几篇好作文，对学生的影响会更大。因为这是一个现身说法的过程，描写的是教师亲身经历的场景。这样的作品比别的作品更真实，更有说服力，带给学生的是更大的震撼。而让学生点评教师的作品，不仅是一个教学相长的过程，而且更容易发现学生思维的闪光点，让他们在分享教师写作成果的同时，也能感悟写作也是需要一定的方法和技巧的。从而，为他们将来的写作，坚定了信心，打下了坚实的基础。】

六、课堂小结，布置作业

看来，美丽的风景就在我们的身边，在我们的眼底，也早就留存在我们的心底了。今天，在我即将动身与大家告别之际，还有一句话要送给大家：在我心里，也将有一片风景，今生将永难忘记——这就是你们！双牌一中的领导、老师和同学们！双牌这一片神奇而又可爱的土地，将不仅留在我的笔底，更将留在我的心底！愿大家也拿起笔来，写下我们心中永远的风景吧！（课件展示：用一段文字，描绘心中的风景。）

今天的课就上到这里，再见！

（培训机构：双牌县第一中学）

敢问路在何方

——对信息化时代语文课堂教学的思考

会同县第一中学　刘瑞福

　　21世纪，随着信息技术的高速发展，互联网已深入现代生活的方方面面，一个全新的信息化时代已经到来。现代信息技术对教育也产生了巨大的影响。从教育理念的变化到教育环境的优化，从教学手段的提升到学习方式的转变等，可以说，与教育有关的方方面面无不打上了信息化的烙印。

　　信息技术能量大，运用范围广，以至人们将信息技术的地位捧得极高，"互联网＋"一词的泛用就是最好的证明。不可否认，在现代生活的某些领域，信息技术颠覆了传统，引领甚至改变了行业发展方向。但教育是一个与人类文化同生共长的古老行业，有其特殊的发展规律，人们感叹互联网改变了世界，却对教育的改变不大。其实，教育一直与现代技术相融合，只不过走的是一条以教育为内核，以技术为手段的正常路。教育与信息技术的结合，不是"互联网＋教育"模式，而应是"教育＋互联网"模式。认识和摆正二者的位置才有利于信息技术与教育教学的深度融合。

　　但在现实的课堂教学中，部分教师对此认识不透，理解偏颇，加之一些远离教学一线的研究者们的大力倡导，教育行政部门组织的重信息技术课堂运用类竞赛活动的推波助澜，因而一些教师将多种信息技术运用到课堂上（尤其是一些竞赛课），将课堂变得热热闹闹。文字图片闪闪过，音频视频频频来。教师忙得不亦乐乎，学生看得忘乎所以。可冷静下来一看，这样的课堂技术有余而内涵不足，技术手段的展示盖过了教学目的的实现，课堂由以前教师的表演秀进化为技术秀，这实在是当前课堂教学中的又一误区。

　　如何正确把握信息技术与教学的关系，恰当运用信息技术为教学服务，推动信息技术与教学的深度融合，构建"教育＋互联网"的教学新模式，就摆在了广大教师面前。由于不同学科有各自的特点，如何运用信息技术于课堂，如何处理二者之间的关系必会有所不同。本人以30年多年的语文教学经历，结合自己课堂运用信息技术的体会，以及观摩其他语文教师运用信息技术于课堂的情况，就信息化时代语文课堂教学的出路进行探讨。

一、大道至简，不忘语文教学的初心

　　语文是一门语言学科，语文教学的目的之一就是让学生掌握汉语这一交际工具。字词的积累与运用，文本的阅读与理解，个人思维情感的表达等，一句话，语文课堂就是要培养学生听说读写的能力。不要让语文课堂因为穿上了信息技术的马甲而变得不像语文课，忘了语文教学的初心。课堂要在回归语文教学本真的基础上借助信息技术的翅膀飞翔，这样才能飞得高，飞得远。

二、文化至上，发挥语文课堂文化传承的作用

语言文字的产生本就是人类思维发展的结果，并一直伴随着人类文明共同前行。汉语汉字承载着中华民族的文化血脉，传递着华夏文明的精髓。一个汉字，一条成语，一段语录，一篇文章等，常常包含着前人的思想，凝聚着先贤的智慧，是人类文化的宝贵财富。语文教师不但要做学生使用工具的师傅，也要做文化薪火传承的火炬手，使人类文化代代传承下去。同时，从功利的角度讲，重视语文课堂中的文化因素，也符合当前高考的需要，高考考纲明确提出要在语文高考试卷中增加中国传统文化的内容。语文教学的终极目标应该是文化，失去文化内核的课堂将是灰色的、平面的课堂，没有文化内涵的、单纯的语言文字知识教学的课堂必将没有出路。

三、活动至善，充分保障学习者的主体地位

课堂教学是一种活动，一种多方参与的群体活动，因而课堂教学设计就要遵循"活动"规律。活动理论研究人类活动的规律，认为活动在知识技能内化过程中起桥梁作用，故教学设计应以活动理论为基础，构建以学习者为主体，以活动为核心的教学新范式。语文教学活动分课内和课外，内外活动互补互助，共同完善学习过程。优秀的语文教师非常重视语文活动，借助信息技术，语文课堂上活动的形式多样化，活动的空间立体化，师生组成了活动的共同体，在活动中既能发挥教师的主导作用，又能充分保障学习者的主体地位。借助"活动"这一桥梁，用信息技术来助力，课堂效率得以提高，学习目标容易达到。

四、技术至美，用信息技术美化优化课堂

技术是工具，"工欲善其事，必先利其器。"当我们掌握了信息技术这一利器后，就可充分运用这一工具为课堂教学服务。在教学设计中可根据语文教学内容融合信息技术，用信息技术美化优化教学环节。生动形象直观的画面，高质量的音响，实时成果的展示，远距离的互动，批量信息的传递等，使抽象的形象化，复杂的简单化，平面的立体化，呆滞的动态化，远距离的拉近，海量的浓缩，单向变交互，主观化客观，用音乐营造氛围，用视频聚集目光，图文并用，多向互动，课堂与世界互联，现实与虚拟共现。如此，课堂因信息技术动起来，活起来，美起来。学生的兴趣浓了，注意力集中了，课堂的容量大了，知识技能内化了，课堂效率

自然提高了。信息技术助力语文课堂，二者的融合必将使课堂得到美化优化。语文课堂穿上合体的信息技术马甲，必定会走得更好更远。

　　总之，在信息化时代，语文课堂要重视语和文，用活动激活课堂，用技术助课堂腾飞，这也许就应该是信息化时代语文课堂教学的必由之路。

（培训机构：湖南省中小学教师发展网）

关注指尖上的思维

炎陵县城南小学　邓颖蕙

2016 年 10 月 21—22 日，在十都小学参加了小学数学国培活动。经过这两天的学习，我的感触很深，特别是对教学专家谭丽红老师的微讲座"教学活动生活化，促进学生思维发展"印象特别深刻。现结合该讲座就我个人在上"圆锥的体积"的一些思考汇报如下。

课程的原意是"跑道"，是"回家的路程"，是教师与学生为达到某一个目标而经历的整个过程。在小学数学几何教学中，教师往往重基础知识的获得，轻空间观念的培养；重机械记忆和简单模仿，轻自主探索和合作交流的过程。为此，我在设计"圆锥体积"这节课时，注意利用学生原有的学习经验，让学生运用转化的思想，把问题化归到原有的知识体系中；注意利用学生的实践活动，让学生经历知识形成的过程，发现等底等高的圆柱、圆锥体积的关系，进而培养学生空间观念和空间想象力，获得积极的情感体验；注意培养学生的探索意识、合作意识及创新意识，引导和帮助学生成为发现者、研究者和探索者。

一、案例

片断一：创设情境，引入新课。

1. "橡皮泥"引出"转化"

课始，我让学生展示用橡皮泥制作各种各样的"小礼物"，如小动物等，并说一说怎样知道是用多大的橡皮泥做成的？

生 1：把它捏成长方体，并测量出长、宽、高，用长 × 宽 × 高就可以计算出它的体积。

生 2：可以把橡皮泥捏成正方体，通过公式"棱长 × 棱长 × 棱长"得到它的体积。

生 3：把它捏成圆柱休的样子，测量出底面圆的半径，算出底面积后再乘它的高便可以求得它的体积，这样虽然不算准确，但仍然是比较接近准确值的。

生 4：我和他们想的都不一样，我想可以在一个透明的玻璃容器中倒入一些水，记下水的高度测算出水的体积，然后把橡皮泥放入水中，再计算出现在的总体积，两次的体积之差就是橡皮泥的体积。（学生报以热烈的掌声）

师：大家真了不起，在遇到问题时都能想办法"转化"，用已知解决未知。

2. 几何形体深化"转化"

师：这种转化的方法在几何形体中应用尤为广泛，你们能举出一些这样的例子吗？

生1：在推导圆面积公式时，是把圆分成若干等份后拼成近似的长方形，圆的面积就是近似长方形的面积，可以通过长方形的面积公式求得。

生2：把平行四边形割补转化为长方形，平行四边形的底就是长方形的长，高就是长方形的宽，通过长×宽便可推导出平行四边形的面积公式。

生3：三角形和梯形的面积公式，也是通过转化的方法得到的，它是将两个完全一样的三角形、梯形拼成与它们等底等高的平行四边形。

生4：将圆柱体等分成若干份，再拼成近似的长方体，利用它们之间"等积"的关系，就可以推导出圆柱体的体积公式。

3.师小结：将一种图形转化为已知图形，并寻找它们之间的关系，就可以帮我们解决面积和体积计算中遇到的问题，你们能用这样的方法来推导圆锥的体积公式吗？

片断二：自主探究，发现关系。

师：想一想，如何推导圆锥的体积公式？

生1：圆锥和圆柱有些相似的地方，我想也许可以利用圆柱的体积公式推导圆锥的体积公式。

生2：将长方形和三角形分别旋转一周，得到圆柱、圆锥，因为长方形面积是三角形面积的2倍，所以圆柱的体积也是圆锥体积的2倍。

生3：可以拿一个空心的圆锥装满面粉，然后再将面粉倒入长方体或正方体的容器中，通过测量就可以知道圆锥的体积。

师：同学们的意见不尽一致，但基本的想法是相同的，都想找到圆柱和圆锥体积之间的关系，运用旧知解决新问题，下面就请同学们利用手中的材料，亲自发现并动手验证自己的结论吧。

师提供实验用的五套圆柱、圆锥和沙子，并让学生分组进行实验。

生1：（第一大组）我们组实验发现第一套容器，将圆锥装满沙子三次正好倒满圆柱，第二套倒三次仍然不满，第三套还没倒三次就满了。

生2：（第二大组）我们组也出现了这三种情况，我们觉得与它们的底和高有关系：第一套倒三次正好倒满，圆柱和圆锥等底等高，第四套高一样，但底小了盛的沙子肯定少了，所以倒三次还倒不满，而第五套底比前面的大了许多装的沙子肯定也多，所以倒的时候还没倒三次就满了。（师表扬）

生3：（受前一个学生的启发）我也知道为什么第二套倒三次还不满，因为这个圆锥的底虽然相同但高短了装的东西也没前面的圆锥多，所以才会有这样的情况。

生4：（抢着说）我也发现了第三套圆锥的底相同但高比前面（第一套）高，比它装的沙子多所以没倒三次就满了。

（其余学生也略有所悟，纷纷拿起容器认真地观察着底和高）

师：在第一套容器中是什么特定的因素，使"圆柱的体积是圆锥体积的3倍"这一关系成立，而在其他容器的实验中却不存在这种关系？仔细观察圆柱圆锥，你又发现了什么？

学生经过比较不难发现：第二、三套容器等底但高不相等，第四、五套容器等高但底不相等，而第一套容器等底等高。

生：这就说明只有当底和高都相等时，圆柱的体积才是圆锥体积的3倍。

……

二、反思

数学不仅是一门科学，更是一种"过程"。在本课的设计中，我以思想方法的渗透为主线，把多种材料作为探究的起点和引发联想、发现规律的源头，在"渗透转化，学会思考—运用转化，猜想推导—动手操作，验证猜想"这一程序中开展观察、操作、猜测、交流、反思等活动，并在活动中逐步体会数学知识的产生、形成与发展过程，获得积极的情感体验。使学生在"解决问题—形成理论—解决问题"这一过程的反复中，不断地使思维得以发展。

1.重视思想方法与解题策略的教学

传统的圆锥体积的教学，教师一般是将全班分组，为每组学生准备一组等底等高的圆柱和圆锥容器，让学生进行"倒沙"的实验，去发现等底等高的圆柱与圆锥体积之间的关系。这样的操作实验符合学生"好动""好奇"的心理，相互合作发现规律，也可收到一定的教学效果。然而，我心里一直在想，学生为什么会想到要做这个实验的，是他们自己的需要吗？对于尚未学过圆锥体积计算的学生来说，恐怕一时难以想到。学生没想到的事，教师却要学生很快操作实验，那学生的思维是执行教师的指令，虽然形式上热闹，但学生的思维是被动的。另外，这样做教师还是着眼于知识本身，忽视了比获得知识更重要的东西，那就是科学探究的方法。只有通过对大量"案例"的反思与处理，日积月累形成的思想方法与解题策略才能内化为学生"自己的东西"。

"转化"思想的渗透是本课的灵魂所在。我在设计时步步逼近、层层深入，使"转化"深入人心。首先，用橡皮泥引出"转化"。课前我利用学生爱玩的天性，让他们用橡皮泥制作各种各样的"小礼物"，使学生在捏的过程中感受形体之间的相互转化。但这时的转化只是浅层次的，是一种生活经验引发的无意识的活动。怎样将"转化"上升为数学中的理性认识呢？于是，我提出了一个探索性问题："怎样就能知道是用多大的橡皮泥制成的？"让学生从数学的角度思考，学生想到了把它们捏成长方体、正方体、圆柱体等这些已知的形体，用已知解决未知，而这也正是转化的实质，并由此将生活中的转化与数学中的转化联系了起来。其次，几何形体深化"转化"。我让学生回忆几何形体中运用"转化"的例子。学生很容易说出：圆、平行四边形转化为长方形；圆柱体转化为长方体……我将学生凌乱的表述以表格的形式清晰地呈现了出来，学生通过表格看到的绝不仅仅是简单的旧知的再现，而是从一种图形转化为已知图形，并探求关系的这样的一个思维过程。再次，运用"转化"猜想方法。正是由于前面"转化"思想的渗透，使得学生在猜想怎样推导"圆锥的体积公式"时，不是盲目的胡猜乱想，而是结合上面的转化积极地进行思考：圆锥可能转化为什么图形？它们之间存在怎样的关系？体现出学生思维的深度，而获得科学的探究方法正是我们学习数学的真正目的所在。

2. 提供丰富的材料，为学生思维碰撞搭台

"做数学"的核心就由学生本人把要学的东西自己发现和创造出来，教师的任务就是提供一定的学习材料，让学生在特定的"生态环境"下，进行这种发现和创造。本节课我把多种材料（教具）作为引发探究的起点，作为引发联想、发现更多规律的源头。在材料的提供上主要考虑了两个方面的因素：

（1）把静态的教材转化为动态的可以让学生"做"的活动材料。我给学生准备了进行实验的五套圆柱圆锥：①等底等高；②等底高短；③等底高长；④等高底小；⑤等高底大。这样就打破了教材的局限，有效地拓展了学生的思维空间，使学生能从不同的材料中感悟新知，从不断的矛盾和思维碰撞中深刻理解新知。

（2）合理科学地分配材料，为更多规律的揭示搭台。如果设计好材料之后不能很好地分配利用，同样不会有好的效果。本课中若每组同时用这五种材料做实验，这是时间所不允许的。因此，我将材料分两大组：第一大组的 4 个小组选用①②③号容器；第二大组的 3 个小组选用①④⑤号容器。这样分配，一是可以使每个实验的小组都出现 3 次正好倒满、倒 3 次还不够和没倒 3 次就溢出的情况，从而得到圆柱、圆锥之间 1/3、1/2 甚至是 1/4、1/8……这些不确定的关系，使学生不断地产生认知冲突，产生一种积极探求原因、明确事理的欲望。更使"等底等高"这个结论的获得格外深刻。二是通过对每组容器各自特征的比较和所得到的实验结果，可以发掘出更多的规律。如：②③组容器的实验可发现"等底时高越长体积越大"；④⑤组容器的实验可以发现"等高时底越大体积越大"，进而得出"高一定时，底和体积成正比例""底一定时，高和体积成正比例"等诸如此类的结论，并组织学生分别上台验证结论。总之，只有做到合理分配材料，考虑材料蕴含的丰富的信息，才能便于学生在"做几何"中进一步"发现几何"。

3. 开展多向、互动式的研究成果交流，让学生暴露"再创造"，促进"再生成"

"做数学"在本质上是学生的再创造的过程，在这一过程中学生不仅掌握了一部分事实性的知识，而且也获得了一种体验，形成了一种解决问题的方法。但这只是一种个体性经验，教师还应搭建一个交流平台充分暴露学生的"再创造"过程。

本节课在教学展开部分的设计上分两大块：一块是让学生充分实验，即"做几何"，利用材料发现规律。另一块便是圆锥体积成果发布会。让学生交流两方面内容：（1）通过实验你发现了什么？（2）这些现象说明了什么？并采用边汇报边整理的方式，组织学生及时演示验证结论。在互动交流中学生深化了普遍认同的结论，规范和校正了非正式甚至是错误的经验，使学生的思维品质得到了进一步提升。

科学的探究方法是创新能力的必要基础，是学生必须具备的基本素质。学生学习科学的方法就是通过做科学来学科学。教学中，我们应让数学思维与操作活动共舞，让课堂教学焕发出更多的生命活力！

（培训机构：株洲市炎陵县教师发展中心）

第五章 育人之策

以灵魂塑造灵魂

桂阳县第七中学 周琼忠

一、老师是人，不是神

担任 10 多年班主任以来，有关班主任工作的理论看过不少，也听过很多，但真正能使我对班主任工作有了更多新的认识的还是今天黄佑生老师的杰作"守望道德星空"。他不像一般的教育理论一样要求老师怎样做，而不应该怎样做，而是从老师存在的困惑依次展开。

好老师应当有两个世界：专业和人格。的确，"要给学生一碗水，首先自己得有一桶水"。一个好老师如果没有精深而广博的专业知识是很难适应现代教学的，同样有精深而广博的专业知识而没有健全的人格也是教不好学生的，所谓"学高为师，身正乃范"就是这个道理。

黄老师说得好，"老师是人，而不是神"，要求我们老师坚守底线，追求崇高师德，以灵魂塑造灵魂，做好自己该做的事，不误人子弟，这是我们师德的底线。

给学生播种幸福与希望，给学生以平等的关爱，做学生的主要精神关怀者，句句锦绣，字字珠玑。

当然，黄老师经典之处还有很多，他的精彩讲解对我感触很大。通过听课，我从中学到了很多，让我的灵魂得到了升华，使我更坚定了班主任工作的信心。在以后的班主任工作中，我将加倍努力，把班主任工作做得更细，更好。

二、正确对待后进生

我在农村中学教书，由于各方面因素的影响，后进生较多，一般说来，后进生是不讨人喜欢的。今天听了谭老师的课，我觉得我应该静下心来好好调整一下我的心态了。

谭老师说得好，后进生在各国各地都普遍存在。作为老师我们应剖析后进生形成的原因，并采取一定的科学有效的方法加以解决，力争把后进生转化为一般生，甚至优秀生，那么，我们的教育就成功了。的确，后进生并不是一生下来就有问题，而是在一定环境的影响下形成的。作为老师，我们有责任，有义务做好他们的转化工作。

作为班主任，我认为转化后进生与培养优等生同样重要，对后进生我们只要有耐心、有爱心，做深入细致的工作，因势利导，循循善诱，让他们感受到集体的温暖，感受到老师的关心，我相信他们还是会有所改变的。俗话说得好，"精诚所至，金石为开"。

转化后进生是班主任义不容辞的职责。每个班在不同程度上都存在后进生，因此，我们要摆正我们的心态。我们正确面对，做好他们的转化工作。根据谭老师的观点以及结合自身实际，我认为，在做后进生转化工作的时候要注意以下两个方面：

首先，分析后进生形成的原因，做到不厌弃他们，然后根据后进生的特点和形成原因做好转化工作。如对思想品德后进生，应多说服教育，要信任、爱护、尊重他们，要多在是非观、人生价值取向、集体观念、劳动观念上给予积极指导；对行为习惯后进生，由于他们是自控能力差造成的，所以要注意他们的养成教育和规范教育，教育学生养成有规律的生活、学习习惯。对厌学型的后进生切不可采取学习惩罚的方式解决，要进行个案诊疗。

其次，我们老师应善于抓住后进生的闪光点并予以鼓励，因老师的鼓励会给后进生前进的力量，老师的信任会使后进生增强信心，老师的关怀会使后进生感到温暖，老师的宽容会给后进生以激励。后进生在这种宽松和谐、情感交融的氛围中学习，必然唤起学习的兴趣，使后进生在学习中获得愉快，在愉快中得到发展，在发展中不断转变。

当然，后进生的转化还有其他很多更好的方法，我们可以在不断的实践中探索、创新。总之，听了谭老师的课，我受益匪浅，给我在以后的班主任工作提供了智力支持。我相信，在以后的班主任工作中，我会做得更出色，更优秀！

（培训机构：湘潭江声实验学校）

激发学生精神，燃烧学生激情

娄底市娄星区　黄国富

卓刀泉中学建于 1977 年，地处武汉的中心，洪山区东湖之滨、伏虎山北麓，美丽的湖光山色装扮着校园，是一所校园环境优雅、文化氛围浓厚、设施装备齐全、办学行为规范、教育业绩显著的初级中学，是武汉市第一所省级示范初中。

在办学过程中，学校坚持科学发展观，全面贯彻教育方针，积极推进素质教育。尤其是学校在总结多年教育经验的基础上，提炼出了"激励学生成长，为终身发展奠基"的办学理念，并以此引领学校的改革与发展。学校无论是在校园建设，还是在教育教学改革等方面均取得了显著的成绩，德育和艺术教育基本形成特色，获得湖北省素质教育实验学校、湖北省教育科研实验学校、湖北省中小学综合实力 50 强学校、湖北省家长示范学校、武汉市示范学校、武汉市文明单位等荣誉称号，学校的办学实绩得到了上级行政主管部门及社会各界的充分肯定。

我真真实实感受到了这学校的风采，各方面都觉得有所收获，现谈几点体会。

首先感受到的是他们浓郁的校园文化气息，教学楼走廊，悬挂着优秀师生照片，励志寄语，用身边的真人真事，激励现在的学生不断进取，宣传栏内学生的"10个好习惯"，课堂上学生全神贯注地学习，不受任何人的干扰，就这样拼命地利用时间，挤出时间来刻苦勤奋，所有的一切都展现出昂扬的精神面貌。真正体现了柳校长所说的激发学生精神，燃烧学生激情，使他们养成良好的习惯，珍惜学习时间。

其次，学生的学习抓得紧，节奏很快，学生必须在规定的时间内完成各科作业。学校制度落实的好。执行严格。学生抓紧一切时间学习，连走路的步伐，进入宿舍的入睡速度都很快，学生的自律能力很强，为提高教学质量，奠定了坚实的基础。

第三，课堂容量大，内容深。没有花架子，课堂真实。有三点给人以深刻印象。①用到了多媒体技术，省去了不少教学时间。②课堂中没有看到教师的慷慨陈词式的演讲，有的只是师生间的聊天式的教学，教师诱导，学生探索与合作。③教学环节层层落实，如每讲完一个概念或规律就有短小精悍的针对性极强的练习，效果非常好。总之我认为他们抓住了素质教育的核心，在课堂中注意了知识的层层落实、积极调动学生课堂上的主动性，探索学生课堂上知识的接受与落实的方法，使学生在获取知识的同时注重了思维的发展、能力的培养、学习习惯的养成。

第四，学生知识的巩固与落实较好。卓刀泉中学将自习分给各学科，上自习发试卷，下自习就收试卷。避免了学生自身不能正确分配合理的时间给各学科，让学生养成定时完成作业，不拖拖拉拉的好习惯，更重要的是这样可以很好地与考试接轨。我觉得这一点可以借鉴。

最后，学生的学习气氛浓厚。学生没有不完成作业的，没有不重视学习的；学校的每个招牌都在提示学生要认真学习，学校所做的每一件事都是围绕学生的学习——学习就是生命，学习就是一切。在这种氛围下，学生主动学习的热情高涨，主动学习的潜力很大。我觉得我们也要在校内培养这种浓厚的学习氛围。

卓刀泉中学的观摩，我受益匪浅。

（培训机构：华中师范大学）

孩子是脚，教育是鞋

此次国培计划，老师组织我们观看了影片《小人国》。"小人国"是孩子们游戏的乐园，快乐的天堂，"小人国"是一个互相尊重，人人平等的快乐王国。"小人国"给孩子们留下了美好的童年。通过观看这部影片，最令我佩服的是大李老师，她使我在教育孩子的方法上受到了很大的启发。

爱心和耐心——进入童心世界的通行证。印象最深的就是那个自认为很帅的小伙子池亦洋，他总是打人骂人，欺负小朋友，不遵守纪律而且还不懂礼貌，他的逆反心理特别严重。在我们现实生活中，可能每个班，都会有一个或几个这样让老师感觉到头疼或束手无策的孩子，面对这样的孩子，我们应该怎样教育他呢？发火？责备？影片中的大李老师是这样做的，她针对孩子的每一个过错，逐一地、不厌其烦地及时进行教育，告诉他怎样做是对的，怎样做是错的，并抓住他身上的闪光点和进步来赏识他，哪怕这闪光点微若荧光，哪怕这个进步转瞬即逝，却为孩子性格萌芽阶段指明了正确的方向。池亦洋小朋友后来的表现，如帮小朋友劝架，逐渐能接纳李老师等，可以看出，老师的教育方法是正确的，她正在使一个有很多缺点的孩子发生改变。这不仅体现了教师的爱心，也体现了老师的耐心。

尊重与平等——叩响童心世界的敲门砖。还有一位小主人公，那就是影片中那个性格有点内向而又很执著的小女孩——晨晨，她每天早晨都要一如既往地等待着南德小朋友，南德来了她就非常高兴地和他一起玩，南德不来她就一直傻傻地等，让人看了很心酸，孩子非常珍惜好朋友之间的友谊，友谊对孩子们来说也很重要。在这里我很佩服大刘老师的教育方法，她尊重孩子的意愿，并且陪着晨晨一起等好朋友的到来。体现了教师尊重孩子的原则。

赏识孩子——孩子走向成功的奠基石。影片中的那个爱探索的小家伙锡坤，把鞋、玩具、球等往垃圾箱里面扔，原来他是要探究一下垃圾箱的肚子到底有多大，还把塑料玩具撒得满地都是，在一般人看来这是一个爱给老师添乱的孩子，而影片中的大李老师却很赏识孩子，说是给孩子一个自由探索的空间。这种教育方法很值得我们学习。

每个孩子都是独一无二的，就像影片里校车上写的标语"孩子是脚，教育是鞋"，只有适合孩子的教育才是最好的教育。让我们用赏识的目光，针对每一个孩子的性格特点进行不同教育，因材施教，用自己的爱心、耐心，给孩子一片自由的天空，还孩子一个快乐的童年。

（培训机构：湖南民族职业学院）

从 "198班" 到 "绿萝班"

益阳赫山区牌口乡中心学校　余平辉

　　一个学期已经接近尾声，明天就是"绿萝班"的孩子们期末考试的日子。一个人静静地坐在灯下，翻阅着本学期写的这一本日记，发现每一篇都是关于"绿萝班"，关于这些"绿萝"们，不禁发出孔夫子的那一声感慨：逝者如斯夫！

　　从"198班"到"绿萝班"，变化的不仅是名字，还有其他许多许多东西，趁着今夜无人无事搅扰，我打开电脑，将这一路的变化整理成文，目的不仅是为了记录班级和学生的成长，也是为了回顾我自己的成长路程，更是为从中发现不足，为今后的班级建设和管理提供更好的工作思路。

　　本学期的一个转折点是 2014 年 11 月上旬，我到岳阳许市中学参加了"国培计划"班主任培训。在此之前，我们班和其他班级一样，被一个数字代表着。代表我们班，我们班这 46 个学生、数位任课老师的数字，是 198，一个毫无含义毫无情感色彩的冷冰冰的数字。

　　作为整体，我们被叫做 198 班；作为个体，我们被称为 198 班的老师，198 班的学生。在 198 班的这段时期，我们班在学校也是一个不错的班：学习成绩不错，期中考试七科都获得年级第一名；学生表现不错，在每周班级评比中都能获得卫生纪律流动红旗……

　　可是，总觉得还少了很多东西，此时，我们的班还只是班级，不能称之为班集体。因为我们没有一个共同的班级目标，没有一个将所有人联系在一起的精神纽带。更重要的是，此时的学生只是因为听话而听话，我们没有班级制度约束，他们并不知道什么可以做什么不能做，更不知道为什么可以做为什么不可以做，他们的行为准则是我所发出的命令。所以，我们的班干部面对班上出现的问题往往不知道应该如何处理，一点点鸡毛蒜皮的小事都来问我，让我深陷班级琐事中不能自拔。这样的班级管理还停留在人治的层面。而历史的经验教训告诉我们，人治是最不靠谱的。

　　11 月上旬到许市中学学习了数天之后，回到自己的岗位，我更加清楚地意识到必须要采取一些措施了。

　　12 月 2 日，我们班的班名正式定为"绿萝班"。定这个名字，一来是班上有一盆被大家视为宝贝的绿萝，取这个班名正好也应景；二来，绿萝的花语是坚韧善良，守望幸福，取这个班名是希望大家都能拥有一份坚韧善良的品质，做一个幸福的人。

　　自从另取班名以来，尽管学校仍然以 198 来称呼我们，但我们再也没有用这个数字自称过自己了，每一个同学都自发地将作业本班级那一栏改为"绿萝班"，大家的集体荣誉感比以前更甚，一人没有做好，他们再也不是站在一边或幸灾乐祸、或漠不关心、或严词斥责，而是自发地去帮助那些没有做好的同学。

日记中记载着这样一件让我十分感慨的事：

> 班上那个让我头疼的女生今天又没有做课间操，大为恼火的我命令她解散后去跑圈，可是解散以后她只是站在原地，一脸不服气的样子。我站在不远处看着她，心里的火越烧越大，此时我们的班干部和她所在的小组组员都没有离开，极力劝说着她服从跑圈的命令，她还是不动，大家便推着她走，她慢慢跑了起来，不久又放慢了脚步开始围着操场走，所有人跟在她后面跑一段走一程，最终结束了全程……站在不远处看着的我，心里百感交集，他们完全可以自顾自去玩的，可是，他们没有，看着她受罚，他们全然没有幸灾乐祸的神色，反而显露出着急与担忧来。

现在，在大家看来，每一个人都是绿萝班最重要的存在，最重要的家人，哪怕是学习成绩最差的同学，都是大家关爱的对象。"绿萝"二字，成为了现在乃至今后联系所有人的情感纽带！

当然，一个班的改变，光靠改变班名是远远不够的。在定班名之前，从11月中旬开始，我们便开始了一系列改革：讨论并制定班规；建立小组，设立小组加分扣分制度；重新选任班干部，改变班干部设置方法，明确班干部职责；将教室座位编成H型，到后来，12月初才开始定班名、班级口号和班级目标。班级口号是"路在脚下，志在我心；超越自我，绽放青春"，班级目标是"将'绿萝班'打造为一个温馨友爱，充满正能量的大家庭"。

12月上旬之后对于我，对于我们班，都是一个非常重要的时间节点，虽然只有短短的半个学期，但在此期间，学生的自主管理能力得到了很大提升，很多事情不再需要我出面，班干部和组长们已经能够知道如何去处理了。比如说，我们只做了一份班规，并没有做组规，但是有一天我发现，组长们已经带领各自组员做了这件事，当有组员上课讲小话或者犯了其他小错时，组长会动用组规或班规进行惩戒；本学期我们的小组进行了两次调整，第一次是我安排的，第二次我将这个事情交给了组长，我只负责为每一组指定常务组长和学习组长，各组组员由组长们去选定，在选人的过程中，我发现他们思考问题的能力也有提升，他们不是以成绩和表现作为选人的标准，而是会考虑到男女搭配问题，成员是否有进步空间，劳动力的搭配等等。成员选定后，我只给了各组的座位位置，并没有规定哪位同学坐哪个位置，这项工作也交给了组长，一直到现在，具体的座位安排都是组长在进行，我出面处理的时候是有，但次数没有想象的多，组长们会因为时间或者组员表现随时进行调整。其实这个过程就是组长自治的过程，每个组就像一个州，组长就是州长，有着一定的自治权。

成效有，不过，随着时间的推移，我发现问题也是层出不穷，毕竟，学到的知识要落实到具体的行动，需要走一段很长的路程。经过实践和反思，我发现在以班规为代表的制度文化和以班名为代表的精神文化的建设方面，我还有很多很多的问题需要去改进。

首先，对于班名的精神内涵挖掘不够。当初没有找到专门的时间引导学生去挖掘"绿萝"二字的精神内涵，班名的确定太仓促；而且我们的班级口号和班级目标（其实用班级愿景更恰当）没有经过详细诠释，没有开展学生的内化工作。

其次，班规确实是学生自己一条条提出的，我进行了整合，但是班规最终确定后，我们没有拿出专门的时间进行学习，不少同学对于其中的规定仍然存在不清楚的地方。

还有，班规里面的不少规定存在不合理之处。尤其是小组建设方面，小组加分扣分制度还相当不完善：我们的加分项目主要以课堂发言为主，可是对于发言过于积极的情况没有做出规范引导，有的课堂，老师只将发言的机会给那些学习成绩好、发言积极的同学，这往往导致一堂课下来，有的组可以拿十几分，有的组一分都没有，这对于学生的积极性是个很大的打击。

此外，没有完善的惩戒机制。当初提出，如果某个小组认为自己组内某个成员不服管理，经常违反班规并且屡教不改，组长在与组员商量的情况下，可以选择将之淘汰出组，待到该组员表现有所好转后，再由任意小组认领回组。这一项规定越到后面越发现它的不好：有不喜欢被约束的同学，正好可以借此机会独立出去，从此过上自认为自由的日子；有的组长太严苛，有时并没有经过所有人的同意，而是以个人的好恶来决定是否淘汰某个组员。

再次，某些措施流于形式，没有真正落实。比如我们的一项惩戒措施是写反思，但是这一项惩罚经常没有发挥出应有的作用；我们在班干部的设置上，增加了反思班长一职，小组也有反思组长，但是由于我们没有可以拿来反思的时间，因此这些职务到后来形同虚设。

最后，班干部欠缺培训，有的班干部仍然不清楚自己的职责，有的同学本身的能力达不到职位的要求，因此在学生班级工作的开展上往往处于被动的地位，这在无形当中也增加了我的工作压力。

因此，对于这一块的工作，下学期开学之初我要做以下几件事：重新挖掘班名背后的精神内涵，重温班级口号和班级愿景，提出本学期本班的奋斗目标。讨论班规中不合理之处，完善本班班规。召开有任课老师参与的家长会，获得老师和家长的支持。

（培训机构：岳阳市君山区许市中学）

做一名快乐的班主任

沅江市城郊团山中学 粟进

我有幸参加了衡阳师范学院承办的乡村班主任培训班，9天的学习，让我豁然开朗，更让我坚定自己所钟情的职业——教师。

有人说：快乐是一种选择。近几年来，"清贫"不再是教师的代名词。从精神满足层面看，教师职业生活的情感性在当今的社会已成为大优势。教师职业有其苦，但更多的是乐：机智应变，巧引善导之乐；启愚化顽，学子转化之乐；弟子情操，慰师谢教之乐；桃李八方，来鸿千里之乐……我们当教师的，不仅仅在奉献，在与孩子们交流的同时，我们同样在汲取，在更新，在升华，看到学生一天天茁壮成长，就会由衷高兴，产生一种强烈的幸福感，这种职业的成就感是其他职业无法比拟的。在经济飞速发展的今天，有人羡慕别人的大把钞票，有人羡慕别人的位高权重，可我要说教育是片净土。

教师的职业有苦也有乐，平凡中见伟大，只有爱岗敬业，教师才能积极面对自身的社会责任和社会义务，才能自觉、不断地完善自我，才能在教育活动中有所收获，才能成为一名幸福的教师。

还有人说过这样的一句话："教师不经意的一句话，可能会创造一个奇迹；教师不经意的一个眼神，也许会扼杀一个人才；教师习以为常的行为，对学生终身的发展也许产生不可估量的影响。"作为一名教师应该经常回顾自己以往的教育历程，反思一下：有哪些成功的教育教学经验，还有哪些在今后工作中需要改进的地方。更应反思一下：我造就了多少个遗憾，刺伤了多少颗童心。

最近这一两年我经常反思我的教育教学工作。要让学生从分数的奴隶变为学习的主人，要从以"教"为出发点转变为以学生的"学"为出发点，教为学服务，教不是统治学生学、代替学生学，而是启发学生学、引导学生学。课堂要成为学生学习的用武之地，成为学生在教师指导下获取知识、训练能力、发展智力以及思想情操受到良好熏陶的场所。教师应是教练员，不是运动员，要让学生运用感觉器官和思维器官去学习、去实践。以往的传统式管理——"严师出高徒""三句好话不如一马棒"已不适应，而要更新为"三句好话暖人心"的管理方式，与学生拉近距离。

记得有一次，一个学生上课分心了，我暗示了多次无效，当即就发火了，"王哲同学，你给我站起来！"谁知，他个性极强就是不起来，把老师的话置若罔闻。威信失灵了，怎么办？全班所有同学都看着我。我说："同学们，我给大家讲一个故事：一天，有人找到一位会移山大法的大师，请他当众表演一下，大师在山的对面坐了一会儿，就起身跑到山的另一面，然后说表演完毕。观众不理解，这算什么大师呀，都议论纷纷，大师说：'这世上根本就没有移山大法，唯一的方法就是：山不过来，我就过去。'现在王哲同学要不要老师也表演移山大法呀？"同学们都明白过来了，都笑了。王哲同学不好意思地低下头，慢慢站起来……一场矛盾就这样化解了。

教学中，也许我们不能控制某些局面，但我们应该可以控制自己的情绪。不问缘由，不顾结果的处理问题，往往会造成师生情绪上的对立。

留潜能生搞学习，真是难事。一天放学后，我把六个学生留在了办公室，原因是前天留下来默写文言文，他们居然逃跑了。我并没有指责，只是申明他们是男同学应该勇于承担错误，再说晚点回家也不怕。我让他们坐下来，允许他们分几次默写。半小时过去了，他们都在低着头念念有词，真是难得一见。后来陆续有人默写，一个半小时后他们大都完成了四分之三。一个同学工整的书写，我还表扬了他。"学习没有想象的那么难，只要完成每节课、每一小步，就能在学习上来一大步。"后来我把这件事写下来贴在了师生风采栏里，他们的学习态度大大改观了。看来，对学生的鼓励和帮助，也可以改变他们的学习态度。因此，更新观念、努力创新是我们每一位教师应具备的专业要素。

通过实践，我深刻领会到教育教学是一门艺术。只要我们心中充满阳光，把学生的行为都往好的方面想，同时把自己的想法跟学生和家长进行交流沟通，一定会达到好的教育效果的。这样的工作虽然投入大，但却是快乐的。

（培训机构：衡阳师范学院）

如何做一个优秀的班主任

长沙市七中　田湘军

　　2014年11月我参加了"国培"湖南省骨干班主任国培培训班，各位专家和一线名教师给我们做了深入浅出的讲座，让我收获良多。从班主任工作理念到方法和策略，从学生心理健康指导到教育法律和校园安全，各位专家从不同的角度全面诠释了该如何做一个优秀的班主任。

　　专家告诉我们：一个智慧的班主任首先应该是一个快乐的人，能站在学生的角度看问题，多了解学生，爱学生，让每一个学生都生活在希望之中，有自己的魅力，善用激励方式，为学生营造一个好的学习氛围等等。心理学家布鲁纳说："人的灵魂深处都有一个根深蒂固的需要，那就是希望感到自己是一个发现者、研究者和探索者。"听了他们的报告，看到了自己工作的不足，今后在工作中要讲究方法、注重策略。

一、班主任要做一个快乐的人

　　"班主任一定要做一个快乐的人。"这是全国优秀班主任钟竺在讲座上说的，我很喜欢这句话。作为班主任，要用自己满腔的爱去关心，去尊重每一个学生，耐心细致地去指导每个学生，学生才能养成良好的学习习惯，得到良好的教育。"育人先育心"，感人心者，莫先乎于情。教师要爱自己的职业，首先要有一颗爱心，有一颗爱学生的心。通过学习，使我明白作为一名教师，只要爱学生，就一定会创造出奇迹。一个感情贫乏、冷若冰霜的教师给学生的印象常是严肃、可畏而不可亲，学生难以产生敬仰之情，更不敢向其敞开心扉倾吐自己的衷肠，自然难以达到心理指导与教育目的。爱学生就要尊重学生，尊重意味着信任、理解、宽容和接纳，充分地重视和欣赏每一个学生，耐心地倾听他的意见，接纳他的感受，包容他的缺点，分享他的喜悦……一名好班主任、一名好教师，既是知识的塑像，更是爱的化身，只有接近学生，用爱去感召学生，才能教育好学生。因此，教师只有把爱的种子播撒在学生的心田，以学生的要求作为爱的起点，才能在学生的内心世界培养出爱的情感，并使之升华。

二、班主任应该提高自身素质

　　班主任的一言一行，对学生都会产生巨大的影响。所以，新时期的班主任必须不断完善自己。必须不断学习有关知识，在实践中总结经验，提高自身素质，才能严于律己，以身作则，在学生中树立一个实实在在的榜样。班主任应该具有其独特的魅力，成为教育战线上的魅力形象大使。经常听到：什么样的班主任就会带出什么样的班级。一个班级能否"活"起来,首先要看班主任是否做好了表率,"活"起来了没有。由于班主任的精神面貌对学生具有强烈的示范作用,因而要求班主任要乐观、活泼开朗、充满朝气。在学生面前要做到精神振作、情绪高昂、用语幽默、态度和蔼、风度从容、姿态洒脱。班主任"活"才能带动整个班"活"起来。我平时对学生要求严格,上自习保持安静,上课不迟到……下课后和学生们一起运动、聊天,和学生们拉近距离,彼此了解,让他们对我有好感,信任我。对有些学生要鼓励,有些学生要严格要求,有些学生要真诚关心……因为在潜移默化中班主任的思想行为已经深深影响着学生。新课程要求我们教师,尤其是班主任老师,更要塑造新的形象。为人师表为首位:班主任的德才学识、情感人格、言行举止等都会给学生留下深远的影响。

班主任的素质不是与生俱来的,而是在长期的教育实践中进行修养与锻炼形成的,我们可以通过各种途径来提高自己。首先,最重要的是以身作则。班主任要求学生做到的,自己首先要做到,以自己的模范行为带动学生、培养学生。其次,要努力学习。现在的学生视野开阔,思路敏捷,遇到问题总是穷追不舍,教师只用简单说教去教育学生,学生是不买账的,更何况现在提倡新的教育观,以德为先,以爱为本,以理服人,把自由与民主之风真正带入我们的班级,把尊重与关爱毫无保留地带给我们的学生。所谓"学高为师,身正为范",体现师德的魅力。班主任在管理班级时,或许一句温暖的话语就能鼓起孩子前进的风帆,或许一个善意的眼神就能指出孩子改进的方向,或许一种倾听的姿态就能获得孩子倾诉的渴望,或许一次轻柔的抚摸就能安慰孩子受挫的心灵。因此,要解决班主任所面临的困惑,跟上时代前进的步伐,班主任必须学习,树立自身形象,赢得学生的信任和尊敬。

三、班主任应善于激励学生

苏霍姆林斯基曾经说过:"教育艺术的顶峰——师生间心灵交往的和谐境界。"与学生交往,要讲究艺术,要学会倾听,与学生在一起活动,以倾听为前提,与学生的谈话更加有利于班主任工作的开展。听了讲座后,让我更深刻地认识到赏识教育对于班主任工作的重要,"数子一过,不如奖其一功。"

林格也曾说:"人的根本在心灵,教育应回归心灵的深处。"心理学研究也表明,每个人的心灵深处最渴望得到别人的肯定。所以我们要贯彻奖励为主,惩罚为辅的正面教育原则,如果一个班级受到表扬多,则这个班级学生思想品德、纪律、成绩就会越来越好,因为表扬使学生扬长避短,促使他们不断进步。相反,如果一个班级经常受到批评,便会失去信心,就会使他们自暴自弃,很难进步。因此,在教育学生中少批评、惩罚,多去发现学生的"闪光点",给予肯定和鼓励。另外,集体性的奖励要多应用，心理学研究表明：人们都希望自己能置身在一个优秀组织，并且希望成为这个组织的优秀分子。集体性奖励不但能够激发学生的集体荣誉感，强化学生的集体意识，而且能教育和影响每一位学生。有位教育家讲过："教育了集体，团结了集体，加强了集体以后，集体自身就能够成为很大的教育力量。"所以一个优秀的班集体就能激励学生，使他们不断争取一个又一个的成功。

学生最关心的是教师对他的看法，最大的愿望是得到教师的关心和爱护，尤其是面对问题学生时，如果能尽量发现他们的优点，然后真诚地去赞赏他们、鼓励他们，那么你会发现，学生个个都是那么可爱、那么优秀。教育学生首先要学会"生活上知足常乐，同学之间助人为乐，学习上自得其乐，身体健康快乐"，从而树立学生正确的人生观。

四、班主任应营造宽松和谐的班级文化

班级应该是有个性的，独特的。一个好的班级评判标准，不光在成绩的高低，名利的多少上，更应该是看在这个快乐成长的园地里，老师、学生是不是都感到幸福，快乐。作为班主任，担任着如何营造宽松和谐的班级氛围的任务。一个魅力班级的文化建设是重中之重。教会学生设计"家"，让班级拥有家的温馨。开展丰富多彩的班级活动，引导班级中的每个成员都来为这个大家庭出谋献策，培养班级主人翁意识。集集体的力量，科学管理班级，共同开创宽松和谐的魅力班级。

教师无法选择学生，但是我们可以选择教育方式。把平凡的事务转化为精彩，把烦恼的事情转化为快乐。除此而外，我们还要正确处理好与科任老师的关系，处理好与家长的关系。对学生的教育，单靠我们班主任是不够的，我们也要有团队精神。随着家长教育意识的提高，我们应该利用家长这个群体，让他们配合我们一起来培养教育学生。让家长、老师、学生明白：除了传道授业解惑外，重要的教会学生学会在社会中生存。"成人比成功更重要，成长比成绩更重要，付出比结果更重要。"

（培训机构：常德市第五中学）

第六章　前行之路

做好示范引领，促进教师专业发展

东安县教育局　陈满平

我有幸参加"国培计划（2016）"湖南省项目县教师培训团队置换脱产研修项目培训的学习，在此期间，我认真聆听了很多专家的精彩讲座，认真做好学习笔记，积极完成作业。专家们精湛的教艺、先进的理念和独特的设计给我留下了深刻的印象，我努力将专家经验和自身所学有机结合起来，提高自身的教研水平。

一、知识的"更新换代"非常必要

用发展的眼光，做科研型教师。作为教师，必须给自己定好位，在今后的工作中，必须走"学习—反思—实践—再反思"相结合的专业发展之路。在今后的教育教学实践中，静下心来采他山之石，纳百家之长，在教中学，在教中研，不断学习，不断实践，不断反思，不断提升，在教和研中走出自己的一路风采，求得师生的共同发展，求得教学质量的稳步提高。除了听讲座外，国培也给我一个和大家交流的平台，我们可以在里面互相讨论，提出问题，发表意见，分享我们学员的喜、怒、哀、乐。

二、要有务实精神

根据新一轮基础教育改革的要求，努力降低研究重心、积极转变教研职能，并在指导研究服务的过程中促进教师的专业成长，是当前教研员必须承担的重要职责。那么，教学实践中教研员可以从哪些方面做好示范引领，从而促进教师专业发展呢？

1. 授课引领

按照新的课程理论和学科课程标准，认真上好每一节课，为教师提供可资借鉴的范例，而非"作秀"。

2. 评课引领

根据课标要求，借助个人的教育智慧，反思教师的教学行为及其背后的支撑理念，提出问题的核心所在，并提供适合于当时教学场景的可供选择的行为方式。在评课活动中，力求通过与教师对课堂教学问题的探讨，使授课教师得到既知道如何直接改进自己的教学行为，又学会如何反思自己教学行为的双重收获。

3. 论文引领

一个作家同时也是一个思想家，一个教研员同时也应该是一个思想者，因为思想是写作的眼睛，思想是文章的灵魂。教研员要善于在思考中总结课程改革过程中的利弊和得失，并提升到一定的理论高度，写作文章，表达思想，传播经验，提供范例。

4. 课题引领

善于将课改中的问题提炼为研究课题，进行专项改革研究，以解决校本教研中的困惑。

5. 命题引领

能根据课标要求，结合校本实际，命制出高水准的试题。一个教研员，只有当他不断地从奉献型教师向创造型教师转变，从操作型教师向研究型教师转变，从单向型教师向互动型教师转变，从被动型的教师向主动型教师转变，从事务型教师向事理型教师转变，从事理型教师向智理型教师转变，他在校本教研上才会具有生命力、亲和力、感召力和影响力。

教研员要实现对教师的示范引领，从而促进教师专业发展，教研员应从"五力"发展自己：

（1）学习力。教研员应当成为学习的先行者。教研员加强文本学习和向同行学习，促进自我完善，获取专业发展"内源性"学习力。

（2）研究力。研究是教研员的立业之本。教研员应应结合日常工作、教育现实，发现问题并开展研究，形成基于实践的"应用性"研究力。

（3）指导力。指导是教研员的基本职责。教研员应根据不同教师的水平差异、不同问题的严重程度给予不同的指导，形成专业引领"差异性"的指导力。

（4）示范力。示范是教研员对教师专业引领的有效方法，也是展示教研员专业素养的有效途径。教研员应通过"亲临课堂执教—课堂示范""主讲课堂教学—讲座示范""提炼课堂研究—成果示范"等活动，形成教研员"形象性"示范力。

（5）创新力。创新教研工作机制、提升教研实效、有效落实专业引领是时代的要求。教研员必须结合时代要求，积极开展教学研究，探索教研工作新机制和教研工作新方式，从而提升自身"研发性"的创新力。

（培训机构：衡阳师范学院）

未来的老师应该怎样

长沙县实验中学　马如龙

2014 年有幸被湖南省教育厅选拔参加湖南省高中教师高端研修班的学习，两年多来，我常常思考一个问题：未来的老师到底应该是什么样的？

一、具有全新教育理念并与时俱进的弄潮者

一要形成新的教师观。教师不仅是知识的传授者和学生的管理者，更是学生学习的组织者、促进者和引导者。老师不应像蜡烛在照亮别人的时候毁灭着自己，而应在照亮别人的同时也温暖着自己；老师也不应做春蚕，只是一味地吐丝直到生命终止，而是可以在教学中不断地补充能量和吸收营养。今天，应该强调教师的劳动不只是一种付出和奉献，强调教师的劳动过程是与学生共同成长与发展、共同体验成功的喜悦、共同实现自身生命价值的过程。

二要树立新的学生观。首先应该将学生当人看，将学生当成有血有肉，有人格尊严，有独立个性和生命价值的人。传统教育在某种程度上是不把学生当人看的。学生不是知识的被动接受者，而是学习的主动参与者，学生并不是因为无知而求学，而是为了自身的发展而学习。学生不是小偷，不是老师严密监控和管制的对象，他们拥有自由表现的个性，拥有发挥个人特长的权利。在学校，在教学过程当中，学生具有同老师完全平等的地位。

三要确立新的教学观。从建构主义的角度看，教学过程应是教师和学生对知识的意义进行合作性建构的过程，通过情境、协作、会话和意义建构来完成我们的教学任务。也就是说，教学在本质上不是老师教，学生学，而是一种有组织的集体学习活动，老师和学生都应该而且都能够在这一学习活动中获得知识，得到提高。我们的教学首先应该关注的是学生理解知识并获取知识的过程，而不是知识的本身，我们应通过这一过程帮助学生形成理解并获取知识的能力。如此就不难理解陶行知为教学所下的定义：教学＝教学生学会学。

二、会读书善学习的逐日者

最是书香能致远。深厚广博的知识结构是教师必备的职业基础。一个教师教育信息闭塞、知识贫瘠、孤陋寡闻，是教不好书的。当你能在课堂上引经据典，并信手拈来时，你能想象得到你的学生看你时是一种什么样的眼神。陶行知先生说过："惟其学而不厌，才能诲人不倦；如果天天卖旧货，索然无味，要想老师生活不感疲倦是很困难的。"这里精辟地说明了教师不断学习的重要性，职业倦怠是因为不读书而缺乏创新。因此教师只有不断学习才能更新自己，开阔视野，形成

新的知识结构；只有不断学习，才能不拘一家，博采众长，有所创新。优秀教师之所以能获得教学上的成功，都是与他们对业务努力钻研、精益求精分不开的。

苏霍姆林斯基在《给教师的建议》一书中，十分强调教师的读书学习，他指出，教师的教育素养主要取决于教师的读书，他提倡教师"要把读书当做第一精神需要，当做饥饿者的食物"。要成为一名好教师，就要有读书的兴趣，要喜欢博览群书，要能在书本面前坐下来，深入思考。读书常让我们感叹"原来课还可以这样上"，因此可以提高我们的创新能力；读书能让我们进一步学会思考，能提高我们的反思能力。

三、具有理性思维的思考者

当下有许多观点虽新颖、甚至惊奇，但细细想来总觉得不免极端。如全盘否定中国传统教育。为了论证课程改革和教育改革的必要性，说中国传统教育是"不把小孩弄残废不罢休"的教育、是"没有人性"的教育，甚至以"李约瑟难题"和"钱学森之问"来诘难教育之过。言必称美国教育如何具有人性、如何注意学生的个性发展，并用美国得到多少诺贝尔奖作为佐证。我想问的是中国辉煌灿烂的五千年文明、当今经济的飞速发展都与教育没有丁点关系？"李约瑟难题"和"钱学森之问"的原因仅仅在教育或主要在教育吗？教育有问题，需要改革。但改革不是在否定的基础上重建，而是在原有基础上的完善。

教师是未来人才的塑造者，肩负着播种社会主义精神文明、净化社会风气的神圣责任。不仅向学生传播知识，更重要的是教导学生怎样做人，引导学生学会用理性思维明辨是非。如果我们教师自己对是非模糊不清，并在课内外随意散布一些极端观念，历史老师如果无数次重复"中国的政治制度缺乏民主，不如美国的三权分立好"时，学生很难理智地辨别，并且很容易接受教师的观点，因此培养出来的就可能多是未来的"愤青"。因此教师要以自己良好的职业人格、高尚的情操、理性的思维，影响和造就学生的美好心灵和理性思维。

四、善于调动学生的引导者

古人曾说："善思则得，善诱则通，诱思交融，百炼成钢。"在这个论断中，"诱"体现教师的主导作用，"思"则体现学生的主体作用，"诱"是外因，"思"是内因，只有把"诱"调谐到"思"的频率上，才能使教与学和谐一致，实现教学的终极目标。

教师引导下的课堂互动能较好地培养学生的自主学习能力。德国教育家第斯多惠指出："不好的教师奉送真理，好的教师教学生发现真理。"随着教学改革的深入，广大教师开始认识到：教学中的任何活动，教师所作的任何努力，根本上都是为了使学生具有主动、自主学习的能力。把学习的主动权交给了学生，让学生成为课堂这个舞台的主角，让学生有充足的时间思考、质疑和交流，在引导学生善思、会思，努力提高学生的自主学习能力的同时，培养学生学会发现、学会探究、学会创新。

教师引导下的课堂互动能增强学生的质疑精神。要让学生问起来，教师就要保护和发展学生的"问题意识"，注重培养学生的批判意识和怀疑意识，鼓励学生对书本的质疑和对教师的超越，从而引导学生通过自己主动而具有创造性的思考，对所学的知识质疑，提出有价值的问题。让孩子学会提问题、知道怎么问，这才是学习的重要目的。

学生既然是课堂的主角，我们就应鼓励学生积极发言、积极参加讨论，在合作、交流中提升自己各方面的能力。通过讨论、交流互相补充思想；可以使学生相互启发，从而使模糊的认识变得明晰、散乱的知识变得系统、零星的感悟变得完整。这就是合作学习的成果，在此能让学生体会到成功的快乐，从而进一步强化学生交流、讨论这种合作学习的兴趣。

（培训机构：华南师范大学）

重新定位，争做一名阳光的幸福教师

株洲县南阳桥乡南岸中心小学　许桑

2014 年 7 月，我有幸成为了湖南第一师范学院的一名学员。在这段时间，我们聆听了教育专家的报告，听了很多不同风格的老师讲课，每一天都能感受到心灵的收获。通过这次培训，我重新审视了自己的"教师"角色，也重新给自己做了定位。

叶圣陶先生说："看书、读书是每个人一辈子的事情。"特级教师窦桂梅说："读书是最高档的营养品，最名牌的抗衰老剂。读书不能改变人的物象，但可以改变人生的气象。"作为一名教师，以我的切身体会而言，一个知识面不广的教师，很难真正给学生以人格上的感召力。如果教师一问三不知，学生会非常失望。因此，教师应成为博览群书的饱学之士。古今中外、天文地理等各类知识都应有所涉猎。这样，在课堂上才能游刃有余，讲起课来才能妙趣横生、谈吐不凡。唐良平教授指出：一个教师善于学习就会找到自己教学中的差距，不学习看到的就只能都是学生的问题。因此，在工作之余，我们可以读古今中外著名的教育文献，读报刊和杂志，了解教育教学改革的趋势和热点，我们还可以向有经验的教师学习。利用网络，我们可以下载专家、名师的课堂教学实录，学习先进的教学方法。只有通过不断地读书学习给自己"充电"，自己的教学思想才能不断更新，才能与时代同步。

唐良平教授还给我们一起分享了他的成长历程。其中让我深深记住的是：做幸福的教师，幸福地做教师。

每天面对如山的工作、调皮的孩子，我们常常会感到很疲乏，但我们若以欣赏的眼光来工作，以宽容的心来工作，以感恩的心来工作，我们就可以感受其中的快乐与幸福。有了爱才有责任，有了爱才有了激情，有了爱才有了一切。"衣带渐宽终不悔，为伊消得人憔悴。"我们快乐着孩子们的快乐，幸福着孩子们的幸福！作为一名教师，我感到幸福、快乐！

这次学习，犹如拨云见日，让我豁然开朗。我会把培训所得运用到今后的实际教学中去，注重专业知识的学习，更要提高专业技能在教学中的综合运用水平，力争做一位智慧型、专家型教师，做一名充满阳光的、幸福的人民教师。

（培训机构：湖南第一师范学院）

享受教育的幸福

粟惠

金秋九月，期盼已久的"乡村小学校本研修"高研修班于 9 月 11 日在美丽的常德拉开了序幕。回首刚刚走过的几天时间，我们是忙碌的，是辛苦的，但也是快乐的，是充实的。

这几天，我们聆听了许多专家的精彩讲座。在佩服专家博学深思、执著追求精神的同时，我更关注讲座的内容，更注重自我的反思，更关注自身素养的提高，更关注如何带领团队不断前行。我一直在思考这些问题。现结合这几天的学习，分享我的几点感悟：

一、不断进步以不断学习为前提

在知识经济时代，教师仅仅能恪守职责，有崇高的事业心是不够的，时代呼唤具有更多专业特长的专家型的优秀教师。教师职业的专业化是社会进步的必然要求，是教育发展的方向。教师要以合理的知识结构为基础，具有专门的教育教学实践能力，并能有效地、创造性地解决教育教学领域中的问题。教师的专业成长过程就是教师素质的提高过程。没有教师的专业发展，教师的历史使命就无法完成，就像周展鹏教授所说的"眼界决定境界，视角决定棱角"，我们只有不断地学习，才能扩大自己的眼界和视角，才能接近我们理想的目标。

二、从教学研究中找到职业的幸福

"教师即研究者"是国际教师专业发展的重要理念。教师专业水平的提高主要依赖于教育实践与科研。苏霍姆林斯基就曾说过这样一句话："如果你让教师的劳动能够给教师带来乐趣，使天天上课不至于变成一种单调乏味的义务，那么，你就应该引导每一位教师走到从事科学研究的这条幸福之路上来。"这是对教师参与教育科研必要性的最好概括。教学即研究，一旦教师树立了这样的理念，那么他的一切教学活动都是在研究中发生，在研究中开展，在研究中落实，在研究中高效。

如何培养教师的研究意识和研究能力，长沙市开福区教育科研培训中心谭兴茂老师是这样概括的："问题就是课题，现象就是对象，教学就是研究，效果就是成果。"我想，我们只有带着问题进行研究，用研究的力量来解决我们自己遇到的各种教育教学问题，我们的教学专业水平才能提高。这个过程可能是辛苦的，但结局会是幸福的。

三、加强创新培训的方法，促进团队的成长

在周展鹏教授"校本培训管理者13项修炼"讲座中讲到了作为一个培训指导老师，要秉承着这样一个理念：让每一位老师都享受培训的福利，并让福利的效益最大化。

之前的许多培训，老师们都是应付了事，更不用说是享受。今天周展鹏教授的讲座让我们明白，要成为一名受欢迎的培训师，其中有一项修炼就是：关注并掌握新技术。周教授就在他的培训课堂上用了一种新的方法——"主题世界咖啡"。这种方法让全体学员体验到了培训不只是坐在那里听听，而是积极主动地参与并享受这份属于自己的幸福福利。

几天的幸福即将结束，我们将带着满满的收获回到自己的工作岗位。我们坚信，教育不是牺牲，而是享受；教育不是重复，而是创造；教育不是谋生的手段，而是生活本身。

（培训机构：湖南文理学院）

在享受中学习，在学习中反思

安化县东坪中学　卢晓晖

夏花灿烂的时节，伴随着窗外的酷热，我有幸来到麓山脚下、湘江之畔，参与湖南师范大学"国培计划（2015）初中历史置换脱产班"学习。通过学习，我对新课程改革的理念有了更深刻的认识，明确了历史文化底蕴、提高专业素养的重要性。现总结如下：

一、做一个阅读着的教师——生命因"读"而充盈

本次培训，聆听了余柏青教授的《义务教育初中历史课程标准解读（2011 版）》，钟声教授的"重建中国近代史的教学"，周宏伟教授的"初中历史教学中的地理问题"，刘大明院长的"世界历史专题与学科前沿讲座"，邓进平主任的"让历史课堂具有'历史'味"，张晶萍教授的"中学历史教科书中人物评价研究"，朱发建教授的"中学历史课程中的'史料教学'"……这些历史专业性很强的培训内容一次次震荡着我的心灵。所有专家的讲座，都体现一个"真"。作为历史研究或是历史教学，一定要尽可能追求和逼近历史的真实。真实是历史教学的生命。中学历史教学必须以现代唯物史观为指导，尽可能地搜集史料，复原史实。然而，教育有很强的选择性和导向性，应选择主流社会的主流价值观并引领孩子看到社会光明的一面。如果没有对历史知识的深入研究、融会贯通，何以培养学生的历史思维与历史素养？如果没有对教材的反复钻研，如何能在历史课堂中游刃有余？所以，我感到了要加快学习的紧迫感。今后，我一定广泛涉猎，加强阅读，培养自己的史料意识，并作用于历史教学中。让自己做一个阅读着的老师，让生命因"读"而充盈。

二、做一个实践着的教师——教学因"做"而鲜活

本次研修，余柏青教授安排了不少课例研修，来自省城各个名校的优秀历史教师上了近十堂研讨课，我们在三位教研员学员的带领下认真并展了集体研讨、交流分享。这种接地气的培训让我们受益匪浅，同行中的交流更让我们觉得相见恨晚。虽从事历史教学近 16 年，但我深知自己没有更好地了解现在教育的现状和教师成长方面的情况，就像井底之蛙，对所从事的教育教学工作缺乏全面的了解。本次培训，让我对初中历史学科教学有了深入的理解与思考。通过参与学习、反思体会，我准确地领会了课标精神，把握了历史学科的主要教学内容及教学的重难点，认识并掌握了教学的一些新方法、新手段。通过本次培训学习，我学会了变换角度审视自己的教育教学工作，在新理念的引领下，不断反思、调整我的教

育观。正是这种换位思考，让我学会了信任学生，并不断地感受到信任带来的惊喜和力量。今后要努力把学习的理论知识转化为实践动能，使之有效地指导平时的历史教学工作。用新的练习设计理念指导我的教学，在不断总结的基础上重新发现。在今后的教学中，我一定认真实践，每堂课精心设计，让自己笑着出课堂，能教出让学生几年后有能回味的"经典课"。我相信，潜心钻研，认真实践，教学就会因"做"而鲜活。

三、做一个研究着的教师——人生因"思"而精彩

专家老师精彩的讲座，让我对新课程有了更高更新的认识。各位专家的亲身体验，国内外教育理念，让我犹如呼吸到的清新空气。我深深体会到教师要快速成长，必须做好自己的个人规划，不断反思总结提升，不断吸纳别人的优点，只有研究才能促使自己从教书匠转化为能师，甚至是名师。学习结束后，我要努力进行课题研究，深入思考，提升能力。争取做一个研究着的教师，让人生因"思"而精彩。

特别欣赏本班学员肖红的一句话："我想做一只小小的盆，在研修的道路上，不断把专家的真知灼见，优秀教师的精品文字，不同地域之间的先进理念，融进教育的大桶，在传递和教育的过程中得到一丝灵魂的洗礼和升华！"以此共勉。

（培训单位：湖南师范大学）

迎接学校发展新春天

桂阳县士杰学校　农晖

我有幸于 2016 年 6 月 12—23 日参加"国培计划"郴州市乡村小学骨干校长研修班培训。为期 12 天紧张而又充实的学习、交流，让我心目澄明，受益匪浅。

一、理论培训，更新自身理念

西南大学教育学部教育研究院副院长艾兴的"学校整体发展策略"专题讲座告诉我们：振兴教育，希望在教师，关键在校长。当好"师者之师"，重要的是不断加强自身学习，不断加强自身锻炼，在实践中提高，在改革中发展完善，促进学校整体发展。艾院长的一席话让我进一步明确了现代教育的使命、一流学校建设的途径与策略，更增强我内心学习和借鉴先进学校管理经验和理念的强烈欲望，颇有一种"与君一席话，胜读十年书"的感觉。

二、实地学习，感受先进理念

此次培训让我犹感荣幸的是，能够深入一线乡村学校，实地考察，倾心交流，让我心中久存的困惑得到释然。一是教研特色。他们以课题为先导实施"科研兴校"，深化课改实验，促进教师专业成长，提高课堂教学质量，所到学校的听课、评课活动不是学校的强制引领下圆圈式开展，而是组内教师自觉地进行的一项常态工作，他们在这里辛苦着却幸福着。二是育人特色。这些学校积极培养学生健全人格，打造符合自身特点、适应学生发展的教育模式，让学校既有一种家的感觉，又有一种情的氛围。

三、静心反思，感悟先进理念

通过聆听专家讲座，体会其蕴含的智慧，可谓感受颇深，收获颇多。一是学校的引领者。校长对学校工作的领导首先应是教育思想的领导，其次才是行政的领导。为此，在今后工作中我将通过广泛深入的阅读、从实践中总结提升、与同伴的研讨和交流等途径不断提升个人的教育洞察力，丰富和深化自己的教育思想。二是幸福的缔造者。作为校长，让自己的老师快乐地工作，让学生快乐地学习，不仅仅要从生活上给予关心，从条件上给予满足，更重要的是要从师生的心灵上给予熏陶。使学校管理者、教师、学生各归其位，各尽所能，获得成就感和幸福感，共同构建一个温馨和睦的大家庭。

四、潜心思考，借鉴先进理念

在这短短的 12 天培训学习中，我开始思索士杰学校特色发展之路，重新思考如何引领自己的团队办人民满意的教育。

1. 坚持不懈，走内涵发展之路

一个学校的办学特色或者说是品牌不是一天两天、一个月两个月，也不是一年两年就能形成的，而是在传承的基础上不断创新，经过岁月的不断积淀，才能形成。我校是以桂阳县历史上的一位文化名人——陈士杰而命名，具有深厚的文化底蕴，自 2008 年由民办转为公办学校以来，沿着"一年保稳定，三年上台阶，五年创品牌，十年铸辉煌"的目标坚实迈进，学校特色也渐成体系，但还需继续深化、细化，在传承历史文化底蕴的基础上，拓展空间，创新方法。

2. 立足课堂，走高效课堂之路

课堂是教育教学的主阵地，也是检测教师教学效果的主渠道。利用集体智慧，加强对课堂的监控并加以诊断，既能提高课堂的有效性，又能帮助老师不断提高专业素养，让他们得以可持续发展。日积月累，就可打造出一支高素质的教师队伍，为学校的可持续发展打下坚实的基础。我校的课堂教学管理体系日趋完善，着力打造"三高两少"的快乐高效课堂，积极践行"生本教育"，但许多老师还存在"穿新鞋，走老路"的现象，因此还需让老师们大胆实践，合理考核教师绩效，提高教师积极性。

3. "三园育人"，走特色教育之路

让所有学生的个性都得到张扬，让每一个学生都得到和谐发展，让学生"快乐生活、快乐学习、幸福成长"是我校工作的指针，也是最终的归宿点。我校以人为本，挖掘资源，走点、线、面多位一体的特色文化之路和德育之路，开展了语文节、数学节、体育节、书法节，整体特色推进"三园育人"模式。

总之，通过这次培训学习，我更明晰了学校发展方向，继续踏着"感恩之春、艺术之夏、科技之秋、运动之冬"四季旋律，创新过节形式，拓展过节内容，让课堂焕发生命活力，让班级洋溢成长气息，让学校成为人文家园，打造真正的教育的童话世界！

（培训机构：湘南学院　西南大学）

让师生都幸福

沅陵县官庄镇黄壤坪九校　周金波

很有幸，2016 年 11 月 7 日至 11 日参加了"国培计划"（2016）怀化市沅陵县乡村校长培训班，来到了伟人毛主席曾经学习和工作过的学校（湖南第一师范学院）。在东方红校区，感受到了王建平教授等学院领导对此次培训的重视，班主任徐老师对班级管理的辛勤付出，更有小谭老师的跟踪服务，一切的一切，让我感到实在、轻松。五天时间里，我们听了专家的讲座，参观了湖南一师二附小和湖南师大附中梅溪湖中学，一路走来，感受颇多。

我想重点谈谈 11 月 10 日下午听了梅溪湖中学彭荣宏校长的讲座后的一些触动。这所学校办学刚刚两年，可学校的迅速发展让人吃惊，彭校长的"做一位让师生幸福的校长"的精彩演讲，引起了我的共鸣，让我思绪万千。

一、作为校长，一定要明确的办学理念

一所学校，如果没有办学思想、理念和目标，犹如大海中迷失方向的轮船，不知要去向何方。因此，作为校长，要找准学校办学的思想，学校朝着哪个方向走，教师如何成长，学生怎么学习，都要清清楚楚、明明白白。

二、作为校长，不要把自己太当回事

校长就是班干部，就是服务者。一定要服务于教师，服务于学生，尽量为他们排忧解难。更不要把老师不当回事，这样的话，你会失去真正的帮手和朋友。学校是大家的学校，只有形成一个团队才能使其正常运转甚至快速发展。彭校长说，曾经在冬天半夜爬起来解决教师临时就医的问题，曾经为了教师子女读书的问题多方咨询，求这求那，这是为了什么？不为别的，就为了老师能安心工作，开心工作，在学校感到幸福。教师很容易满足，有困难校长亲自过问并妥善解决，教师心中感动，他会加倍还给你。所以，校长不要怕付出，特别是在对待教师的个人生活上碰到的棘手事，要帮助，要解决。校长只要把教师当家人，就一定会把每一位教师放在心上，就知道该怎么去关心教师、爱护教师，教师的幸福感就不会低。

三、着眼未来，坚持素质教育，做学生全面发展的奠基人

看学校，关键看师资，一流的师资才能培养一流的人才。学生的学习离不开教师的培养，同样也离不开学校德育的建设，学生在校学习很累，有压力。怎么减压，让学生在学习的时候也感到幸福，这是每个校长应该思考的。梅溪湖中学学生一

天有快乐八部曲：晨跑—早读—课前演讲—课间操—音乐教唱新—新闻收视—晚读—回寝。七年级暑假有"十个一"实践活动，学校有体育节、艺术节、科技节、社团节，学生能亲自体验军营生活、农村生活、企业生活，还可以进行社区服务、志愿者服务等，这些活动都是实实在在让学生参与其中，学生能不感到幸福？学生在校学习感到很幸福，他能不努力学习？

四、校长是主业，不是副业，应该专业化

管好一所学校比教好一个班更重要。作为校长，若业务上不能超越教师，则在管理上务必幸福教师。学校最大的财富是教师，校长一定要把教师看得最重！教育的竞争关键是人才的竞争，而学校的竞争关键是师资的竞争，留住了一流的师资，才能占领教育的高地！教师怎么留，推行教师软福利：全面的关心、充分的肯定、自由的时间、学习的机会、成长的平台、贴心的服务。还有"十多十少"的准则：官本意识少一点，亲民为民多一点；违规行为少一点，理性办学多一点；批评别人少一点，换位思考多一点；主观臆断少一点，科学决策多一点；不良嗜好少一点，真情付出多一点；开会次数少一点，新话实招多一点；走马观花少一点，深入课堂多一点；行政训话少一点，个别交心多一点；工作压力少一点，学习培训多一点；加班加点少一点，放假休息多一点。是啊，如果校长在这些问题上多这样理性思考并付诸行动，我想教师的幸福指数会加倍上升。

讲了这么多，一个感受就是管理其实就是把复杂的问题简单化，混乱的事情规范化，就是要让师生更幸福。这样，教师能安心工作，心情舒畅，学生能安心学习，自由翱翔。还是用彭校长的话结束吧：心在哪里，风景就在哪里；风景在哪里，心就应该在哪里。学生和老师才是我们心中最美的风景！

（培训机构：湖南第一师范学院）

打造边远山区校本的课程体系

桂东县一中　郭杰雄

　　2015 年 10 月，我有幸与 80 多位同仁一起参加了由湖南师范大学承办的湖南省第 16 期高中校长高级研修班。通过集中听课，网上学习以及到影子学校学习考察，我对普通高中办学的理论和实践有了新的认识，对当前办学的一些问题进行了审视，特别是对我们这样的山区边远地区学校的课程建设问题进行了认真思考。他山之石，可以攻玉。根据兄弟学校的经验，我们进行了依托本地资源进行校本课程建设的探究，力争做到"升学率与综合素质并重""课本知识与实践能力并重""国家规定课程与校本课程并重"。

　　桂东县委、县政府提出"全景桂东、全域旅游、全民幸福"的发展思路。据此，我们加强了"符合山区特点的校本课程体系"的研究，加大了校本课程实施的推进力度。下面我就学校将综合实践课程和通用技术课程整合设置的几门选修课程简要介绍。

一、茶叶种植、制作和茶艺课程

课程依据：《通用技术》"现代农业技术"章节

本地资源：桂东玲珑茶品牌

　　桂东地处湖南的东南隅，位于罗霄山脉中段南端。境内山岭绵亘，千姿百态，溪流众多，遍及全县。气候温和，属中亚热带季风湿润气候区。历年平均相对湿度为 82%，经常夜雨日晴，终年云雾缭绕。土壤为沙质壤土，结构疏松，深厚肥沃。特别适合茶叶种植。玲珑茶的种植已有 300 多年的历史，1980 年入选为湖南省优质名茶。大的奖项有：1988 年，获首届中国食品博览会奖牌；1991 年，获首届中国食品工业十年新成就展示会优秀新产品奖；1994 年，荣获第五届亚太国际贸易博览会金奖；2005 年，荣获第 12 届上海国际茶文化节中国名茶评比金奖；2008 年，荣获第三届中国（长沙）国际食品博览会金奖；2009 年，荣获第十届中国（湖南）国际农博会金奖。2012 年，玲珑茶成功创建为"国家地理标志产品"。现在，县里在清泉镇建造了十万亩茶叶观光园。

　　玲珑茶制作有选芽摊放、杀青、清风、揉捻、初干、整形提毫、摊凉回潮、足火八道工序。在产地桥头乡建起了现代化生产流水线。

　　这样丰富的资源，既为县域旅游提供了平台，也非常有利于学校茶叶种植、制作和茶艺课程的设置，适用于通用技术课程和综合实践课程。

二、服装设计与缝纫课程

课程依据:《通用技术》中"服装及其设计"章节

本地资源:"奇奇服装厂""湘宇纺织厂"等

随着劳动密集型产业转移到内地,本地原在外打拼的老板回乡创业,桂东近年来建起了大大小小多个服装厂,规模较大的有"奇奇服装厂""湘宇纺织厂"等。学校开设这些课程,可到这些服装厂聘请兼职指导教师,还可前往工厂实践。

三、汽车驾驶及其保养课程

课程依据:《通用技术》中"汽车驾驶及其保养"章节

本地资源:驾校、汽车修配厂

随着汽车进入寻常百姓家,桂东这个小县也有了本地驾校,且老板的小孩是桂东一中学生。县城周围有几十家汽车修配厂。我们完全可以利用这些资源,设置汽车驾驶及其保养课程。

四、机器人制作课程

课程依据:《通用技术》中"简易机器人制作"章节

桂东地处偏远山区,没有科研院所可帮助,似乎机器人制作无法实行,但因为我们有两个因素,促使我校机器人制作起步较早。一是校友,教育部原副部长周远清同志,他原在清华大学时的研究方向就是机器人,对学生有无形的影响;二是学校有一位爱好机器人制作的老师。所以,2009年以来,桂东县参加湖南省中小学机器人竞赛获金奖(一等奖)共34项,银奖(二等奖)共30项,铜奖(三等奖)共56项;获省级优秀组织奖一次。相当部分是我校学生或后来成为了我校学生。有学生因机器人作品获奖而被大学破格录取。我校郭羽飞老师为省级培训机器人制作教练,三次获省级优秀教练员奖。

五、陶艺制作课程

本地资源:桂东普乐土陶瓷烧制技艺

据史料记载,桂东普乐土陶瓷工艺起源于明代初期,属历代民间作坊,代代传承,其制作工艺古老,样式独特,是桂东人民千百年来劳动和智慧的结晶,是陶瓷制作工艺中一朵绚丽的奇葩。不同于其他瓷器,因当地泥质细腻,不用在原料中添加任何化学原料,以黏土等无机非金属矿物为原料制成人工工业产品,经混炼,成形,煅烧而制成的各种制品。因泥质、选料制作工艺独特,经济实用,且属于无污染绿色制品,具有非凡的社会价值和实用价值,备受世人瞩目,广为民众所爱。已经申请非物质文化遗产保护，已成为县域旅游的一个重要项目。

　　尽管《通用技术》中无此内容章节，但有这么好的资源，我们应该充分利用，把陶艺制作设置为综合实践选修课程。

　　此外，"建筑及其设计"等《通用技术》中有要求的章节，我们更可以找到相关资源，开设相关课程。

　　"路漫漫其修远兮，吾将上下而求索"。立足山区实际，结合本地资源特点，进行高中校本系列选修课程的探索和实践我们刚刚起步，但相信，有新的教育理念的指导，有一中人的努力，我们一定能走得很远，走出自己的特色之路。

（培训机构：湖南师范大学）

为每个学生提供适合的教育

芷江三中 钟敬东

我校于 2012 年 12 月被确立为"怀化市课改样板校"。几年来，我们一直努力践行"为每个学生提供合适的教育，让每个学生得到应有的发展"这一办学理念。但成效不大，心中的疑惑较多，存在的问题不少，遇到困难和挫折层出不穷。在徘徊之时，我有幸参加了湖南省课改样本校校长培训班的学习。这几天通过听领导和专家讲座，现场观摩和感悟，我找到了差距，明确了方向，找到了我校课改存在的问题，清晰了改进的途径。

一、找到了思想认识上的差距

我担任校长已二十年，回顾这二十年，能用心管理好每一所学校，但与全心全意从事教育事业，把教育当成一辈子的事业来做仍有很大差距。首先，我深感自己仍然缺乏教育管理和教学业务理论层面上的支撑，由于平时不能静下心来学习有关教育管理和教育教学方面的理论知识，不能用理论来武装自己的头脑，导致在平时的管理中带有较大的随意性，有时往往凭经验办事。管理缺乏规范化、制度化、系统化、科学化。其次，由于以往我县教育管理体制等各方面的原因，以往作为校长的我把更多的精力放在协调各部门的关系、教师福利待遇、学校常规管理等事务方面，没有静下心来思考学校的办学理念和方向，没有把全部精力投入到课堂。而课堂是教学的主要阵地，提高教育教学质量的关键在于提高课堂效率。因此，我觉得自己仍停留在事务型的校长层面，没有使自己提升到学术型、专家型校长这一高度。最后，对课改的态度没有真正从国家的意志、学生的发展等深层次去思考，仍是抱着应付检查、观望的态度。导致课改不扎实，不能常态化。有检查、有验收、有评比时进行临时突击，有兄弟学校来参观学习时临时准备。

二、明确了我校课改的方向

两年前我校明确提出了"为每个学生提供合适的教育，让每个学生得到应有的发展"这一办学理念。但近年来，由于过多地片面考虑学校的生存和发展，考虑学校在家长心目中的地位和社会影响力，仍在追求升学率、统考排名上下工夫。没有真正落实"让每个学生得到应有的发展"这一办学理念。学校领导、教师把更多的目光盯在了能考上高中这一部分学生身上，而忽视了大多数的学生。从全县范围上来讲，我们每一届初中生近 4000 人，而升入一中的只有 1000 人左右，升入二本以上学校的也只有 400 余人。我们的目光只盯在这 10% 左右的学生身上，忽视了近 90% 的学生的发展。就我校而言，每届毕业生 500 人左右，而升入一中的学生也只有 50% 多一点，我们的教师、我们的课堂几乎放弃了近一半学生的发展，更何况升入高中的学生综合能力并非都很强。因此，我们必须得面向全体学生，我们的课堂非改不可了。

三、找准了我校课改存在的问题

我校近几年已开展了各学科组、备课组进行集体备课，编制了导学案、确立了"学案引领、六步教学法"的课堂教学模式，并已实施了近三年。全校 30 个班均已建立了学习小组，年级组、学校均已建立了对学习小组的评价机制，并对小组长课代表进行了培训，课改工作基本形成常态化。但是，通过近段我校课改督查小组对 72 名教师的课堂进行督查时，发现还存在一系列问题。具体表现在：

1. 我校"学案引领六步教学法"的课堂教学模式还未被全体教师灵活领会、运用。从督查结果来看，72 名教师中，真正能脱离模式的仅 8 人，占 12%；能娴熟运用的仅 36 人，占 50%；能基本运用模式的 12 人，占 15%；简单套用的有 8 人，占 12%；停留在满堂灌的还有 8 人，占 12%。我校"学案引领六步教学法"的核心就是"先学、合作、交流、展示、总结、反馈。"真正能融会贯通、灵活运用的教师还不够，还得加大培训力度。

2. 导学案基本能在课堂上得到运用。但备课组在编制导学案时仍有不考虑学情，不考虑学科特点的现象。同年级、同学科的教师欠缺研讨，能进行二次备课的教师不多。

3. 课堂上能灵活运用各种形式的评价手段来激励、调动学生的教师不多，评价带有很强的随意性。各班、各年级、学校对小组的评价体系还有待完善。

4. 学生的自主管理有待加强，学生良好的习惯养成有待提高。

四、清晰了我校今后课改改进思路

1. 立足课堂，打造我校课改模式特色课堂

我校课改督查小组继续督查并参与课改，深入课堂，把本校的课改工作抓实抓好。督查小组每月进行推门听课，深入课堂，督促教师积极主动研究课改升华模式，做到与课改同行，在课改中进步。

2. 倡导教师在课改中反思与交流，定期展开课改交流会

新课程理念非常强调教师在教学中进行反思，继续倡导教师写好教学反思，并且在原来的基础上提高要求，要能够写专题日记。要求在每次的课改交流会上，教师们畅所欲言，提出自己的顾虑及问题所在，在课改交流会上争取提出问题，

解决问题。

同时继续开展课改交流活动，上课、研讨、示范，座谈、交流、反馈，力求形式多样、生动活泼，帮助教师相互交流、讨论课改实施中的经验和问题。课改领导小组根据情况及时掌握动态，推广阶段性经验，调整不合理因素，更好地开展下阶段工作。

3. 大力推进教师培训，重视教师个人的专业成长

（1）加强校内教师培训，充分利用校内名师资源。对新进教师以及小部分未能对课改模式运用得当的教师进行"学案引领六步教学法"课堂教学模式的解读培训和让优秀课改教师对其进行帮扶培训。

（2）组织骨干教师去市、省甚至全国优秀的课改学校交流学习。

（3）邀请部分课改名师、课改专家定期来校讲课或进行专题辅导，借鉴名师们的先进经验来促进我校教师的进步。

4. 更为合理地运用学生评价和教师评价体系

完善班级课堂教学改革激励机制，将课堂评价全面落到实处，更好地发挥评价促进发展的功能；重视教育评价功能的探索，完善我校评价教师教学水准、学生综合素质的评价体系，更科学合理地评价教学的每一个环节。

5. 精化集体备课，汇编优质导学案

优化集体备课制度，从各学科各备课组抓起，落实教师集体备课，学校做好督查工作，力求集体备课的实效性。

各学科分解备课任务，提高导学案编写的质量，学校统一汇编各学科优质导学案，在 2015 年 7 月整理成册。

6. 加大对课堂学习小组的建设和学生培训

要求各班班主任与任课教师携手，从平时教学着手，努力培养学生的能力，特别是中心小组长、课代表等班级领头羊，大力倡导自主、合作、探究学习方式，将教学中的小组合作学习落到实处。

7. 实施"名师工程"培养，打造课改名师队伍，提升办学品位

我校在县市有影响的名师不多，要慧眼识才，把有抱负、有修养、学识广的优秀教师推荐出来，宣传出去，帮助他们总结出好的教学经验，加强研究，大胆实践，不断创新，努力开创我校教学改革的新篇章。教科室依托学科教研，选人定位，积极扶植，为名师成长创设浓厚的氛围。在推选教师参加各种比赛时，选择多个有着相关技能的辅助教师协助参赛教师，彼此能够商量能够拿出更多更好的主意赢取比赛。本学年力争培养县级名师 9 名以上，市级名师 3 名以上。

8. 完善落实奖励制度

学校课改领导小组登记好各教师的平时工作，严格执行各项评分制度，对课改过程中涌现出来的优秀个人或优秀学科组或年级组予以表彰和奖励，并纳入学校绩效考核。

（培训机构：怀化市铁路第二中学）

第三篇　研修总结类

　　"国培计划"每年为湖南省培训教师十多万人次。经过培训，未来教育家培养对象、青年精英教师前行的方向更加明确，骨干教师前进的脚步更加有力，青年教师投身教育的意志更加坚定，资深教师也感受到了国培的温暖。

　　回首各自参加的培训项目，参训教师对这些项目进行了全方面回眸和概括，于是就有了本篇选录的研修总结……

第七章　高端研修实践

修业先修身，修行无止境
衡阳市八中　李自生

为期三年共 100 余天的湖南省高中教师高端研修班结业了，加上网络研修，应该说这次研修收获非常大。

一、通过理论学习，更新了自己的理念

理念的更新无疑是最难的。记得 2009 年年底在北京大学参加教育部"国培计划——培训者研修"培训的时候，我们很多老师，对于新课程改革还存在很多的疑问，不相信新课程改革能够成功。我们大家甚至都问了温儒敏教授一个问题，新课程改革能走多远？他回答我们说，我们能做多少就做多少，能走多远就走多远。温教授的回答，说明他们对改革的阻力也是很清楚的。而现在，我相信，几乎全国每一个教师对于新课程改革，对于为什么要进行课改，应该怎么改，都有了一个非常明确的认识，而且绝大部分的学校，绝大部分的老师，都已经参与到新课程改革中来了。从这个角度来讲，新课程改革已取得了巨大的成功。说实话，对于新课程改革，我一直是支持的，因为身在教学一线，我深知应试教育的弊端，"教师教得辛苦，学生学得辛苦"，因此，改总比不改好。但是对于新课程改革的前景，我一直是充满怀疑的。因为，人的思想是最难改变的，我们中国人又特别喜欢墨守成规，因循守旧，对新生事物的接受，是非常缓慢的。我自己也是如此。想当初，国家进行房产改革的时候，我就说过，我是国家工作人员，我就不相信我在学校工作，国家不给我房子住。到现在 20 年过去了，我相信，谁要是再抱有这种思想，那一定是很可笑的。事实上，房改几年之后，绝大部分人就已经接受了房改的政策。

现在，以提升学生核心素养为中心的新一轮课程改革，马上就要开始了，我相信，全国大部分老师应该和我一样，能够迅速地接受这么一个改革。但是，我还是想对那些和我一样一开始就对改革本能反感的普通老师说一句，那就是，我们站得比较低，所以往往看不到改革的重要性。我们已经习惯了墨守成规，所以

往往看不到了改革的美好前景。毛主席曾经说过，真理往往掌握在少数人的手里。这个真理被大多数人接受，往往需要很长一个过程，很长一段时间。我们可能一下子没办法接受，但是我们要不断地学习，去增加自己的知识，去开阔自己的眼界，要想办法让自己站得更高，看得更远，只有这样，我们才能更好地接受新的理念，才能够明白新课改的重要性和必要性，才能以一种历史担当的责任感投入到即将到来的新一轮课程改革当中去。退一步说，即使我们自己不参加不支持新课改，也应该对新课改有着一颗包容之心，就像房龙在《宽容》序言中所说的那样，我们对于先驱者，对于探索者，对于改革者，至少应该抱一颗宽容之心。

二、通过影子学习，提高了实践能力

我们先后在广州市四十七中、象贤中学、顺德启智学校、广东省实验中学、深圳中学、中山纪念中学等学校，进行了比较长时间的影子学习，还进行了同课异构。这些学校都有一个共同特点，那就是新课程的理念贯彻得比较好，实施得比较好。无论是课内，还是课外，学生的主体作用真正得到了充分的发挥。学校管理方面，它们都比较严格，又有自己的特色。尤其是在教学方面，既注重创新，又非常务实，非常值得我们学习。在集体备课方面做得尤其出色的，是中山纪念中学与象贤中学。这两所学校的老师，在集体备课的时候，那种耿直与真诚，那种认真与细致，非常值得我们学习。他们的集体备课，都是先安排一堂研讨课，课后就进行评课，评课主要是指出问题，以便于上课的老师改进，不断完善自己的课堂。这阶段完成之后，然后是下一阶段课程研究与进程协调。他们的集体备课，都有专门的场地，规定了专门的时间，有主持人，有首席发言人，有讨论。这种做法真正把集体备课落到了实处，这对青年教师的成长，具有非常好的指导、帮助和促进作用。

在学生活动方面，这几所学校，基本上都已经让学生站在了前台，而老师退居了后面。老师只是在学生活动做策划的时候提供一些参考，以充分锻炼学生的组织策划能力、团队合作协调能力。深圳中学组织了学生议事会，不但学生中间的重要事情，由学生议事会来商议决定，就是学校的很多事情，都邀请学生参与讨论决策。这样，大大提升了学生的民主意识，也增强了学生的责任感，锻炼了学生的组织决策能力。

对我触动最大的还是广东这些名校的老师，他们个人素质都很高，敬业精神都很强，尤其是那些年轻的教师思维活跃，功底扎实，工作勤勉，进步很快。由于广东省实施了百千万名师工程，有各种各样的高端培训，所以，广东尤其是这些名校的老师们，在业务上的追求与上升通道都很多，也有路可走。而我们身边的很多老师，一旦评上了中教高级之后，就没有什么追求了。在业务上，在其他方面，很多人都是得过且过，流于应付，再也没有过去那种激情与追求了。我经常想，一个没有激情的老师，怎么可能去唤醒学生的激情与梦想呢？特别是，作为语文教师，如果我们没有了激情，怎么能够把课文中那些激情传递给学生，去感染学生，让他们爱上了语文呢？

三、通过交流探讨，获得了启迪

在以前的教育教学实践中，我还存在着许多疑惑的地方，存在的许多不清楚的地方，或者是有一些想法，但是没有办法深入下去。通过这次研修，通过与授课的教授专家们的交流，通过与本班同学的交流探讨，我收获颇丰，得到了很多启迪。比如说，我以前对于我们语文教学，到底是把育人放在首位，还是把提高学生的成绩放在首位，就很迷惑。因为，从现实的角度来说，提高成绩，无疑是首位的，学校也好，学生也好，家长也好，社会也好，他们最认可的还是成绩。一个老师教书，如果你得不到学校学生家长社会的认可，那么很多人就会认为你教书有问题。所以我们现在的很多老师不得不功利，也只有首先去提高学生的成绩，而把教育学生做人放在了次要的地位。我们当然都知道，这种做法所带来的后果是极为严重的。换句话说，这也是我们今天对这个社会越来越不满的一个重要的根源，这就是现在社会上的人都越来越功利，人与人之间的关系却越来越难处的根源，我们因此对于人性的美好与善良越来越怀疑了，我们对于别人，对于社会越来越不满了，我们很多人的诚信，越来越值得怀疑了。结果，就形成这样一个恶性循环：社会越趋功利，教育也越功利；教育越功利，社会就更功利。形成了一个恶性循环，而不是一个良性的循环。我本人对这个恶性循环是非常反感的，但是又常常身不由己。通过这次的学习交流，我坚定了自己的信念，得到了很多人的理解，也看到了他们身上那种敢于坚持真理，不因社会功利而改变自己信念的优秀品质。

又比如说我们语文教学，如何在学生的阅读学习时间有限的情况下，更好地提高学生的学习效率，阅读效率，提高他们的写作水平。我一直有一些想法，但是，没有能够敢于付诸实践，主要是怕没有搞好，反而影响了学生的学习，影响到他们的成绩提高。这一次，通过与同行们的交流研讨，我得到了鼓励，也坚定了信心，自己认准的就要敢于去做。只要对学生有好处的，就应该坚定地去做。缩手缩脚，什么事也办不成。改革就是一个不断探索不断创新的过程，总会有反对的声音，也可能会有失败的时候，但是只要我们坚持去做，就一定会有取得成功的时候。

四、通过学习应用，掌握了很多新的教学技能

我不是一个太爱学习的人，很多新的教育教学技术应用，我都已经走在了时代的后面。这一次的学习，让我知道了，什么是微课、慕课、翻转课堂、UMU、网络空间建设等等，也学会了这些新概念新技术，知道了微课的制作，知道了UMU的使用，知道了网络空间的建设。我学会了建立微信公众号，并且用公众号来发表自己的一些诗歌文章等，对教育的一些感想感悟等。这些新技术的学习与掌握，对我今后更好地进行教育教学，更好地与学生互动，更好地总结自己的教育教学经验，写一些自己关于教育教学的感想，无疑大有好处。

信息技术的发展日新月异，课堂教学不能闭门造车，它一定会随着信息技术的发展而发展，很多新技术、新理念一定会运用到我们的课堂教学中来。如果我们不能跟上时代步伐，掌握新技术，新技能，可能不需要多久，就会被学生所淘汰，被发展变化的课堂所淘汰。所以我特别感谢这一次培训让我见识和掌握了许多新的教育教学技能、新的教育教学形式、新的教育教学手段。古语说得好：山中方一日，世上已千年。我们不能坐井观天，不能只是坐在自己的工作岗位上，坐在自己的学校里，封闭在自己的世界里，不去了解外面的世界。事实上，我们的学生，他们对新的事物、新的技术，接受速度都是很快的，如果我们跟不上外面的世界，也就无法了解我们的学生，跟上他们的步伐，那我们怎么能够教好他们呢？怎么能够满足他们的需要呢？

五、通过与很多老师和同学相处，学到很多为人为师的优秀品质

我一直觉得，作为特级教师，我的一切都挺不错了，无论是教书还是做人。但是，这一次学习，让我看到，自己与那些教授专家们，与同班的同学们相比，还存在很大的差距，无论是教书还是做人。

比如从教书业绩和学术造诣来看，不要说那些给我们授课的教授专家们，就是我们班里的同学，很多已卓有建树。汪文满老师已经是我们省中小学教师里面的第一批正高级教师，可他一直非常低调；朱全民老师是全国有名的信息学奥赛教练，陈莉双是英语特级教师，他们两位创作的古体诗让我这位语文老师望尘莫及；孔春生书记几年如一日坚持一个个课题的研究与推广，目前已领先全国；张四槐老师得到即将实施核心素养的消息，立即申报新的课题；王春华、尹立新老师经常被邀请到各地讲学；李再湘主任是一位数学老师，却写了那么多学术文章，出了那么多著作，而且书法诗歌造诣很深。可是他们从不张扬，也不满足，不像我，最喜欢张扬，还最容易满足。

从敬业方面讲，不要说郑海燕老师这一百多天里面一直兢兢业业，一丝不苟；

不要说刘朝晖老师废寝忘食，非常勤勉；不要说国军班长为了大家的事情，事无巨细，用心操劳，就说彭莎莉、黄继华两位年轻的老师也是我的榜样。他们即使患病了，也坚持学习。还有何波老师带学生到日本学习结束，又马不停蹄赶到广州来参加培训。尤其是最后一天给我们上课的高凌飚教授，他已经70高龄，虽刚刚接受了心脏手术，却始终站着给我们讲课，而且声音非常洪亮。这些老师的敬业精神，非常值得我学习，也让我非常感动，非常钦佩。

讲服务奉献精神，不要说郑海燕老师一直默默地为我们付出；不要说郑慧娆老师为我们寄通知，发通告，联系车辆联系住宿等；不要说唐爱明老师为我们的吃饭办卡，忙前忙后等等。只要看看邓毅萍老师每天拿着个相机，为我们学习搜集资料，选取最佳的角度拍照；只要想一想黎奕娜老师，为我们学习总结做研修报告，都是绞尽脑汁想方设法，精益求精。

其他如石明一、刘科中、扶祥联、符竞波校长们的豪爽，吴樵夫、廖湘楚、成少华、徐杰、厉行威等老师们的纯诚，陈华堂、马如龙、卢正雄等老师们的淡泊，熊小林、谭文岳、杨小山等老师们的宠辱不惊，无一不是我学习的榜样。如果要说收获，我觉得这一次最大的收获就是，从老师和同学们身上学到了一些为师做人的道理与方法。

华南师范大学研修虽然结束了，但是，人生之路还比较漫长，我的教坛生涯也还有一段很长的时间，我将努力把这一次学到的内容运用到自己的教学实践当中去，变为自己人生修行的信条与戒律。我虽然很难达到理想的境界，但是，我愿意把那种理想境界作为自己追求的目标。

最后，以两首诗作为研修体会的结语：

华师研修结业感怀二首

其一

育人德薄功亦浅，百日石牌把学研。
但使少误人子弟，不求名显不为钱。

其二

华师研修期已满，此辈苦行功难圆。
感恩师友常相拥，前路虽艰不孤单。

（培训机构：华南师范大学）

感悟课堂教学　共享学习收获

浏阳市新文学校　邓军

　　虽然自己在名不见经传的浏阳小城教书，却因学校不断提供外出学习的机会，在十几年的教学生涯中，我也能跑遍中国教育改革盛名之地。有一大批学校确实是名副其实，但也有打着课改的幌子赚名利的"骗子"，为了名利而使教育"功利化"，落脚点不是学生；更有让课改变成了"行政化"，缺失了学科魅力。但是，这次武汉影子学习，我又一次体会到了课程改革的真实，心里填满了踏实与幸福。

——题记

一、我接触的教育理念——求真务实

　　在华中师范大学附属中学见到了儒雅睿智的谢校长，在与我们进行谈话时，他的"把时间还给学生，把方法教给学生"教育理念娓娓道来，没有半点遮掩，有的是求真务实的真谛。

　　来到鲁巷中学，我们见到了朴实大义的李校长，他的"感悟生命，觉悟生活，体悟生态"悟生德育理念让在场的我们折服。

二、我了解的导师队伍——务实团队

　　这次有幸到华中师大附中和鲁巷中学拜师学艺，导师们渊博的知识，敏锐的思想，高超的智慧令我感触很深。

　　附中的彭静老师是区里十佳英语教师，她为人谦和开朗，总是面如春风，一副邻家小女孩的模样，让人总感觉到舒服，她处理班级事务井井有条，驾驭课堂娴熟独到，却又是一番巾帼英雄之范，让我看到了不一样的她，更让我学到了不一样的经验。

　　鲁巷的高克军老师也是区里学科领军人物，他学识五车，热情实在，虽年过四旬，却对教育洋溢着青春的热情与向往，他说："基础教育的归宿是人的教育，而不是套在升学率上的功利分数。"这些让我受益匪浅。

三、我看到的课堂教学——务实课堂

　　李政涛教授说过，一定要尽力把我们的课上成家常课。他说：公开课相当于宴会大餐，而家常课则是家常菜，宴会大餐我们偶尔吃一顿还行，吃多了就会生病，还是吃家常菜的好。公开课虽最能锤炼人，但家常课最养人。家常课是最真实的课，虽有缺憾，但有发展的空间。本次到华中师大附中和鲁巷中学进行影子学习，我真正看到了这样的课堂上，教师在成长，学生也在成长，课堂就是一个"实"字了得。

1. 扎实

十几天的跟班学习，我发现导师们的课堂都是基于学生，每堂课都让学生学到东西，并在课堂上锻炼能力，进而让学生发展到有良好的、积极的情感体验，产生进一步学习的强烈需求。我想，有意义的课是不图热闹的，它的有意义就在于此吧。

2. 充实

在每节课中，他们充分发挥学生的主体作用，大胆实施小组合作，将时间还给学生，80% 以上都能在课堂上消化知识，并能转化为能力。所以他们的课是充实的课，是有内容的课，是高效的课。

3. 丰实

在他们的课堂里，有教师和学生的真情实感、智慧的交流，这个过程既有资源的生成，又有过程状态的生成。这样的课可以称为丰实的课，内容丰富，多方活跃，给人以启发。

4. 平实

在他们的课堂里，师生碰撞，相互讨论，生成许多新的东西。他们淡化公开课概念，将课当做研讨课，不管谁在听课，他们都做到旁若无人，心中只有学生，这样的课真是平实的课。

5. 真实

做到了以上几点，虽然导师们的这种常态课是有待完善的，但它们却是未经过粉饰的、值得反思的、可以重建的课。只要是真实的，就是有缺憾，缺憾恰恰是真实的指标。

四、我的理想学习三境界

经过本次影子学习，我真正体会到学无止境。它让我对自己的专业成长重新定位。我以后要构建自己学习的"三境界"。一是不做蜘蛛，吐来吐去都是自己的东西，眼界决定境界，听报告十多天胜过自己摸索十几年；二是不做蚂蚁，搬来搬去是别人的东西，理念决定信念，要真正课改，必须理念先行；三是要做蜜蜂，采百花之粉酿最香甜之蜜。态度决定高度，只要肯做、愿做、多积累、多总结、多反思，总能找到好办法。

最后，我想说，生活是给自己看的。精彩也好，平淡也好，所有的路都得自己走。因此，我们每个人都应该有自己的奋斗方向，有自己的理想情怀。每一个教育者，都应有理想抱负，应该是现实的理想主义者！这样的话，我们就不会逃避现实、不会回避现实，而是扎根于现实，让理想变得更实在！这样的话，我们将从不屈从于现实、从不抱怨现实，而是想方设法让现实变得更美好！

（培训机构：华中师范大学）

让学生成为课堂的主人

郴州市宜章县第九中学　谢宝堂

2014 年暑假，我们带着希望、满怀憧憬、顶着烈日，来到了南岳衡山下、湘江之滨，走进湖南人民的母亲河孕育的一座美丽校园——衡阳师范学院，重回课堂，聆听了师院数学系年轻主任罗李平教授、师院副院长聂东明教授、南开大学的数学教育大家顾沛教授、北京师范大学的曹一鸣教授、华中师范大学吴伦敦教授、湖南省教科院副院长赵雄辉博士、湖南省教科院数学室欧阳新龙主任、人民教育出版社编审章建跃博士、广州市天河区教研室数学刘永东研究员等 20 多位老师讲授数学教育理论，也分享了课改新秀株洲市景弘中学的宾拥军、岳阳市许市中学的何军、衡阳市成章实验中学的刘金花、赵耀华老师多年来投身新一轮课改研究的最新成果。

一、株洲市景弘中学篇

10 月 21 日一大早，我们进驻景弘中学，开始了我们在景弘中学为期一周的"影子教师"实践研修活动。我跟其他老师一样，参观了景弘中学校园，看到景弘开放的课堂，很是新奇，于是在前三节课听课、逛课，初步了解景弘教学模式。

第四节课，景弘负责接待国培班研修活动的老师跟我们见面，李小艳、韩立双两位老师分别给我们详细介绍关于景弘中学教学模式、课堂流程的讲座，让我们近距离接触了该校的"一三六"课堂教学模式，知道了"一"就是以学生为中心，"三"就是课堂的三大特点，自主、探究、高效，"六"就是指课堂的六个环节：①抽测，检查上节课教学的效果；②解读学习目标，让学生了解这节课的学习任务；③独学，学生认真看书，根据"学习目标"与导学案，初步弄懂并解答相关问题；④对学和小展示，对还不会的内容与问题，小组内讨论、交流、讲解、质疑；⑤大展示，老师根据各小组解答问题、展示质疑的情况，选择合适的组的板书，针对各组普遍存在问题、错误、疑点，让课代表继续讲解，或教师适时点拨，最后课代表总结本课学习情况；⑥当堂测评，学生独立完成检测题。

在初步了解景弘的课堂整个流程之后，22—23 日连续两天听课、逛课，24 日我们组认真讨论该校的教学模式、流程是如何改变传统的"灌输式"教学方式的，大家都领会了其主要精神之所在，然后，群策群力根据他们的特点，结合我们自己的理解编写了导学案，还推荐了本组的雷艳老师上了一节交流课。

一个星期下来，通过听讲座介绍、深入课堂听课，了解了景弘中学各个科目的老师根据科目特点实行的课堂教学模式的改革，使我对景弘的这一课堂教学模式有比较深入的理解和体会。

在这里，学生的主体作用得以充分体现，真正成了"课堂的主人"：

1.学生是受教育的主体，因而这一模式的实施源于班主任，教师对全体学生的了解，只有了解学生才能统筹全班学生的分组和组内 A、B、C 的分层，这是最重要的一环，也是基础，否则以后的工作难以开展。

2.各组长的培养，组内文化的建设是该模式持续稳定施行的重要保障。

3.评价的机制既针对学生，也是针对老师，怎样的机制才是合理的，有效的这是成功的保障。

在这全过程中教师的作用是编剧、是导演，其作用更多更好体现在幕后，关键时候所起的作用就是点睛，学生是水，教师是渠，也是挖渠人，更多是起保障和维护作用，故而其准备工作格外辛苦，真可谓"台上一分钟，台下十年功"，对教师的要求更高。过去说诗人作诗，功夫在诗外，我觉得，景弘的老师上课，功夫在课外！

古语说得好："工欲善其事，必先利其器。"导学案就是老师引导学生探究知识的"利器"。导学案的编制格外重要，它是师生交流的重要工具，是纽带，故而它的编写更应在教材的基础上贴近学生的实际，贴近生活、社会。才能使学生从中获得乐趣，并乐此不疲。

为了让我们更好地领会景弘的教学模式与环节，李小艳、韩立双老师除给我们通过讲座的形式详细介绍之外，还专门利用一个下午手把手的叫我们编制导学案，从分析教材、分析教学目标开始，设计教学程序，编制教学案和导学案。

很幸运的是，我们在景弘中学听课、交流的期间，湖南省教科院副院长赵雄辉博士也在景弘中学调研、考察课改面临的困惑，为全省今后的课改方向掌握一手资料。经过一周的考察调研，赵院长给来景弘参观、听课、学习的老师们做了一场报告，以数学课的课堂教学改革为例，从起因、意义、目前面临的困惑、今后该如何坚持我们课改的初衷，还介绍了很多课改成功的例子，鼓励全省教师"要继续探索数学课堂教学改革中的具体操作技术"，让我们深受鼓舞，这也是我们这次实践活动的意外收获。

二、岳阳市许市中学篇

10 月 26 日，我们完成在景弘中学的"影子教师"实践研修之后，又踏上奔赴岳阳市许市中学的行程，开始了在许市中学的实践、研修、学习。27 日一大早，我们赶到了许市中学，观看了他们各班的晨会，观摩了老师们的"早评会"，接着，去各个年级观课，跟老师和孩子们交流，听了何军老师关于许市中学教改模式和班主任工作如何适应课改的报告会，并亲身体验了分组的全过程和该模式的详细操作。

第二天，我们深入课堂分别听了初一、初二、初三的多堂数学课、语文课、英语课，更加深了对该模式的理解；第三天，听了课改专家李大航副校长关于导学案编写与使用的报告会，觉得许市中学的模式更平民化、更接近地气，看来真的是"没有最好的，只有更切合实际的"，随后又观摩了几节课，更加体会到了小主持人的重要；第四天，组内推选了三人按该模式和学员的体会上了三节交流课，全过程中充分体现了学生的主体，教师的主导作用，参与积极，讨论热烈，教学检测效果也比较好。我们将两校的教学情景作一比较，觉得景弘中学是贵族化的，更规范，更气派；许市中学是平民化的，接近地气，更有生机，更有活力。

成功源于坚持，源于不断地探索，不断的改进，而执著才能创造奇迹。心动不如行动，愿课改成涓涓细流，在祖国大地处处开花结果。

三、衡阳市实验中学篇

在岳阳的几天，天气骤冷，下起了深秋久旱后的细雨，但是，我们教学实践的热情高涨，来不及领略洞庭湖风光，也无暇去市区小店品尝湖鲜美味，我们又匆忙回到衡阳，11月3日一早，我们来到了衡阳市实验中学。

一进校园，我们就感觉到了这个校园都充满热情，得到了实验中学分管教研的副校长周金生、教研室主任匡致羽的热情接待。欢迎会之后，该校年轻的教学新秀、衡阳市优秀教师罗碧飞老师给培训班全体学员老师上了一节常态示范课，执教老师充满激情的教学言语、学生活跃的学习氛围给我们留下很好的印象。

在接下来的几天里，我们分组联系指导教师，跟着指导教师到七年级211班随堂听课。学校的每个课堂都是开放的，我们除听数学课之外，还去各个年级随意的进入课堂听课。实验中学的老师们认真备课，研究教材、教法，制作精美教学PPT课件，编制导学案的刻苦精神让我敬佩又很感动，特别是我们组的指导教师陈昌辉老师，在及时批改了学生单元考试卷之后，全面分析全班学生答卷，分析学生产生错误的原因，并针对学生的错误所在编制一份导学案，然后给我们上了一节非常精彩的试卷讲评课。

通过几天的交流学习，我们培训班的学员老师刘吟雪、李青分别上了一节交流课，两位老师的授课收到了不错的效果，得到了听课老师的一致好评。

四、感想篇

通过本次三周的"影子教师"教学实践活动，亲历听课、参观、听讲座等，我深受教育和启发。

1. 首先感受到的是这些学校的激励氛围和积极向上的校园文化。不论是景弘，还是许市，学校楼道墙壁上，不是我们看惯了的名人画像、名人名言和经典警句，而是在读优秀学生的照片、学生写的话。试想，这样的警语展示在众人面前，不是对学生最好的激励吗？另外，学生在小组黑板上展示前，总有自己的励志语，每天在更换。这种经常的自我激励，同时接受众人监督，学生的内心世界就有航标，他们的行为就有规范。

2. 感受到景弘和许市中学真正落实了"学生是学习的主人"的思想。把课堂真正还给了学生，学生在学习中感受成功、享受快乐，孩子们的心理是多么的阳光！课堂上，教师讲解少，学生活动多。预习、展示直至解题反馈，学生始终是主角。预习时学生自己提炼、归纳、总结甚至设计考题，展示时有个性的表述，以及解题反馈中学生轮流上讲台，讲步骤、说答案、论原理、作补充等等，学生的表现不是被动的，而是主动的、积极大方的。在这些过程中，学生始终处在思考、分析、探索、提高的状态中，他们的内心感受和认识就很深刻。我想，放手让学生表现，也就是景弘中学敢于放手改革，成绩能名列前茅的原因之一吧。

学生在展示中得到全班师生的肯定，心里充满甜蜜、脸上挂满笑意、眼睛闪烁自信的光芒，这样的学习，就是魏书生老师所说的"享受"！通过三年的历练，学生的主动学习将会成为习惯，将学习作为快乐的享受将成为他们终生享之不尽的财富。

3. 小组合作不是摆设，而是抓好了落实，真正体现自主、合作、探究的教学思想。与我们平时的分组学习不同的是，景弘和许市中学的分组学习始终贯穿于课堂教学中。八人或九人一组，从预习到展示到反馈，小组学习讨论一直是课堂的核心组织单元。虽然期间有分有合，有个人在小组黑板前的展示，也有在全班师生面前的解题分析，但小组学习依然是隐性、潜在的组织形式。

小组合作的意义远不至于此，它能培养学生的组织能力、协作能力和共享能力。有一个细节给我印象很深。一个女孩是学科小组长，在组织预习时，俨然是一名教师，充满了自信，安排井井有条。我想，这种合作学习方式，能很好地锻炼孩子们的组织领导能力，长此以往，一定能培养出一大批具有领导才能的有用人才。

4. 小组黑板展示作业体现透明、开放的教学思想。我们学习高效课堂，不能简单地停留在增加小黑板的模仿上，重要的是要透过小黑板看到其背后的意义所在。这是新课改思想的最直接、鲜明的体现，它把学生的思想、思路、思维结果展示给大家，展示给老师和同学，构建了一个开放式的作业形式。这样与写在作业本上不同的是，首先学生有自我批评意识。每个人都是要强、上进的，不愿将错误呈现给大家，所以就有了检查意识、规范意识，字要写得工整，表达不要出错；

第二，学生能互相批评，互相学习，看出别人的错误也就警示自己不再犯类似的错。这样，印象深刻，学习效果好。

5. 学生活动多，也增强了课堂的生成性，有利于教师发现问题，及时解决。相对于教师备课的预设教学，这种课堂教学有利于教师突破预设，深挖教材，拓宽教材。达到教学相长，让课堂成为师生享受学习的快乐、形成终身学习的理念的重要平台。

6. 转变观念、提高教师素质是当务之急。景弘和许市中学的课堂上，学生是主角，说、讲、讨论等活动都由学生操作，教师的作用是组织、引导、点拨、拓宽、提升。有时需要纠偏归正，有时需要拓展、延伸，这些需要教师的教学机智，能及时准确地把握时机，准确地提出疑点，科学地加以引导。这种鲜活的课堂经常会打破课前的教学预设，对教师的知识面、对教材的掌握程度、处理教学中突发情况的教学技巧和教学艺术有了更高的要求。所以如何提高教师素质、把握课堂的能力是值得我们研究的课题。

必须转变教师的教学思想，决不能再在填鸭式教学和题海战术中徘徊。我们许多教师并不是不想放手，而是不敢把课堂开放、活跃起来，生怕丢掉一个知识点。景弘和许市中学课改成功的经验证明，让学生成为课堂的主人并不会丢掉知识点，反而学生会理解得更深、掌握得更全、提高得更快。

所以，我们是不是可以提出这样一个口号作为学习景弘与许市经验的切入口：相信学生，放权放手，让学生成为课堂的主人，扬起他们理想的风帆，自由地遨游在知识的大海！

课堂因互动而精彩，学生因自主而发展！

（培训机构：衡阳师范学院）

做最好的自己　做更好的教育

祁阳县第二中学　刘朝晖

引子：当茶叶遇上开水（茶水教育学）

茶叶的芳香四溢，只因有包容心、热情、激情投入、高度情怀的水。（学生的发展离不开老师的教育）

水得自我提升，由常温到高温，才能在平凡的岗位干出不平凡的业绩。（培训很重要）

水不是单纯的输出、奉献，在与茶叶相遇时，两者是相互激发，高度融合。（和谐的师生关系确保教育成功）

水自身的品质要高，否则是没法喝的。（教育者自身要爱学习，爱探究，要拥有积极的态度）

茶叶需要多次冲泡，其价值才得以充分挖掘，这意味着教育需要耐心、需要适度反复。

一、11 点收获

收获 1：华师团队的用心做培训

高研班班主任郑海燕的激励随时伴随！郑慧娆老师的细节提醒处处显现！有成少华老师的一首诗为证：

郑海燕老师一瞥

百日之修缘石牌，海上之燕拂春来。

似有北国冰雪姿，事必躬亲偏剪裁。

时有谆谆叮咛语，竭诚呕心无须猜。

卓立心学峰之峰，屐痕处处费安排。

研修最堪回眸处，田家炳院木棉开！

专注、专业，强烈的服务意识，正是我们这个社会和这个时代所需要的。作为工作教育者，我们必须更加专注、专业地投入，把学生的发展、教师的发展、学校的发展作为自己的责任，勇于担当，不忘初心，虽百折而不回，则学生幸矣，教师幸矣，学校幸矣。

收获 2：灵活多样的培训方式

高端引领（师德讲座、学术报告、心理健康教育、科研指导）

名校访学（华师、深中、纪中、省实、广雅、深二实、启智、天外……）

思想交流（世界咖啡、名家对话、教师好声音）

任务驱动（同课异构、微课设计、考察报告、研修汇报）

作为名师工作室的主持人，我们中的很多学员要带领自己的团队，这些都是值得借鉴的好方式。

收获 3：师德提升无止境

今天上午参访广州市越秀区启智学校，进入课堂跟班观课，校长、优秀班主任分享了他们的教育经验。

耐心与爱心是弥足珍贵的资源，受不了？但这是你的工作！没有现成的答案，除非你放弃，否则你就必须面对，逼自己成长。（少些抱怨）

……

向无数在平凡岗位尽职尽责的劳动者致敬！（《研修日志》2015-12-22）

收获 4：育人贵在得法

1 月 5 日上午，华南师范大学心理学院刘学兰教授主讲"如何让学生愿意学习——学习动机的培养与激发"，用生动鲜活的案例诠释了厌学的心理成因及矫治策略。

厌学的心理成因：缺乏成功体验、缺乏清晰而有挑战性的目标、消极的归因模式、维持自我价值感、不恰当的外部环境（家庭教养方式、学校氛围、教师的态度、社会的价值观念）。

我的启示：育人"三贵"，一贵尊重、信任，二贵激发动机，三贵抓住机会、制造情境。

收获 5：探索教育改变之可能

12 月 25 日下午，华南师范大学基教院四楼。郑海燕博士抛出了研讨问题："校长学习教育信息技术之后将如何做？"有激进的，有渐进的，有不动的。更多的主张是，立足校情，在个别年级个别学科先行推进，探索路子，积累经验，最终落地。

当小班出现了，终端也有了，考试制度也完善了，更没有行政干预了，也许有些人还是会拒绝换上"互联网＋"的头脑，还可以找出各种借口，只因为在他们心中改变自己总觉得太难，总期待他人改变、社会改变。

收获 6：我们应该做一个怎样的教师

12 月 24 日上午，东北师范大学刘晓明教授主讲"心理与道德的融合：心理健康教育的新探索"。内容丰富，观点鲜明，深层次解读了当前教育领域的一些热点、焦点问题，重新构建了教育学体系。刘教授提出了教师的三重境界，最高境界是做智慧型教师，其基本特征是"学生智慧的生成者、学生学习的引导者、人际关系的调节者、心理发展的促进者、心理健康的维护者"。

收获 7：怎样的课堂才有效

12 月 26 日上午，心理学院 714 室，广东省深圳市育才教育集团总校长叶延武先生为湖南高研班和未来教育家班主讲"思维课堂：理念与实践"，方案是：以学生为中心，以思维为核心，以活动为主线。

收获 8：学校发展的路径

1. 于细微处雕刻

12 月 29 日上午，高研班来到深圳市第二实验学校参访。学校坚持"以人为本，成长为先，追求卓越"的办学理念。学校拥有团结高效、有序规范、极具创新能力的管理团队和乐学重教、责任心强、富有奉献精神的高素质教师队伍。

学校高度重视科技人才、创新人才的培养工作，积极在校园内营造良好的科技文化氛围。一年一度的科技节是广受学生追捧的节日之一。目前学校已形成了毽球、女子篮球和以天文天象为主体的科技活动等极具辐射和示范作用的特色项目。

课堂上，二实的学生都能大胆展示，展现了自信。包括国际课程、传媒艺术、创新实验、运动健康等多样化的校本课程体系，开放办学为学生的个性发展提供了平台。卓越、创新，让二实领跑广东的基础教育。

启示：学校的内涵式发展是教育发展的必由之路。校本特色课程的构建为多样化人才的培养提供契机。

2. 教育者应坚持的理念

本着以人为本的原则，为促进学生健康发展，学校该干些什么？永州名师盘晓红以"美心课"而一举成名。教育是一门慢的艺术，学生的成长需要引导，不要等到心理疾病大规模爆发了才被重视，也不是仅仅停留在课程安排表上，要真正做起来。

纪中的学生很有礼貌，始终面带微笑，下午 5:15—7:30 为自由活动时间，体育、艺术得到发展，是一种有温度的教育。纪中的集体备课很扎实，强调团队，同课异构非常有特色。

从人的发展看，一是大脑需要全开发，仅仅是知识的学习肯定不够，人格的修炼、审美情趣的培养、劳动技能的培养……跨界融合，收获可期。二是环境需要塑造。教育行政部门应如何评价学校？比学校特色，比学生活力，比学生笑容，比创意，比古典音乐演奏，比孝亲敬长……或许，这正是中国教育的希望所在。三是个人努力，每位教育工作者都去做最好的自己，那么，教育一定会越来越好。

基于以上认识，我认为，教育应坚持以下几点理念：一要激发内驱力。二要既仰望星空，又脚踏实地。三要微笑、自主、执著、创新。

收获 9：学习做学问

12 月 27 日下午，华南师范大学原副校长、现心理学部部长莫雷教授主讲"如何开展教育科学研究——以中国学生核心素养指标体系研究为例",让我们学到了实证研究法,学到了读懂社会这本书的方法,了解到中国教育当前最热门、最时髦的话题,了解到教育的本质追求。

所谓实证,就是让大量事实开口说话,为此,必须站在科学、时代、民族的高度,多角度搜集占有事实材料,包括古今中外的历史文献检索(政策的、国际比较的、传统文化的、课标的)和专家团队的头脑风暴。

收获 10:最好的教育

12 月 20 日上午,华南师大继教院宋春燕博士、本班学员孔春生教授分别主讲"学生生涯规划教育"。宋博士在这一领域很有理论建树,孔教授则在实践层面取得了不俗的业绩。

宋博士的课给我印象最深的是九型人格的分析,孔教授的课给我印象最深的是"不求个个争第一,但求人人成唯一"。让学生在体验中成长,这符合人的认知规律。凡有利于学生发展的都是值得提倡的,生涯规划教育是教育界的创新,必将形成"燎原之势"。

中国教育的核心目标是全面发展的人(这里既包括社会精英,更包括普罗大众),中国教育的核心任务是立德树人,当代中国教育应该围绕三大核心素养来培养学生,首先是社会参与(包括公民道德、社会责任、国家认同和国际理解),其次是自主发展(包括身心健康、自我管理、问题解决与创新),再次是文化修养(包括语言与沟通、科技与信息、人文与审美)。

收获 11:学会自我调节,提高幸福感

12 月 24 日下午,华南师大临床心理学专业博士生导师、心理咨询专家郑希付教授为湖南班学员主讲"压力与情绪管理",分享了他的研究成果《我们的幸福感》。

叶澜老师在《教师角色与教师发展新探》一书中这样写道:"没有教师生命质量的提升,就很难有学生的精神解放;没有教师的主动发展,就很难有学生的主动发展;没有教师的教育创造,就很难有学生的创造精神。只有当教育者自觉完善自己时,才更有利于学生的完善和发展。"换言之,没有教师队伍心理素质的提高,就没有学生素质的提高。

首先要正确认识自我。其次要热爱生活,释放压力。最后也是最重要的一点,就是用一颗平和、快乐的心看待一切。

二、展望未来

名师的成长,需要政府政策的光芒,需要导师明确的导航,更需要我们自己的激情作动力,积淀作双桨,以及团队团结合作的和声合力。

　　平台很重要，作为全省优秀高中教师，我们希望能够为湖南教育的快速发展作出更多、更大的贡献，期待湖南省教育厅、湖南省中小学教师发展中心能够搭建一个更好的平台，组建省级名师工作室，发挥名师的学科引领作用；期待华南师大基础教育研究院继续跟踪指导，期待高研班作为一个团队继续前行，定期开展线上线下研修活动、送培送教活动。

　　培训已经结束，回到工作岗位，我们一定要将研修所得融会贯通，做一个有温度的教育者，创造性开展本职工作，让课堂真正成为学生思维发展的场域；用自己的优秀，引领教师的发展，做教师成长的领路人；探索学校发展的最佳路径，积极推动学校的特色发展，让学校成为师生成长的乐土。

（培训机构：华南师范大学）

第八章　送教下乡体验

"送培到县"走进洪江

洪江市教育局

一、师德巡讲，锻造灵魂

22 号上午，在我市行政会议中心，600 余小学老师参加了"送培到县"的师德巡讲活动。

开班仪式上，由市教育局长杨远辉主持，市人民政府副市长周田致欢迎词，对这次"送培到县"的省市名师专家表示热烈的欢迎和衷心的感谢，并对洪江市的概况和教育的发展情况作了介绍，省中小学教师发展中心吴阳光主任对本次培训作了专题讲话。

现场中，专家们以感人肺腑的真人真事，为"师德"二字做了最完美的诠释，他们的一言一行，一举一动让教师们感动、让教师们敬佩，也将引领着我市教师在做好教书与育人的工作的同时，让崇高的师德转化为无尽的爱，让这无尽的爱化为一股强大的正能量，波及社会的每一个角落，人人善言善举，让需要得到帮助的人都能得到帮助，真爱奉献，让教师的光辉形象永立人们心中。

二、名师送课，精心打造

在师德巡讲完后，600 余名老师按小学语文、数学、英语学科分别在黔城完小、青少年活动中心、芙蓉中学三个场地进行了集中培训。老师们学习的热情很高，都早早地聚集在各个场地等待着下午的培训。

（一）同课异构、互动研讨

1. 名师送教，典范指导。培训中，教育教学经验丰富、教学成果累累的优秀教师分学科展示了他们独具特色的教学风格。教学中无不渗透着新的教学思想、新的教学理念、新的教学方法。内容与形式完美的结合；预设生成与动态生成相结合；细节处体现课堂的精彩，展示着他们的风采。

2.本土骨干，虚心请教。本市上课的骨干老师为珍惜这次难得的学习交流机会，在设计研讨课时精心设计，反复琢磨，精心选题，有的老师不是挑选容易上的课以显自己的才能，而是挑选难上的课来上，诚请名师、专家支招解难、指点迷津，力求不断提升自我教育教学能力。

无论是送培教师还是本土教师，人人精心设计，认真准备，力求将最完美最能体现"送培到县"培训价值的一面展示给受培教师，教学中"正面教育"贯穿整个课堂，足够尊重学生，始终以表扬鼓励为宗旨，激发学生的学习思维，调动学生的学习积极，把课堂还给了学生，让学生踊跃于课堂之中，无一例外地体现着新课改的要求趋势；堂堂课遵循教育来源于生活、教育服于生活。每一位上课教师注重对学生创新思维、发散思维的培养，这样教学目的标达成度高，教学效果好。

（二）专家讲座、指点迷津

专家评课"一针见血""四两拨千斤"，彰显了专家学识，博学多闻。他们将理论运用于课堂教学，又将课堂教学体现理论的运用，他们独到的见解，引领着我市教师在新的教育教学改革的征程上不断前进。

（三）学员们学习态度端正，学习目的明确

整个培训中学员们无论居住远近，都能按时参培，能专心听课，认真笔记，非常珍惜这次难得的宝贵的学习交流机会，积极与专家们交流，将平日所遇疑难问题诚请专家支招献策，将往日困惑与专家畅谈。2天的培训是短暂的，但收获是满满的。学员们通过这次听课、评课，听讲座，学习到了切实可行的教育教学新模式、新理念，学到了先进的教育教学方法、教师们通过本次培训，反照自己的课堂教学，寻找差距与问题，并将学习到的理论运用于课堂教学。

在为期2天的培训中，通过师德巡讲、同题异构、互动研讨、专家讲座等系列培训方式。提高了小学教师的新课程理念，提高了教师的师德素养，帮助我市小学教师更新了教育观念，改进了我市教师的教育教学方法，提高了我市小学教师实施素质教育的能力和水平，通过上下联动的培训机制，充分发挥优质教学资源的辐射与带动作用。

（培训机构：湖南省中小学教师发展中心）

共创英语教学美好明天

桃江县教师进修学校　符海燕

是什么让桃江英语教学生机盎然？是什么让桃江英语教师热血沸腾？是"国培计划"（2016）——桃江县初中英语送教下乡培训。本次培训，全县参培教师90人，实际参培90人，参培率100%。整个培训坚持"科学布点""聚焦课堂"的原则，收获了意想不到的效果。

培训共四次八天，共四个阶段。

第一阶段：通识研修、需求调研

8月24日、25日两天，在桂花园小学举行开班仪式，各乡镇中心校领导和参训人员汇集一堂，县教育局邱畅怀副局长做了重要讲话，桂花园小学校长致欢迎词，接着是学员代表讲话和专家讲座，整个开班仪式庄严隆重，学习气氛高涨。虽然天气炎热，可是无一人请假。

湖南师范大学教育科学学院刘德华教授的"师德情怀与教育责任"的讲座，让我们知道，一个学生就是一首诗，一个心灵就是一个世界，爱学生就是要对每一个学生发自内心地真爱，要爱得深爱得严，感受着他们的感动，痛苦着他们的痛苦，收获着他们的收获，成功着他们的成功，在学生心灵的沃土根植美好和梦想。所以，我们在面对学生的一切行为时，需要我们站在他们的角度进行思考，从而更有效地解决问题。益阳市特级教师傅伟雄的"一群教育逐梦人，一种师德新诠释"至今令我深情回味，她在讲述她的精彩故事之后，再一次让我们体会到教育教学的真正含义。就如美国教育学者帕克·帕尔默所说的：真正好的教学不能降低到技术层面，真正好的教学来自教师的自身认同与自身完整。我想，真正好的教师成长亦是如此。两个讲座让我们热血沸腾，受益匪浅。

之后，老师们认真填写需求问卷，专家团队在了解了广大教师的需求后，分听说课、听力训练课、阅读课、作文课、语法总结课，切实际、接地气地精心设计了六堂有针对性的示范课。

第二阶段：名师有约、专家示范

9月23日、24日，在基地学校——桃花江镇一中进行名师示范课活动。活动按照签到—领导讲话—项目介绍—上课—说课—合作评课的程序进行。六堂课都上出了较高的水平。看似很普通的一个"交友"话题，詹琼老师却把它上得轻松愉悦，整个课堂像一部迷人的情景剧，唯美。高建明老师的课，通过把它分解为"beginning—body—ending"三步，通过游戏来说句子、写句子，再加上连接词，来展示写作课。刘玉老师课件中的各种图片都是来自于桃江的各处风景，情境的创设也与真实的生活联系起来。肖湘老师课堂上妙语连珠，引导学生层层深入，把比较抽象的问题讲得很透彻。王英老师讲授数字时，向学生普及了"110，119，120"等各种生活中的求救号码。通过这些课例，充分地向师生们展示了英语就是一门语言的习得的过程，它源于生活，又回归生活。评课时老师们的语言机智风趣，充满着智慧，引起了阵阵掌声。许多老师上交的心得中写着：此次送教下乡活动，在我看来比以往任何一次学习都更有意义，因为在这里，可以感受真实的课堂，可以进行面对面地交流讨论。引用专家 Miss　Xue 的一句名言：这是一个饱含创意的时代，让我们且行且学习！朱彬老师的心得是这么写的：这次观摩让我看到了一种新生的课堂：课堂是师生互动、心灵对话的舞台，是"以人为本，朴实率真"的课堂……

闻一多先生曾说："生命是张没有价值的白纸，自从绿给了我发展，红给了我热情，黄教我以忠义，蓝教我以高洁，粉赐我以希望……从此以后，我便溺爱我的生命，因为我爱它的色彩。"正是因为有了丰富的教育活动，才真正影响了人类的文明和社会的发展进程，教育是屹立于我们心中永不褪色的风景。

第三阶段：研课磨课、校本研修

各乡镇为单位组织教研活动，并推出展示观摩课，以送教下乡带动校本研修。

各乡镇教研组组织教学比武活动，反复研课磨课，并推出一至两堂优秀课，由名师团队成员赴各乡镇进行观课指导。在这段时间，全县各个乡镇都遍布了送教下乡名师团队的身影。各乡镇都积极准备，所上的课都体现了新课程的理念。经过这样一个"思考—实践—反思—再实践"的过程，老师们收获满满。

学生和老师在此过程中，均能感受到青春的幸福和激扬、生命价值的体验与升华、高尚学习品格的崇尚和陶铸，而不仅仅是实用功能和考试。

第四阶段：成果展示、总结提升

11 月 30 日，召开了名师团队会议，根据研课磨课阶段老师的精彩表现，确定教学比武课的名单、内容及评价标准。12 月 8 日在桃花江镇一中举行了英语国培教师比武课，5 堂课上得都很成功，其中来自桃花江镇一中的胡雪华老师和来自板溪中学的龚艳玲老师获得了一等奖，来自大栗港的朱彬老师、乍埠中学的龚美老师和修山的何倩老师获得了二等奖。上完课后，名师团队进行评课，学员们进行了精彩点评，培训部的老师做了总结性发言。

尊重学生个性，挖掘潜力，一切为了学生的个性张扬和发展，一切为了进步。成为成果展示的主题。

　　组织者的精心筹备，全体人员高度的责任感，使得本次培训内容丰富，形式多样，富有成效。本次培训包含讲座 2 天，专家示范课 6 节，观课研课磨课 80 多节，比武课 5 节，线下交流无数，形式多样。对于评课的方式也进行了创新，采用小组式评价，事先分好的组，一起探讨评课，并板书在大白纸上，再确定评课代表，分组进行展示评课，这样的评课体现了新课程的理念，极大地调动了参训学员的积极性，提高了参训人员的教研能力。学员自身的素质得到全面提高。培训期间，我们要求每个学员都认真做好每堂课的听课笔记，积极参加小组讨论交流，在讨论交流中要求每个学员都要发言，不能人云亦云，要说出自己的观点和看法；校本研修与研课磨课阶段，要求每个学员都上交自己集体备课、说课、评课的资料，并上传到送教下乡群，供老师们学习借鉴。最后在结束的时候要求每个学员上交一篇心得。

　　通过送教下乡，学员们都感觉自身素质和教学水平得到了提高，原来存在的很多问题和困惑在不知不觉中就得到了解决，原来评课张不开嘴的老师现在也能头头是道侃侃而谈，原来有些职业倦怠的教师也精神振奋，职业道德得到了升华。

　　送教下乡使得教师认识到自己不仅是教学的践行者，更是教学的研究者。送教下乡活动，搭设了英语老师交流的桥梁，做到优质教育资源共享。通过自我反思—同伴互助—专家引领，教师的教学视野开阔了，每个教师都经历了听课—评课—备课—磨课—上课—反思等环节，成为了评课和上课的行家里手。

　　这次送教下乡为我县农村英语教师提供了转变教学观念、更新教育理念、改进教学方法的好平台。实践证明，送教活动是提高乡村教师尤其是偏远地区乡村教师专业化水平的最便捷、最迅速、最有效的培训方式，更是一种教师参与人数多、受益面积广、效果最佳的教研模式。本次送教下乡结束了，但我们不能就此止步，我们会认真学习、总结经验、不断巩固成果，立足长远，科学规划，充分利用好"国培计划"项目县送教活动这个平台，把我县农村教师培训工作提高到新的水平，打造一支高素质的教师队伍，为我县教育均衡、教育强县提供有力的人才支撑。在以后的教研工作中，我会更加以专家的理论指导自己，不断深入学习与实践，为英语课堂教学捧出我的真情，贡献出力量。

　　呕心血凝丹青绘就春蕾满园笑，抒豪情化雨露催得桃李遍地香。我们有理由相信，送教下乡一定会为桃江英语教学奏出更加美妙悦耳的华章。

（培训机构：桃江县教师进修学校）

结对互助，携手前行
——砂子塘吉联小学赴金山小学交流纪实

长沙市雨花区砂子塘吉联小学 陈楚

继上一次吉联和金山两校的成功携手，10月19日我校石彪主任带领苏凌云老师、谭又舒老师、王婷老师和陈楚老师一行五人再次来到怀化市官庄镇金山小学送教交流。

10月19日下午，谭又舒老师带领金山小学30位老师开展了"工作倍轻松——教师职业压力应对"的心理团辅减压活动。同伴们互相按按摩，捶捶背，一起玩游戏，接受惩罚环节老师们扭动着屁股画8，所有参与者和观看者都兴致高涨。最后，五人小组的取水和抛水终极挑战，更营造了一个真诚、理解、支持的团队氛围。结束后，参与的老师们说：在他们这儿，还是第一次举行这种活动，开始时虽然有些拘谨，后面大家越玩越开心，乐在其中，积极参与，虽然工作一天了，但活动后心情愉悦了，身心也放松了。

10月20日上午，第一节是陈楚老师执教的"烙饼问题"。课堂中，通过演绎、列举、观察、合作探究、小组讨论，学生们形象生动地寻找到了合理快捷的烙三张饼、多张饼方法，感受优化思想在生活中的重要性。陈老师引领孩子们"烙饼"，感受数学方法的奇妙，领悟优化策略的高效，同时启迪思维，开阔视野，而结尾"双面电饼铛"的引入，让看似已无法再优化的问题因人类的智慧而创出奇迹。评课老师感慨：好课就当如此。

第三节金山小学的向明珠老师和我校王婷老师开展同课异构"10的认识"。向老师用适合低年级学生的教学语言，生动有趣的游戏，带领孩子们走进数学王国，学习知识。虽然是一年级的孩子，但是他们在课堂上的专注力确实让在座的老师们叹服，这也是对向老师最好的肯定。王婷老师以一段别开生面的谈话进入，和孩子们玩一个"藏橡皮"游戏，希望孩子们写字落笔前，三思而后行。王老师不只是教学生知识，同时也潜移默化的教给孩子们一种做事的心态！总之，两位老师各有优点，不同的教学风格与理念让听课教师收益颇丰。

10月21日上午，石主任的"初识scratch"让金山小学的老师眼前一亮。孩子们在课程中，玩游戏、看动画，通过小组合作学习做动画，兴致高涨，连听课的老师都沉浸其中，和孩子们一起听课学习，动手操作。金山小学是一所比较重信息课程的农村小学，有比较完善的电脑教室，但是石老师带来的如此系统正式的信息课，对那儿的孩子们来说仍然是新奇的。

　　压轴大戏是我校文艺范儿苏凌云老师的《慈母情深》。课文选自梁晓声的小说《母亲》，这是一篇感人至深的课文。教师从题入手，围绕"深"字，引导学生探究为何作者会"鼻子一酸"，从母亲恶劣的工作环境，疲惫不堪的身形以及给钱时的慷慨感悟"慈母情深深似海"。听课老师们都被苏老师深厚扎实的语文功底所折服，被她那情感充沛的语言所感染，深深体会到慈母情深。

　　吉联与金山之间，不是结对帮扶，而是携手共进。吉联的金山行，不是送教下乡，而是互助前行。

　　我们两校的相连，是一种缘分，希望通过多次交流，金山小学能多多吸收城市先进的教学理念和方法，我校的老师也能多多接受锻炼，接受挑战，实现优势互补，共同进步；结对互助，携手共进。

（培训机构：长沙市雨花区砂子塘吉联小学）

第九章 网络研修探索

工作坊，让我和女儿共成长

湘潭市东郊乡中心学校 周亮琴

7月11日，小语工作坊研修正式开班。这些日子，忙碌着、劳累着，但也让我收获着、充实着。在这里，不但所有的老师和学员都以一颗平实的真诚的心互相讨论、交流，使我受益匪浅，而且还吸收了一个新学员——我的8岁的女儿。借此平台，我和女儿共同成长。

记得那天，我正在观看长沙芙蓉区育才学校吴娟老师的课例视频《伯牙绝弦》。吴老师在教学时，特别注重语文知识的综合运用，拓宽了学生学习语文、运用语文的领域。我被她那巧妙的设计与引导深深地吸引着，不知什么时候女儿站在了我的身后。"子期 / 死，伯牙 / 谓 / 世 再无知音，乃 / 破琴 / 绝弦，终身 / 不复鼓。"呵呵！她成吴老师的学生了，跟读呢！我假装没听到，也不忍心打搅。看完视频，她非常兴奋地说："妈妈，我看过六年级语文书上的《伯牙绝弦》这篇文章，里面没说什么叫八拜之交、知音之交、刎颈之交、管鲍之交、忘年之交……今天算是弄明白点了！"的确，我们的语文教材只是语文教育内容的载体，着重于培养基础的、规范的语文能力，是表达思想的范例，运用语言的范例，语文训练的范例。作为教育者，我们应该很好地运用语文教材，使综合性学习的教育功能得以实现。女儿还小，我只能对她说："是的！你仔细回忆一下，平时，你们罗老师上语文课时引导你们学习的很多知识点，是不是也没在语文书上出现呀！"她直点头，接着"有一次，有一次"地说个不停……

今天，当我打开网页时，她又冲了过来："妈妈，你多少分了？还只42.7分？最高分是多少？快点！我们一起看，好吗？"还能说什么呢？来吧！今天学你的弱项——"习作要有一定速度"！

（培训机构：湘乡市教师进修学校）

同道　同志　同行

古丈二小　向红梅

自 2016 年 8 月参加"国培计划"以来，历时 3 个多月。"国培计划"——区县中小学工作坊主持人（小学数学 C202_2）工作坊培训已经降下帷幕。培训期间我有幸成为第 5 组湘西树的组长。在这近一百多个日日夜夜里，犹如春日晴阳的"国培"指引着我们一路高歌远航，给我们指明了方向，带来了希望。我们脚踏实地，我们思行并进，我和我的组员共同进步，一起成长。

教育路上芳草连天，然而也不乏荆棘。我们都懂得"读万卷书，行万里路，胸中脱去尘浊，自然丘壑内营，立成鄞鄂"的古训。脚踏实地的我们相约在网络，一起寻找前行的路，一起寻找可以前行中指导我们的真理……

一、同行的路上我们同伴

也许我们来自湘西各县市，也许我们的观点时有分歧，也许我们的年龄各有差异，但我们都是小学数学人，前进路上我们彼此为伴。微信成了我们沟通交流的工具，不厌其烦地提醒掉队的组员、经常"执著"的刷屏。督促因为工作繁忙而耽搁了学习的组员，期待全组的学员一起往前行。

我们利用 QQ 群传递资料，探讨问题，分享经验，交流方法。年轻教师缺乏经验，有经验的前辈主动支招，我们各抒己见，你一言，我一语。让这一场难得的分享、交流逐渐升温，学习永无止境，我们是湘西树组合，为了集体的荣誉，我们互帮互助，你追我赶。

本组风采——研修优秀作品展示

（1）教育格言：教育需要小火慢炖，成长需要慢慢拔节。（花垣县教育科学研究所田茂生）

（2）教育思想：教育不是牺牲，而是享受；教育不是谋生的手段，而是生活的本身；教育更不是驯化，而是平等、尊重、理解、沟通和信任。教育赋予学生的应当是一种积极向善、向上的能量，真正的教育质量是建立在学生身心健康、人格健全的基础之上。从培养浓厚学习兴趣、良好道德素养入手，养成自主学习、终身学习的习惯，锤炼坚定的理想信念，具有丰富的精神生活和精神需要，形成可持续发展的学习能力，这才是教育追求的目标。

（3）推优研修心得（一）

怎样成为一名受欢迎的教研员

首先，教育教学研究，要从实际出发，要解决本地教师在教育教学过程出现的问题和困惑，要充满爱护之心。不要粗暴地对待教师，摆出一副高高在上的样子，没有人情味。我在下学校听课时，点评教师的课时，首先多说赞扬的话，多说优点，再说一下需要注意的问题，对于一些比较尖锐的问题，我往往找教师个人交流。如果在评课的会场，一味地讲授课教师的不是，一是这位教师会在学校校长、老师们心中留下不好的印象，二是打击这位教师的教育教学积极性。其次，多与教师探讨怎样使课堂愈发显得科学、生动、有趣。最后，我还认识到：一节好的数学课，新在理念、巧在设计、赢在实践、贵在生成。一节好的数学课，要做到两个关注：一是关注学生，从学生的实际出发，关注学生的情感需求和认知需求，关注学生的已有的知识基础和生活经验……是一节成功课堂的必要基础。二是关注数学，抓住数学的本质进行教学，注重数学思维方法的渗透，让学生在观察、操作、推理、验证的过程中真正体验到数学，乐学、爱学数学。此外，我认识到一节好的数学课，不要有"作秀"情结，提倡"简洁而深刻、清新而厚重"的教学风格，展现思维力度，关注数学方法，体现数学课的灵魂。

（湘西州教科院　石永华）

（4）推优研修心得（二）

从数学的角度看待问题，用数学的思维方法思考问题

各位专家在专题讲座中，阐述了自己对小学数学核心素养、文化、教学的独特见解，对新课程的各种看法，对数学思想的探讨，在专家们的引领下，我对新课程有了全新的理解和完整清晰的认识。

站在素质教育的高度，审视自己的教学行为。发现在平常的教学中，自己思考得太少，只注重上好每一堂课，发现问题及时查漏补缺，对学生的个性发展、终身发展考虑的不多。通过学习我转变了思想观念，与其给学生一碗水、一桶水，不如帮学生找到水源，学生找不到方向时，与其告诉他方向，不如给他们指南针，要把目光放长远一些。

（湘西吉首大学附小　张田庆）

二、数学工作坊——我们的家园

在这个大家庭里，我们利用网络平台，是研修公告、研修简报、研修问答、研修沙龙、研修活动、研修资源让我们身在异地的100多名学员紧密相连，我们组建学习小组，顺利快速进入学习状态，收到了较好效果。

我们建立了研修QQ群、小学数学2班工作坊、个人学习中心、专家团队。专家团队专业、耐心、热忱、及时。在网上研修，专家团队热情地参与，深入地探讨。他们与学员们一道进行教育教学理论的学习和交流，进行教学实践的探索

与反思，答学员提出的问题，认真做好辅导、指导、服务工作，掀起了一股学习、实践、交流、探讨的热潮。提醒学员学习进度，批改作业，点评研修日志，编辑班级简报等。他们充分利用好消息管理、班级公告等平台，挖掘相关资源，出好每一期的简报，通报学情、提醒学习进度、推出学习之星等等。精心认真地批阅作业、点评日志也是为了提醒、督促、激励和期待。

我们第一期、第二期研修简报、学情公告：各组成绩统计、国培征文培训方案个人空间微课征评活动通知、研修喜报……

我们的问答：怎样提高学生计算的正确率？如何培养学习习惯？怎样让孩子学会思考？如何提高小学生问题解决的能力……

我们的资源：小学数学小组合作学习的研究、"8 的乘法口诀"教学设计、怎样培养学生学习数学的兴趣、"数一数"教案设计……

我们的沙龙话题：抽屉原则该如何教？课堂上如何落实面向全体？如何提高低年级学生的计算能力？什么样的课堂才是一个好的课堂……

三、思维的碰撞，收获促成长

此次学习培训，贴近教学，贴近课堂，形式新颖，内容符合教师的需求，讲授精彩具有针对性、实施性和前瞻性。教师积极性很高，从网上认真聆听众多专家、学者乃至国内权威人士的讲座，倾听他们对教学的理解、感悟他们的思想方法等。远程培训给教师们带来了心智的启迪、情感的熏陶和精神的享受，开阔了视野，更新了理念，为今后的教学实践起了提纲挈领的作用，为今后的教育科学理论注入了源头活水。

通过这几个月的小学数学工作坊主持人的网络研修学习，使我们真正地意识到，作为一名普通的数学教师，不仅要具备高尚的师德，更应该有渊博的知识，这是我们从事教育的基本保证。是的，新课程改革是我们新型教师的必须知道的名词，要做到对新课程对于课程深入的研究、探索、思考、挖掘，并不是一件很容易的事，而这样的学习似乎正好为我们去挖掘去思考新课程新教材中更深入的内容提供了机会。作为一个普通的学员，我感觉在这次网络培训以及线下学习中，我学到了很多知识，同时也带给我带来很多新的思考。

1.通过学习，解决了我们在实际教学中遇到的很多疑难问题。不是吗？我们有什么问题，就在培训平台上老师们互相交流，探讨，在老师们的探讨中，我还学到了很多新的知识和理念。使自己在师德修养、教育理念、教学方法、等各方面有了很大的提升，驾驭课堂、把握教材、交流沟通、教学设计、班级管理，以及在教学中怎样评价学生，教学反思的技能也有了很大的提高，同时更新了教育理论，丰富了教学经验，为今后从事数学教学和班级管理工作，进一步提高课堂教学效益打下了良好的基础。同时也结识了许多优秀的教师，开阔了视野，充实了自己。

2.教师要不断学习，努力提高自己的专业素养，不断促进自己的专业成长。通过研修学习，我认为要想驾驭新课程理念指导下的课堂，教师不仅要具备高尚的师德，还要有渊博的学识，这是我们从事教育教学工作的基础。要以这次远程研修培训为契机，继续加强自身的学习和提高，利用各种形式广泛收集课程资源信息，认真向课程专家团队和同行学习，尤其是微课的制作。这就让我们在"班班通"教学中更加有利了，充实了我们的有效教学。

3.通过这次研修，在我们的头脑中进一步确立了转变学生的学习方式，转变教师的教学方式，转变教育教学理念的重要性，使自己坚信只要坚持搞好素质教育，坚持以学生的发展为核心，以教师的专业发展为支撑，进一步关注学生的主体地位，就可以实现学生的素养发展和教学成绩的双赢。

4.进一步加强对教学工作的反思。加强教学反思，认真听取学生的意见和听课教师的评课建议，及时修改、补充、调整、完善教学设计和教学策略，这对教师的专业发展和能力提高是非常必要的。我们要坚持写课后反思、阶段性反思、学期后反思和学年反思，在反思中成长、在反思中进步。

（培训机构：湖南省中小学教师发展网）

一朵云推动了另一朵云

冷水江市第六中学　伍丰盈

"叮铃铃，叮铃铃……"一串熟悉的闹铃让沉睡中的我勉强地睁开带着浓浓睡意的惺忪双眼；窗外阳光正好，明媚随着窗帘的缝隙流入了我的房间……在这样一个随时面临降温的初冬季节，有一股温暖，不知不觉间漫进心田。

德国哲学家雅斯贝尔斯曾说："有时候记忆深刻只是意味着，一棵树摇动了另一棵树，一朵云推动了另一朵云，一个灵魂唤醒了另一个灵魂。"而在远程研修培训班的许多日子，我就被一个个的灵魂唤醒着，温暖着。初次来到班上的时候，带着一种倦怠而又懒散的情绪；而此时此刻，我却已经全身心地投入这场时刻进行着的战斗。那些人，那些事，给我温暖，催我上进……

"学习的主要目的是自身的发展，包括自身素质和专业素质的提高。至于120个学分，那只是对你努力学习的一种肯定。"讲台下的男男女女们正七嘴八舌地问着有关学分的事情，一个身材略显强壮的男子在台上慷慨激昂着……或许是人多喧闹的缘故，他必须尽量地抬高自己的嗓门，以便让100多人都能清晰地听见他的回答——他，就是我们的辅导员谢恺，班上的日常事务都由他负责。

第一次听他唠叨着远程研修的诸项事务，与其说他是辅导员，倒不如把他定义为班上贴心的远程保姆。在班级群里头，他的头像总是在窜来窜去："李瑛老师，这是你们组的学情：1人学习时间不足，7人未提问答疑，7人未完成一次作业，8人未参加沙龙讨论，7人未上传心得！""班上那些学习时间不够的同学要抓紧了""我们班级的提问答疑要跟上，沙龙回复也要跟上"……

刚开始的时候，怕是多少有些不耐烦他的提醒，慢慢地开始明白了这位远程保姆的良苦用心。如若谁有了问题，他就像是一个随时待命的战士，时刻服务着班上每一位学员。"谢老师，为什么我交上去的作业都不能显示呢？""记住，不能用附件形式提交。""谢老师，网页进不去是怎么回事？""请用360浏览器试看。"对于我们学员在学习过程中遇到的各种芝麻小事还是疑难杂症，他总是第一时间给我们答复和解决，在远程研修的道路上，有了这样一位用心铺路的辅导员，前行的路途似乎变得轻巧许多，简单许多。

在这样一个100多人的班级里，印象深刻的有一位女学员，冷水江六中英语教师李瑛老师。她经常穿着比较松散的便服，束着长长的马尾，那一张面若春风的脸上嵌着一双传递温暖的双目，从那眸子里，就能感觉到浓浓的爱意。在日后的交流中才得知她已经是一位准妈妈。

由于工作能力的突出，她被委任为班上的团支书兼第二小组的组长。班上需要，她也没有过多的推却，毅然决然地扛下了必须要承担的职责。一次，晚上十点多了，我在微课制作上遇见了许多问题，而没能及时找到辅导员，只能在群里发了一个求救信号，原本不抱有太多希望。结果却很快收到了她仔仔细细的回信，每一个步骤都写得很详细，生怕没能把问题说清楚。透过每一个字、每一个标点符号，我感受到了她对同学的关心、关爱。后来才明白，她把 QQ 设置了声音提醒，万一班上学员有问题，她也能尽其所能，及时地为同学服务，为辅导员解忧。或许，在远程研修培训的过程中，要被多少如我这样的学员打扰与麻烦，也许是她还没睡醒的早晨，也许是正在午睡的中午，也许像那次，是一个正要休憩的晚上……

还有一个人，他总是用美好的心灵看世界，总是用乐观的精神面对人生，在他身上看到的更多的是自信，更多的是积极的态度。他，就是研修班一名普通而又不普通的学员，谢雨露。

胖嘟嘟的躯壳，包裹着一颗热烈而上进的心。他常常挂在嘴边的一句话便是，"很简单的啦，有什么难的"。似乎，他的人生字典里，没有不可逾越的高山，也没有不能解决的困难。在我们的眼里，他是那种对电脑不怎么感冒的一个人，典型的"一指禅"。而就是这么一个人，在远程培训中，电脑时时刻刻不能缺少的领域里，却活得生机盎然，学得鲜蹦活跳。

那是一个烈日炎炎的下午，学校运动会，他是主要的负责人，在操场上忙得不亦乐乎，正巧培训班急需交一份简报，我找到了他，与他说明情况。原本以为工作那么忙的他会拒绝，至少也会迟疑。可是他没有，脸上荡漾着他那一如既往的笑容，对我说，"好的，我把这里的工作做好，等会回去就做好，给你发过去"。大约晚上八点钟的样子，我就收到了他的邮件，邮件上还说明，如果不合格的话，他立即修改。

维克多·弗兰克说，"每个人都被生命询问，而他只有用自己的生命才能回答此问题，只有以负责来答复生命，因此，能够负责是人类存在最重要的本质"。是的，这个笑容不改的谢雨露老师，他是一个普通人，又是如此一个对工作负责，对生命负责的不普通的人。

远程研修班里发生过太多记忆深刻的故事，包括因为牙疼上火，却不肯休息依然选择在电脑前奋战的他；平时爱美却把时间用在钻研微课制作，平时爱玩却潜心学习电脑软件的她；因为学校网速慢，学习进程没有跟上，凌晨3点起床赶进度的急性子的他；学校团委书记，既要管理学校诸多事务，忙于自己教学参赛的同时，也不忘落下功课，落下学习的她……无数个他，无数个她，合成我们远程研修班精彩的乐章。

　　远程研修培训的第一期虽然接近尾声，但我们学习依旧，热情依旧。两个多月的时间，在培训的过程中，我像是完成了一次破茧成蝶的蜕变，不仅仅夯实了适应教育改革需要的思维基础、理论基础、实践基础，同时也让我建立起自我学习与发展的意识，成功地建立了适合自我成长的专业支持体系。更感庆幸与值得骄傲的是，我们远程研修班的每一个人，用自己独特的闪光点，用各自满满的正能量，相互影响，相互因果，正如"一棵树摇动了另一棵树，一朵云推动了另一朵云，一个灵魂唤醒了另一个灵魂。

（培训机构：湖南省中小学教师发展网）

一钩已足明　何况清辉满

洞口二中　肖荣

实话说，大大小小的各种各样的培训我见多了，其中有县一级的，有市一级的，有省一级的，甚至还有国家级的。在我看来，这些培训无非就是挂个名，交点钱，走一下过场，到时象征性地考试一下，我要的什么都到手了。至于过程，就那么回事。可是这个培训一开始，我就敏锐地嗅出了异味：这个辅导老师好严啊！严得出奇，严得出格！他的工作又做得很细、很实、很别出心裁啊！

刚开始，这个辅导老师就把本班本次学习的起止时间、参加人数、要完成的学习任务和即将实施的措施步骤等悉数向全体学员公布。他先将洞口一中的网络教研运行模式在我们的网络研修洞口高中文综班群里予以转载，意图给学员们以适当启发；然后就是回答学员们一连串的问题。因为学员们大多是大姑娘上花轿——头一次，所以遇到的各种各样的问题实在是太多了。有问"登录密码不对，怎么办？"有问"为什么打不开网页？"有问"我进入了中小学教师发展网，但下一步却找不到所要的项目。"有问"时间去哪了？一直看讲座，时间冻住了？"反正什么乱七八糟、稀奇古怪的问题都有。看着网页留言上密密麻麻而且不断急速刷新的"小蚂蚁"，我作为一个作壁上观、不用回答的学员，看得头都大了。更让人上头的是，有些学员根本就没有查看相关"消息记录"，别人刚刚问过的问题，辅导老师明明已经作出详细具体的回答了，他接着一而再再而三地问。甚至，还有些问题，在我看来纯粹就是扯淡。于是，我心忿忿然，很为我们班的这个辅导员鸣不平。

慢慢地，当一切都走上正轨的时候，这类的帖子和问题渐渐少了。这个时候，我注意到每天上午8时许，刘老师都准时将"学员学情统计"在群里予以公布，并且加上自己的按语，不断鼓励先进鞭策后进，对暂未学习的学员按学校分别予以公告，另外还不断通过电话、手机短信和微信与这些还未参与学习的联系。刘老师还将"优秀学员评选办法"和"班委会成员产生办法"等向群里及时公开。我清楚地记得，在班委会未产生之前，刘老师独个完成了几乎所有的"班级沙龙""班级答疑""班级资源"等工作。特别值得一提的是：在县一中承担7个班的历史教学任务，同时还有其他培训的情况下，他一个人完成了文字量颇大，各项数据颇为准确翔实的第一期《班级简报》。其实，我也算是个舞文弄墨之人，我深知一张看似简单的报纸后面，不知凝聚了多少作者、审者乃至编者的心血啊！不仅如此，截至目前他还设计出了三个质量颇高的作业题目，在我看来，这些题目无一不紧密契合本次培训的课程内容，又无一不具备一定的理论宽度和深度。这些题目的设计，他不是随便东抄西抄的，而是经过自己大脑的，是不懈思索的精华所在。至此，我没有理由不相信，我们的辅导员刘孙贤老师自接到担任我们这个班的辅导员任务时，他是多么的宵衣旰食与如履薄冰啊！

　　我还观察到他对我们学员们的答疑，没有一例是敷衍了事的。可以说，面对每一个学员的每一个疑问，他都是认真阅读了的，连作答他都是先酝酿许久才断然下笔的。比如，他在第一期简报里面用了一个词语"耻辱榜"，二中有位美女老师在"班级答疑"提出异议。只见他是这么回答的："这个问题我也想了，问了一下老婆，光荣的反义词是什么？她说就是耻辱！我想，知耻而后勇吧！当初林彪吃了败仗，被朱德一顿狠骂，不是黄埔毕业生吗？书读到狗肚子里去?！林被骂了个大红脸，带兵返回，大获全胜，从此打出了一代军神，一个全胜将军！全军就两个军神：林彪和粟裕。粟是师范生，没读过军校！"同志们看看，这个问题回答得多妙啊，不但旁征博引而且富有生活情趣！俗话说，窥一斑而见全豹。是的，从这个帖子的回答中，我们就可以明确感知其对学员的一片良苦用心！

　　"桃李不言，下自成蹊。"正是他的这种严谨务实的学习作风和工作作风深深打动了我，我激流勇进毛遂自荐，申请担任此次省培邵阳市洞口县高中文综班的班长。今天，我敢大胆地说，凡是出自他的每一个数据都是严谨的，都是经得起推敲的。对学员们"心得体会"的审查，他是严肃的，不但自己身体力行地去逐篇推敲，而且还请教师杂志社编辑去查重。对学员们"班级作业"的审查，他更是苛刻的。一学员是他的亲戚，他发现其作业字数不达要求，立马毫不客气地打回重做。他还明确宣布："作业请大家认真对待，我要到知网上去查抄袭率，超过50% 打回重做，超过40% 会在评语中指出来，少于30% 合格。"学员们纷纷惊呼"这是史上最难的培训！"今天我们的这个培训正处在进行时当中，我们的辅导员刘孙贤老师还是像老黄牛一样为我们默默工作着，我还不敢对他负责的这项工作下最后的结语，但我的脑海里，已经不由自主地想起晚清名臣沈葆桢的一句话："一钩已足明天下，何况清辉满十分！"期待着更多的发现，期待着更多的文字，也期待着更多的精彩！

（培训机构：湖南省中小学教师发展网）

第十章　短期培训经历

用爱护航，温暖前行

韶山市银田镇学校　郭健

阴阴的天，冷冷的风，一点也没有搅乱我来培训的心情。开班仪式上，岳阳楼区的教育局领导以及东方红小学的书记都在会上作了讲话。给我印象最深刻的是教育局领导陈映军科长的讲话。他谈到教育是造人，是一条单行线；学校教育就是"场"，你的气场大，很多问题就会被抚平；班主任要付出如父母亲的爱；后进生感谢我们的严格要求成全了他们，而我们却深深知道是他们教会我们如何做老师；班主任需要教育的智慧，良心在，智慧才有其发光发热的效果。一个良好的开端让我深深意识到这次培训的重要性。

当北京市史家小学万平老师登上台，他不高的个子，温柔的声音，我似乎在聆听来自心底的声音。"教育是温暖的——静静聆听童心的呼唤"这温暖的标题，让我寒意全无。万老师从《点》这个小故事导入"教师是播种的职业"，让我们知道一个好老师意味着什么，用苏霍姆林斯基的话来说就是"关心孩子的快乐与悲伤，了解孩子的心灵，时刻不忘记自己是个孩子"。热爱孩子与孩子好好交往交流，赤子之心不可少。很多时候教育是件非常有趣而又有意义的事情："成全孩子"是教育的唯一的一件事，最后却"成就了自己"，从而达到"双赢"。幼小心灵的播种者，童蒙养成的奠基者，良好习惯的塑造者，目标理想的引导者，这是谁？我们，教育事业的"园丁"。万老师的日记教学，班级办"小笔头"班报，优秀作品的"收藏本"，对特殊孩子"小厚"的耐心教导以及对画画有天分的"顺顺"的支持等让我们受益匪浅。日记的真正意义：一本刻在你心中儿时的记忆。二我们教师的评语，评注的是幸福，只有我们教师独有的幸福。"以文载道，润物无声"的日记教学，将班主任的爱，对学生的教育融入日记评语中，文字是有力量的，文字是无穷的。对待特殊孩子，需要的是耐心与等待。居里夫妇提炼镭的过程非常艰辛，而教育本身绝不亚于"镭"的发现。亲爱的老师们，请这样告诫自己：只要是一名教师，就要在教室教学中耐得繁劳，耐得烦劳。期望自己能够成为一名真正的教育者，单纯专注深入地投入工作，零距离、多角度、全方位地与学生的生命互动，以爱育爱，以能养能，以德培德，以心传心。

黄佑生老师和我们分享的是"守望道德星空——新时期师德规范及践行策略"。这位年轻的教授给我们注入的是希望和前行的动力。从一块石头上的刻字"德术相长"导入，也向我们传达了"好老师必须德术双全"，但我们也要记住人是一个多角色的人，教师不是神，不要将特定情境下的崇高师德当做教师普遍的道德要求。乡村教师面临更多的问题，也有更多的苦衷，我们同样也不是神，更需要社会和国家的关注和关心。希望我未来在教育的地位有所提高，角色有所变化，我们也将会点亮更多希望之灯。教育事业的坚守苦，乡村教育事业的坚守更苦，那么什么才能让我们坚持下来呢？黄老师从藏族人粘酥油花这件事来诠释，藏族人能面临着手被冻伤的危险而常年这样做，原因何在？这是因为他们心中有"佛"。这其实就是信仰的力量。当我们坚定职业信仰——教育是种福，那么我们才有坚持走下去的动力。这种最朴素的信仰其实就是生命和职业的质量，有信仰，生命才会厚重，职业才有精神支柱。斯宾诺莎曾说过："幸福不是德行的回报，而是德行本身。"作为教师，作为一名堂堂正正的人民教师，我们为国家和民族种福——培养社会合格的公民和社会需要的人才。偌大的中国诺贝尔奖获得者屈指可数，而饱受战争之苦的以色列却获得过 162 个这样至高无上的奖，这不值得我们深思吗？是的，以色列这个小小的国度强大的超级秘密武器就是"怀疑和辩论"，他们鼓励学生与老师辩论，这样也就不会过多地扼杀学生的创造性思维。而我们的教育存在什么问题，这也是大家心知肚明的。可是我们只是一个小小的老师，我们无法改变社会，无法改变整个教育，甚至改变一所学校都难，但我们可以改变自己，进而改变一群孩子及家庭，做学生生命中的贵人，成为美丽幸福的遇见！

永葆敬畏之心：敬畏职业、尊严、规律。教师的职业道德对学生的影响最为深远，会积淀在学生终身的记忆里。多少学科知识慢慢地随风飘逝，而唯有德行魅力历久弥新。爱因斯坦说过："当把学过的东西都忘记，剩下的就是教育。"以德施教，以德立身，用灵魂塑造灵魂，有德无才不是好老师，有才无德不能当老师。教师的人格魅力和职业道德是保鲜而不变质的。作为一位老师，作为一位好老师，我们还应该心有大爱，爱自己，爱同事，爱学生。马云说过："如果你想赢在 21 世纪，你必须学会让别人强大，让别人比你更成功，那样你才能成功。"教育亦如此，当遇到人生的低谷期或高原期，我们要逆境求生存，也要学会能够高原期中进行突围，在成就别人，自己也重生蜕变，与此同时也成就了自己。

11 月 8 日的课堂上，两段视频导入，让我们热泪盈眶——《不抱怨，靠自己》和《俺爹俺娘》。坚强，有爱，让我们勇敢地站上讲台，让我们默默地坚守这份用爱浇灌的事业。北京市广渠中学的高金英老师的"超越自己，不懈努力，做学生喜欢的班主任"讲座也让我受益匪浅。学生是种子，不是瓶子；教育是农业，不是工业。要想种子生根发芽，我们更学要做的是超越自己，不懈努力，简单来说就是我们需要修炼：修炼与家长沟通的技巧，修炼收起脾气的本事，修炼提高人际交往的能力等。教师一个人怎样才能成功？做别人不愿做的事，将别人做的事做得更专业。我们作为班主任是杂家，是艺术家，需要拥有特长。做学生喜欢的班主任任重道远。

破冰行动，我有幸当上了小组组长。12位来自不同县市的老师融为了一体。班级的班长也在我们这一组。我很开心，也有点局促。毕竟大家都不太相熟。班干部会议开完后，我的心更沉重了，原本以为只是发发文件而已。事情远远不是我想象的那样。很多课程上完后，我们要负责收发评课表，还要进行统计。每天早、中都需要登记考勤，每节课老师都有限时研讨环节，还有限时汇报时间。代表小组课前分享，这次分享我花尽心思做好了一个课件"粗中必须有细——乡村班主任个人拙见"，得到国培班的同学以及东方红小学老师的一致好评。帮助小组出我们国培班的第一期简报，第一次当主编的感觉真不错。抢答次次都有我的份，还获得了一本不错的读物《面向个体的教育》。"破冰"真正让我破除心中那块我自己难以破除的"千年寒冰"，我真的成长了，感谢国培，感谢东方红小学。

11月9日，当早晨的第一缕阳光洒进岳阳市东方红小学时，我们看到了一场由学生自己主持，活动新颖的升旗仪式"今天，你问候了吗？"当孩子们用表演来表现各国不同问候用语时，下面的小听众都听得津津有味，教育效果自然不言而喻。真的佩服东方红小学的所有孩子，所有优秀的老师！升旗仪式后，当岳阳市教育科学研究院的张金华老师给我分享的班主任工作艺术之"表扬与批评的艺术"让我明白了：及时反馈对学生后续学习的影响；对孩子们的表现要有反馈，不论是批评还是表扬，对孩子的各方面都是有促进作用的，其实批评并不是最可怕的，可怕的是忽视、放弃、漠视，才是最具破坏力的。教师要有自己的操守，要有自己的分寸，爱他们，爱这些天使般的孩子，就应该要放亮这两只眼睛——"表扬与批评"。陈党荣老师的"少先队活动的设计和创新"和11月11日刘伟老师的"升旗仪式的教育作用及其组织实施"，让我们来参加培训的乡村教师深深理解了活动的深刻作用和意义，明确了自己学校在少先队这一块需要改进的地方。可惜的是12日却碰上下雨，我们没能一睹东方红大课间的风采。

11月10日，岳阳市二中刘亚琴老师给我带来精神盛宴"智慧育人，爱心守护"。用她在教育事业中一路走来的教育经验，诠释着这个主题。把孩子培养成情商高的孩子比什么都重要。用创新意识营建和管理班级，智慧育人。爱心守护，润物无声。

这天下午我们聆听了岳阳县一中郭玉良老师的"来自心灵的呼唤——留守儿童教育方法研讨"的讲座。留守儿童的教育需要老师有好的心态；留守儿童的教育需要读懂心灵成长密码，需要耐心地等待。俗话说得好："鸡蛋从外打破是食物，从内打破是生命"。让我们做孩子们生命中的贵人，迎接花儿绽放的时刻。

11月11日，湖南民族学院附属小学陈迎老师给我上了一堂如何建设书香班级的讲座"沐浴书香，童心飞扬"。我们应该教会孩子，日有所诵，用经典叫醒黎明；日有所读，同文字周游世界。童诗童谣，妙趣横生；国学经典，童蒙养正。爱上诵读，爱上阅读，于学生，于我们，都受益终生。岳阳市教育局师资培训特聘专家瞿华玲老师带领我们进入心理世界"小学生心理健康教育与健全人格构建"。做一个好的倾听者就是一面镜子，当一个人情绪激动时，他表达的信息是关于说话者本人的。只有当孩子们敞开心扉，自由表达，才有机会接受我们老师的约束。

11月12日，东方红小学高天高老师分享的是"春风化雨促进常规，与爱牵手抓养成——浅谈班集体建设"。高老师这么多年所积累的一些有效的、细化的经验告诉我们：我们的爱，我们的坚持，我们的努力和上进，我们的以身作则，能让孩子们养成良好的习惯，能建设良好班风的班集体。岳阳楼区教育局吴波老师在"班主任工作中的问题研究"中讲到教学是一门艺术，挖掘技术的过程就是艺术。简单的理解就是"问题即课题，教学即科研，成长即成果"。在思考与行动中成为智慧的班主任。观摩东方红小学第三届家校联盟大会，让我深深地明白了家校沟通的重要性，了解了家校沟通的重要原则以及家校沟通中针对不同的家长需要讲究的方式、方法、途径。同时我也被东方红小学家长的素质深深折服，有如此支持和体谅学校的家长团队，如此理解家长苦心的教师，家校沟通毋庸置疑是有效的，畅通的。

11月13日，岳阳朝阳小学的余细兰老师和我们一起研讨了班级偶发事件的处理方法。俗话说得好："一个问题孩子的背后有一个问题家庭。"孩子只不过是用各种"行为"来引起大家的注意。余老师带领我们学习了偶发事件的特点、类型、成因以及正确处理偶发事件的意义。余老师还让我们通过实际案例来选用已学的最有用的处理方法，我们集思广益，总结汇报，让我们受益匪浅。这天晚上我们国培班学院也举办了一场答谢演出，当晚国培班11个小组自编自导的节目，精彩纷呈，高潮迭起。当然，我们第四组"悦想团队"的歌伴舞"遇上你是我的缘"以及集体作品爵士舞"*Change*"形式新颖，极富创新性，赢得了全场的喝彩。

11月14日，东方红小学杨卫星副校长给我们上了一堂知识性很强的，但却有着无穷实际价值的"班队活动的有效组织和实施"的课。由"道"引入，层层剥开，从活动的开展现状、认识偏差、班级活动的含义和意义等结合实际案例，深入浅出，使用价值很高，值得一学。东方红小学邹鹏老师的"微课制作"也让我们在短短的一个半小时了解了用PPT和录屏工具CS如何制作教学视频，如何制作微课。下午国培班班主任段雅清老师的"培训反刍和行动计划"，让我们各个组内总结了这短暂而又漫长的8天培训收获，明确了将来要实际运用和努力的方向。培训接近尾声了，我们"悦想团队"收获了"优秀学习小组二等奖"，我也因为大家的努力和支持收获了"优秀学员"的称号。团队的实力强大，团队精神可贵，团队的能力无限。悦想团队，队如其名，在快乐中畅想，化知识、技能、情感为行动的力量。

国培教会我们守望星空，用爱护航，及时浇灌，陪伴绽放，用最初的心，做永远的事。点亮心灯，温暖前行，停靠东方红起之处必定是抵达成功彼岸之时！

（培训机构：岳阳市岳阳楼区东方红小学）

新　深　精　心

祁东县育贤中学　周页蔚

　　少而好学，如日出之阳；壮而好学，如日中之光；老而好学，如秉烛之明。学然后知不足，教然后知困，知不足，然后能自反也；知困，然后能自强也。

　　本人从教 20 余年，虽然能熟练驾驭课堂，教学效果也不错，深受学生的喜爱，但是随着信息技术的迅猛发展，教学知识不断深入，学生视野不断拓展，这让我深深体会到作为教师充电学习的紧迫感和时代的使命感。因而我会积极争取每一次的学习机会，发扬活到老、学到老的精神，经过不断努力，有幸能够参加"国培计划"（2016）——衡阳市高中数学骨干教师工作坊。这次为期半年的国培，让我受益匪浅，感慨颇多，主要体现在"新""深""精""心"四个方面。

一、"新"——新方式、新概念、新技术

　　首先，"新"体现在新的环境、新的学员、接受新的培训。

　　七月初，我们怀着无比激动的心情，来到坐落在洣水河畔、罗帅故乡，有着深厚文化底蕴的衡东一中。这次培训的一百名学员来自全市各个学校，老同学见了面嘘寒问暖，新学友见了面惊喜无限。第一次线下学习为期两天，管理非常严格，采取刷脸签到的方式，课堂上学员们都认真听讲、仔细笔记，形成了良好的学习氛围。

　　而第三次线下学习的地点在南岳。在这里，我们不仅获得了新的知识，还领略了南岳朦胧之美。傍晚的衡山笼罩着一层轻纱，影影绰绰，在缥缈的云烟中忽远忽近，若即若离，而空气中弥漫着淡淡的檀香和花香，置身于佛教圣地，如诗如画，我心悠然。这给我们学习的同时注入了新的活力和动力，让我深深体会到国培的人性化，坊主的良苦用心。

　　然后，"新"体现在新概念——高中数学创客文化。

　　衡阳师范学院数学系与统计学院院长杨柳给我们讲授了"创客教育"，创客教学模式是一种以创新教育、基于创造的学习、"从做中学"、快乐教育等理论为指导，以创新实践项目为载体，旨在培养学生创新能力的新型教学模式。让我初步了解到创客教育培养目标的多维性与整合性；创客教育内容的切身性与挑战性；创客教育的情境与资源的开放性。运用数字化的信息工具，能够给传统的数学课堂增添新的活力，能够让学生真正参与到数学课堂中来，开拓他们的视野，丰富他们的知识，符合知识的正迁移与建构的过程，尊重了学生的个体发展性、主体性，把课堂还给学生，老师只起到引导和推动的作用，发展了学生的创新思维与动手操作能力。数学课堂的学习离不开创客教育，数学因创客而美好！"创客教育"这

个名字，我以前闻所未闻，深感自己视野的局限性，通过这次学习，让我初步了解到新兴的文化领域，暗下决心，在这个新环境中，一定要抓住这次学习的新机遇好好学习新理念，做个与时俱进、适应新形势的新型教师。

最后，"新"体现在新信息技术。

在第二次线下学习时，衡东一中的刘诗桂老师、朱亚旸老师、衡铁一中刘小军老师进行了微课示范。第三次线下学习时，朱亚旸老师耐心细致地教我们怎么安装并使用 Camtasia Studio 8 软件，并展示了他荣获省一等奖的微课。朱亚旸老师是青年才俊，富有磁性的声音、一口流利标准的普通话给他的教学更增添了独有的个人魅力，给我留下了深刻的印象，通过这次培训让我们学到了一种新的微课制作技术，受益匪浅。

二、"深"——研修出深度

在第三次线下学习中，市教科所数学教研员贺才田主任对朱亚旸老师的微课进行了点评，并对"二项式定理"的教学提出了多种讲授方法。贺主任将概念的自然生成讲得通俗易懂、合情合理，而其抑扬顿挫、妙趣横生、声情并茂的话语，令我深深感受到贺主任对教材进行的深入挖掘、深入理解和深入探究。要想提高课堂教学，必须要下大工夫对教材进行深入的研究和对考题的深度的研究。

11 月 21 日下午，我们听取了长沙市望城区第一中学特级教师陈国军的讲课，主题是"走进课堂做研究——从课堂观察到课例研修"。主要从以下三个方面进行详细讲解：(1)课堂观察——走向专业化的听评课；(2)课堂观察的关键环节——从观察点到推论，其中包括确立适切的观察点、开发科学的观察工具、作出恰当的推论；(3)从"课堂观察"到"课例研修"。陈老师的课件做得非常精致，用表格的形式展示其讲授内容，条理清晰、明了。图文并存，难以辨析的内容运用了类比方法，展现了数学之美。以前，我觉得在教学中做研修，有点不务正业、主次颠倒，而通过听了陈老师的课以后对研修有了新的认识。研修是为了更好地教学，将教学进行得更深入透彻，教学不仅仅是教的过程，同时也是学的过程，没有反思、没有提炼升华、没有自己特有的教学风格，就会形成"年年岁岁生不同，岁岁年年教相似"，只有通过不断的学习，老师才能在专业水平、教学艺术、教学理念上提升自己。陈老师的讲课流畅自然、入木三分，让我体会到课例研修是寻求有效教学策略的渠道；课例研修是提高课堂教学实效的载体；课例研修是促进教师专业发展的途径。

高尔基说：出人头地不是从人群中"跳出来"，而是循着观察，比较和研究的道路走出来。陈国军老师的讲课让我深深领悟到：专家们从事的理论研究和探讨，是神圣而崇高的,是简洁而朴实的,是执著而艰难的,智慧源于勤奋,伟大出自平凡。让我初步了解到学术的"深"度。

三、"精"——精益求精

湖南科技大学的数学与计算科学学院的曾友良教授给我们上了一堂生动的课,主题是"数学教师'行动成才,岗位成家'的一二三",包含教师发展的途径、教师的三重境界:站上讲台、站稳讲台、站好讲台等。曾教授思维严谨、文笔精练、论证清晰,在课堂上提出了一个问题"分母为什么不能为零?"让我们感觉到学无止境、数学学科的思维型和严谨性,提醒我们在以后的教学中要更严格、规范、严谨。让我体悟到一个教师必须具有精湛的学术理论水平。

长沙市一中数学教师,湖南师范大学、湖南大学硕士生导师龚日辉教授讲授了"试卷编制的方法及其命题技术"。龚老师从教育测量学的基本概念、衡量试卷质量的主要指标、试卷测试结果的分析指标、试卷的命制技术等四个方面进行讲解。龚教授是个博学多才的专家,是湖南高考数学试卷的命题人。龚老师的授课让我们进一步了解到高考命题的意图和方向,使自己在以后的制卷命题上更具有适纲性、适度性、整体性、规范性等,尤其体现在制卷工作的"精"。

衡阳市教科所副所长陈坚讲授的"中小学教师怎样做课题",让我了解到做课题有其原则:(1)选题和标题,需要大量占有资料,题目需要具备小、实、新等特点,同时标题简明扼要;(2)立项评审书的填写规范;(4)做好研究要有四心,即有心、用心、细心、沉心。由此让我不禁想到平时的课堂教学,作为传授者,我们力求在教学中做到精益求精,做到备课的精细,课堂的精讲,制卷的精确,作业的精练。

四、"心"——用心育人

衡阳市一中的周慧颖老师讲授了"落实新课改精神,构建优质高效课堂——新课程背景之下,如何上好一堂课"。周老师总结了十年的课程改革现状:有成功的,也有走入误区,未能取到预期成效,甚至产生了负效应的。阐述了新课改中存在的问题:基础不牢;运用不活、不牢、不神;两极分化特别严重;教师的主导作用消失殆尽;科学魅力荡然无存;把学校和教育思想搞乱了,让教师扮演两面人;课改忽视了广大教师作为课改主体的存在和尊严。强调了教学必须是以学生为主体、教师为主导,追求的是育人为本、创新为本、公平为重点、质量为核心,提倡的是公平课堂、开放性课堂、和谐性课堂、发展性课堂,建议既要讲有效、高效,又要讲优质课堂。周老师针对新课改的利和弊引起了我们大家的共鸣,深深打动了我的心。我觉得现在的高中数学教材内容的编排上还没有以前的教材好,在教学中感觉到知识的零散,由衷希望课改越改越好。周老师阳光灿烂的笑容、风趣幽默的话语、挥洒自如的风姿，展示了一个成功教育工作者的精神风貌，可以感受到周老师是用心在体验学生的感受、用心在呵护学生的成长、用心在专注于自己的教育教学。

　　周南中学的夏远景老师讲授了"践行教育理想，幸福教育人生"，夏老师用他丰富的人生经历给我们上了一堂非常精彩的课。要播撒阳光给别人，首先自己心中要充满阳光。他把教育教学作为一种使命、一种责任、一种享受，他培养的是美好的人、幸福的人、真正的人，有思想、有情怀、有温度的人。夏老师以饱满的热情投入在工作中，以教学为乐、以工作为乐、以学生的进步为乐。他在教学中享受生活、在享受中教学，成就了他的幸福人生。夏老师提出：贵在坚持、难在坚持、成在坚持，讲述了他一路走来的教学成长过程，从学生到教师、从教师到校长、从校长到教师、从教师到名师的心路历程。诠释了教育的意义：教育给予受教育者更重要的东西不是知识，而是对知识的热情，对自我成长的信心，以及更乐观的生活态度。59岁的夏教师仍坚守在教育教学第一线，仍然担任班主任工作，他的座右铭是：教育需要高尚的情操来引领，需要人生的智慧来守望，守望教育的精神，守望教育的真谛，守望教育的清净雅致，守望真实，守望未来。正因为他拥有一个火热真挚之心，支撑他在教育教学这条路上走得那么远、飞得那么高。他的这种敬业、爱业精神深深打动了我的心，教育的目的应当是向人传送生命的气息，教育之"育"应该从这种生命开始，使人性向善，使人胸襟开阔，使人唤起与生俱来的美好"善根"。从夏老师身上我读懂了一个教育工作者的真、善、美。他给学生的高一目标：学会适应，感悟学科。你可以不够优秀，但不可以没有想法！高二目标：学会担当，体验精细。你可以不成功，但不可以不成长！高三目标：学会感恩，强化综合。你可以不为结果证明，但不可以不为过程展示。因梦想而生，为逆袭而来！

　　　　　　　　　　　　　　　（培训机构：衡阳市中小学教师发展中心）

我们再出发

长沙市长郡中学　秦莎

不知不觉间步入教坛已有十余年，当初的愿意或者不愿意都已烟消云散，无需论证，哲人有云"活在当下"，我辈凡人自当如此。十年的时间，可以长成一棵枝繁叶茂的绿树，可以成就一段白手起家的财富传奇，可以恋爱、结婚、生子，组成一个美满的家庭，那么我在教坛的十年呢？有奋斗，有摸索，有求教，有反思，但更多的时候犹如在迷雾中彷徨前行的人，孤独亦困惑。语文教育究竟有何意义？语文教学到底要教什么？诸多问题始终都只有一个似是而非的答案，模糊难明，甚至因为这些，教学的空间渐渐走向狭小，心灵渐渐走向钝化。来之前，其实也不相信什么培训，以为只是走走过场，混混学分罢了，可等我坐在讲台下认真聆听一个又一个讲座，却觉得犹如洪钟大吕震撼着我，犹如狂风骤雨洗礼着我，自觉如同武侠小说中的人物，被注入了真气，打通了任督二脉，焕然新生。这样的说法或许有些夸张，但却是自己的肺腑之言，而且不仅在当下，我想也会在将来对我的语文教学之路产生重大的影响。静下心来细细梳理，将此次培训的心得概括为以下四个方面：

一、共鸣和印证——信心的提振

十余年的教学时间并不短暂，又加上身处重点中学，教学质量的要求也不简单，一路行来，自有自己的勤奋用功和深思探求。在日复一日的课堂中，在一次又一次的师生对话中，在一场又一场的备课交流中，我亦形成了自己对于语文教学的点滴心得，而且随着时间的推移，语文教学的一些认识也逐渐清晰和笃定起来，但由于孤陋寡闻，由于与周围一些同事的做法不太一致，始终有些不太肯定，缺少自信。这次听了专家们的讲座，发现自己的一些想法和做法居然和专家大师们有相当的吻合之处，不禁又惊又喜，自信心倍增，也能更加理直气壮地切实推行自己的这些做法了。

这其中就有刘建琼教授所言的六大语文教学原理之一的"打破难易旧习——无序原理"。我在高三复习时常常跟同学们做过类似的叮嘱，要重视和坚持语文的综合训练、周期训练，以专题复习来弥补和提升综合训练中发现的问题，而不要过分强调专题的各个击破，要如同滚雪球一样有机复习，全面提升。

后来又听到身处繁华昌盛之地的郑桂华教授详细地介绍她准备试卷讲评的做法，先是分析全班每题的小题分，横向对比发现与别班的优劣长短，纵向对比发现自己班在不同题型上的消长进退，进而深挖每一小题背后失分的原因、提升的空间，再以学生的典型例子来讲评，着力于知识的弥补、方法的引导、过程的明确，以此来彻底解决问题。这一番工夫下来，每次考试至少是两三个晚上的加班加点。我每次讲评试卷亦是如此，与周围的一些同事的做法相比显得笨拙许多，现在看了郑教授的亲身展示，心中很高兴昔日功夫没有白费。

其他又如对课文知识的讲授。在经过几年的摸索之后，我渐渐领悟到了每一篇课文贪大求全既无用也难以实现，应该在每篇课文中找准一个语文学习的关键点，以这篇课文为例来深入评析，一课一得。而听课时邓志刚老师就说他们正在做一个项目，在整个语文课程知识体系中为每一篇课文确定一个突破点。一听之下，我分外高兴，仿佛寻得了一位走在同一条道路上的前辈高人。

二、洞察和颠覆——知识的重构

此次培训，不仅从专家讲座中得到了共鸣与印证，提振了不少信心，更在语文教学中发现和明辨了问题的所在，寻得了解决的方向和途径。借用王荣生教授的话来讲，是知识的获得，知识的重构。

语文教育学界的两位顶级专家：湖南师大的周庆元教授和上海师大的王荣生教授，在同一天为我们做了讲座。虽然个性、风格不同，但两位教授的观点却有着相当一致的表达：王荣生教授说语文教育要回到常识和原点上思考和解决问题；而周庆元教授则说语文教育需要返璞归真。所不同的是，王教授更多地借鉴了西方现代教育的许多成果来实际具体地解决问题，而周教授则从上千年的传统语文教育中发掘精髓，提炼要点。路径不一，结论不一，但都给人以莫大的启迪。于我而言，从周教授处收获的是一份犀利与睿智，直面现实、明辨真伪；从王教授处收获的是一份笃学与实干，既有针砭现实的勇气，更有解决疑难杂症的魄力与能力。

周庆元教授谈语文教育的"返璞归真"，大胆直言当下语文教育之"假"，毫不避讳。如谈及教师的"假教"，他直言教师之"假教"是违心奉命之教，即违背本心，奉长官之命，尊权威之言；谈及学生的"假学"，他直斥应试教育的干扰和语文课改的折腾；谈及语文课堂上讨论式教学的虚假繁荣，毫不留情地批评为"假冒伪劣、坑蒙拐骗"。周教授犀利的批判和深刻的剖析，为我们明辨了教育的种种乱象，使人心正眼明，少走许多歧路和弯路。

王教授在谈及解决写作教学问题的时候，实实在在地以理论为依据，以专业知识来指导，从写作的模型、微型化的写作课程等角度来深入阐释，强调了写作支架的理解与运用，强调了不同类型文章的写作专业知识。尤其是谈当下议论文的写作教学，给我留下了深刻印象，他为我们明晰了观点与看法的区别，逻辑推理与引用罗列的区别，议论文的目的与散文小说的目的的区别，确实是廓清迷雾，引领了文章写作教学的正途。

　　还有浙江师大的蔡伟教授讲解课程资源的开发和利用，细致具体，操作性极强，让人耳目一新，打开了一扇语文学习和研究的新窗户。

三、感动和激励──使命的召唤

　　此次培训中每一位专家教授都有着鲜明的个性和风格，言谈举止之间散发着独特的个人魅力。讲座的过程既是知识获得的过程，也是人格和精神浸染熏陶的过程。尤其是每一位专家教授对教育现实的热切关注，对教育未来的深切担忧，在语文教育上始终有一份责任和担当，勇气和魄力，使我辈学子不觉耸然动容，感动奋发，心中也再次激荡起对语文教育的热血与激情。

　　如王荣生教授和周庆元教授，他们来自不同的地域，也有着迥乎不同的个性和风格：王教授身材颀长而瘦削，身穿一件黑色的牛仔布衬衫，虽然常常微笑着，却目光灼灼，语气凌厉，仿佛要唤醒，要辩论，要重重地在人心里留下烙印；周教授则中等个子，态度温和，眯缝着的微笑的双眼、乡音浓重的普通话、简单至极的白衬衫，让人觉得就是路过的邻家大伯，只是从偶然闪过的一丝发亮的眼神里感受到了深藏其中的犀利与睿智。就语文教育而言，听他们讲座，我辈子弟如同处在浊雾弥漫的山脚，迷糊彷徨；而前辈大人却自在风正天清的山顶，登高远眺。聆听他们的讲座让人不知不觉间从语文日常教学的俗理、俗务中跳脱出来，迈向一片自由、广阔、崇高的新天地。

　　而始终在一线教学的特级教师欧阳昱北老师也令人颇为感动。欧阳老师始终强调"人"在语文教学中的根本地位，而他本人也在讲座中为我们书写了一个大大的"人"字。他是一个心忧教育的引路人，"让大家一起发声，让孩子的成长更有个性！""面对教育的乱象，你们要做中流砥柱！""我就要退休了，总希望把好的做法讲给大家"⋯⋯这样的话语让人不自觉地挺直了自己的脊梁，油然而生一份语文教育的责任感。他还是一个睿智正直的研究者，批评教改直言不讳──"这是洋博士闭门造车的结果"；评著名教师的课堂一针见血──"自动生成的课才是好课，怎么能固定模式呢？失望至极！"让听者在惊讶之余多出几分清醒与思辨。

四、启迪和碰撞──理念的激活

　　记得陶妙如老师评价语文老师的素养有这样一句话，既要吸收，也要能够释放。在听讲座之时，受到专家教授们的引导与触发，久处芝兰之室，耳濡目染，灵光乍现，自己的想法竟也慢慢流动、蔓延起来，我想这也应是此次培训的功劳吧。

　　比如联系到这两天关于语文学科知识的讨论，我就产生了一个想法：能不能就语文课程教学中那些最重要、最基本的知识，以某一篇或某几十篇课文为例来阐释和讲解，并且相对固定下来，模仿时下的"慕课"，以微课程、片段课程的方式来呈现呢？

又如听刘建琼教授讲语文教学是慢的艺术，语文学习要懂得"发酵原理"，我蓦然对新学期的第一课有了新鲜的构思：何不就把暑假文学之旅的见闻感受，此次培训的语文心得，暑期读书写作的点滴收获拿来和同学分享呢？相对提出明确的学习要求和学习目标，这应该更能引起学生的兴趣和感悟。

哲学家马克思曾说："教育是一门迷恋他人成长的学问。""迷恋"这个词本是形容恋人们之间的情感，现在却常常用来形容老师对教育、老师对学生的一种关切和付出。身为老师，归属感、满足感、幸福感不言而喻。试问如果愿意这样全身心地投入，如何会做不好教育呢？教育已是他人生中最重要、最快乐的事。

大师的学养与风范让人高山仰止，景行行止，余响犹在，振声清远，想来也应是自己重新出发的时候了。

（培训机构：湖南师范大学）

第十一章　校长培训回眸

别样的培训　别样的收获

安化县梅城镇中心学校　贺林

因缘分而相聚。2016 年 11 月 8 日，来自三湘四水的 140 位乡村学校党支部书记相聚于美丽的岳麓山下，在湖南师范大学历史文化学院开始了为期 10 天的"国培计划"（2016）——乡村学校党支部书记高级研修班。这个项目的培训尚属首次。

十天，用"弹指一挥间"来形容都太显夸张。然而，即便白驹过隙，期间的精彩、动容之处随时都能捕捉得到，给人烙下经年不忘、常忆常新的痕迹——便是那坐拥山水、享受课堂、结交朋友、开阔视野、洗礼心灵、提升自我的美好回忆。

值得点赞的管理团队。团队中的两位班主任凌爱群、李安老师及两位班主任助手黄越竹、唐小玲是每天与我们培训班学员摸爬滚打的四位成员。在我看来，与其说是管理人员，不如说她们是服务人员更为恰当。因为，他们把我们报到前的准备工作、报到当天的行程安排、住宿及整个学习过程一一规划和安排得十分妥当，让我们自始至终一切顺风顺水，舒心爽意。但当遇上实践课程，他们却要多费不少的周折。"安排早、考虑全、服务周、要求严、指导精"便是我个人认为是我对这个团队为我们学员服务质量的最好评价。

隆重热烈的开班典礼。典礼由历文院副院长刘利民教授主持。省教育管理干部培训办公室常务副主任赵巧霞，湖南师范大学副校长王善平，湖南师范大学历史文化学院党委书记孔春辉、副院长袁立梅、党委副书记彭赛丰等参加。典礼上，长沙县第二中学党支部书记戴文中作为学员代表发言。他表示将坚持在本职工作上永不懈怠，认真履职，做好各项党务工作，秉持终身学习的理念，提高个人素养，以期更好地服务党组织和人民。我们坐在下面的学员听后深受启发和感动。

打磨融合的破冰之旅。感谢管理团队和班主任为我们组织了一个别开生面的"破冰之旅"。让我们这些来自全省各地、互不相识的学员一下子消除了陌生感。"六步"团队建设让我们异样地熟悉和活跃起来,学员特长、才艺、协作精神瞬间彰显。

令人折服的专家团队。不容置疑,专家团队是十分优秀的。但我惊叹,这次授课专家为什么能让我们的学员几乎百分之百产生共鸣,让我们折服?

一是课程设置内容丰富,接地气。

类型	内容	课题
热点	家国时政	五大发展理念的新意蕴
难点	学校德育	基于立德树人逻辑起点的思考
		新时期学校德育工作的难点与对策
重点	安全工作	校园伤害的处理及案例分析
盲点	留守学生	农村留守儿童教育现状与思考
忽视点	基层党建	学校书记的苦与乐
	心理问题	教师心理调适
关注点	教育改革	亲近课改　创新管理　全面育人　幸福师生
		构建和谐的师生关系(德育工作)
唤醒点	传统文化	中国传统孝道文化与学校教育
		传统文化融入学校文化建设的实践与思考
着力点	教师成长	实践教育理想,幸福教育人生
创新点	实践教学	传统文化、学校管理等综合
		党建实践

二是授课专家水平高超,令人折服。他们的讲学既有理论做支撑,更注重分析、解决问题的可操作性。贴近实际,案例鲜活,讲授形象生动,方法可借鉴性强。每听一讲,怦然心动,收获颇丰。

吴家庆博士通过"五大发展理念新意蕴"的讲解,让我们对国内外形势有了一个全新的认识,看问题的高度不同了,视野开阔了。

刘兴树博士以案例为基础,以法律法规为依据,给我们增加了依法依规处理好校园伤害的底气,也传授了行之有效的方法。

无论是段炼博士的"孝之重、孝之源、孝之显、孝之用",还是陈志科专家的"礼、义、廉、耻"或"见地、修正、行愿",都在引领我们努力践行中华传统优秀文化。

许市中学是湖湘大地真正的课改名校。夏忠育校长不但课改有招数,而且做人做事有胆识、有魄力。他所诠释的就是"一个好校长就是一所好学校"。

周南中学夏远景老师(年已满59岁)以自己年轻、中年、退休前三个阶段的班主任经历告诫我们:入门并非容易,深造可以做到。附带说一句:廉颇虽老尚能饭,年已花甲志更坚。

李更生教授"基于立德树人逻辑起点的思考"和陈立军老师"新时期学校德

育工作的难点与对策"的讲授为我们在突出学校德育工作实效性方面做了点拨、明了思路、教了方法。

"教师心理调适"这一话题在我们农村学校还是一个较为被忽视的角落。但问题或现象已明显存在，看来马虎不得，大意不得。

以前我看过有关盘晓红老师的报道，大为感动，这次终得一见。年纪不大"儿女"多，调子不高精神贵。

在我们农村学校，政教主任一般非猛男莫属。长沙市一中学生处主任彭健老师潜心钻研和谐师生关系的构建，在教育教学实践中将师生关系玩得如此"溜活"，这美女果真有两把刷子。

三是实践教学大开眼界。围绕传统文化的继承、发扬光大与学校文化建设以及党建工作，我们走出报告厅，走向实践学校（国防科技大学附属学校）或单位（湖南党史陈列馆）进行了为期两个半天的实践教学。带着中小学生向往春游和秋游般的心境，愉快而卓有实效性地完成了实践教学。收获多多，感慨多多，不过一言难尽，干脆存储起来独自慢慢享用吧。

可圈可点的学员团队。这是一个难得的机会，也是一个难得的平台，学员们倍加珍惜。饮食起居互相关照，培训纪律互相提醒，难得的是课间休息还研讨切磋。不过，有时免不了童心未改，约束力不强，不时将班主任的善意提醒抛之脑后，导致换了上课地点找不到位置、集体照相也不知何去也、搭车常常成了赶车、就连吃饭也不得不另起炉灶、外出活动不能按约定的时间到达规定的地点……由此看来，真正做一次"小学生"不容易。

收获满满的自我评价。十天培训，收获满满。概而言之，收获了如下"几个一"。

一个平台。这是最重要的一点。这个平台的作用是长效的，以后的交流、学习、提升自我就从这里开始。同时，也是人脉关系积累的开始。

一拨朋友。这是天赐的缘分，让我见识了140多位新朋友，这些朋友遍布三湘四水，是一个偌大的朋友圈。

一个长假。培训让我们暂时放下了手头工作，给自己（心灵）放了个大长假。有机会开阔视野，放松心情，增长知识。

一次旅游。我们钻时抽空利用课外时间，游玩了附近不少自然景观和人文景点，踏寻伟人足迹，体验湖湘发展，重拾少儿童趣，常思不忘初心……

一回学生。一是出满勤。我在学习过程中，没有迟到早退、没有请假缺席。回想十天，每天沿着这条文化底蕴深厚、绿意和情意融合的麓山路按时到达上课地点。有时，偶尔住宿在万家丽女儿家里，早上总是要赶个早，好像这第一趟地铁专门为我而发的。二是认真听。上课不接听、拨打电话，不走动。认真听、认真记、随时拍，短短几天，笔记记了差不多两本，随手拍下照片近500张，这些为写"十天培训回眸"提供了必要的素材，也为以后加深或重新找回培训时印象留下了"蛛丝马迹"。三是勤思考。通过培训，自己的理念进一步更新，知识增加了许多，见识增长了不少。越是这样，越会引发自己许多的思考，如听了戴文中校长在开班典礼上的发言后，感觉是自己的工作与他相比真是天壤之别，压力大，动力略显不足。听了《五大发展理念新意蕴》后，觉得自己对国家时政知之甚少，理解十分的肤浅。盘晓红校长能够20多年将关爱留守儿童落到实处，我们往往停留的口头上。德育工作的实效性落实、和谐师生关系的构建、优秀传统文化的传承等等，我们到底做了多少工作？像夏远景老师，班主任工作做得行云流水，自己回去后怎样做好班主任的培训？课改怎样度过深水区？这些问题，仅仅想想是解决不了实际问题的，必须得下一番苦工夫。

（培训机构：湖南师范大学）

校长必须"善"为先

娄底市娄星区百亩中学　肖光辉

2016 年 9 月 22 日上午，湖北大学田恒平教授的讲座"内圣外王话管理"让我感受到管理绝对是个大学问。建设一所为了人民而教育的好学校，绝不是纸上谈兵。人们常说，有一个好校长就意味着有一所好学校。这就是说，校长是学校管理的核心人物，而学校管理又是一项十分复杂的系统工程，要想把一所学校管理好主要靠一校之长。作为一所学校的校长如何才能把一所学校管理好呢？我认为应该从"善"字上下工夫。

校长要善于把自己的"理念"明明白白地告诉教师、学生和家长。校长要虚心向人家学习，在向人家学习先进的管理经验的同时，还要根据本校的具体情况，因地制宜地突出自己的优势，避开自身的弱势，办出有特色的学校。

校长要善于学会讲道理。作为学校的最高领导者——校长，要在自身的管理中学会讲"道理"。众所皆知，有理才能服众，有理才能走天下，无理寸步难行。校长不仅要善于讲理，而且还应该深入了解全体教职工的疾苦，知道教师需要的是什么，追求的又是什么，要像春风化雨般地为教师排忧解难，化解工作中的矛盾，充分地调动广大教师的工作积极性。但对于一些不利于团结，又不利于工作的言行，校长要带头疾言厉色，坚持抵制。校长要以师为本，增强学校领导班子的凝聚力、战斗力，这样才能取得全体教职工的理解与支持，在此基础上，谋求学校的发展，得到社会的认同。

校长还要"知人善用"。"寸有所长，尺有所短。"每位教师都有其长处，也有其短处，校长要尊重差异，扬长避短，因事择人，为每位教师创造施展才能的舞台。对工作能力强，在学生心目中有威信的教师要加以培养，委以重任。对教学工作有特长的教师要放在重要的位置上，使人才各尽所能，各得其所。用人要注意顾全大局，合理地使用人才，爱护地使用人才，把人才安排到最适合发挥其才能的位置，让教师在工作中不断得到锻炼，从而增长才干，真正做到"英雄"有用武之地。但是，在使用人才的同时，也要做到胆大而心细，要慎重、详察。假如用得不当，就会浪费学校的资源，造成学校的损失，从而引起教师的不满。

校长还应该做到"与人为善"。"与人为善"不是做一个"老好人"，不是不敢得罪人，更不是没有原则地去讨好人，而是当别人有了缺点、过错时，要善于给他指出，使对方知道你在帮助他。另外，特别要强调的是"与人为善"的目的是促使全校形成一种善于帮助人的良好氛围，以便促进学校发展，教师进步，学生成长。

　　校长要不断完善学校管理制度。制度就是规矩，科学的管理制度有利于促进学校的发展，因此，校长应该高瞻远瞩、统筹全局，不断完善学校的管理制度。做到合理化、科学化、规范化。制度不是一成不变的，应根据时代的发展，实际的需要，不断充实，不断修正。有了健全、完善的管理制度，更重要的是执行、实施，执行必须坚持公平、公正、公开的原则，使全体教职工在制度面前人人平等，心服口服。

（培训机构：华中师范大学）

桃花吐蕊清华园

桃江县教师进修学校　封学武

10月22—30日，桃江县70名中小学校长参加了"国培计划"（2016）——中小学校长清华大学研修。带着组织的殷切希望，带着再次充电的强烈渴望，70名校长在美丽的清华园聆听了八堂讲座，参观了北京市大峪中学、中关村二小，参与了班级破冰活动和主题研讨。

清华园是知识的沃土，是培养青年才俊的地方。首先，我们"于清华有所得"，汲取百余年来积淀的文化资源、人文底蕴，探索这座"世界最美校园"的皇家园林之美、建筑风貌之美、艺术多样之美、学术广博之美。其次"于老师、同学有所得"，"放下身段，打开桶盖，涌入清泉"，得到思维之转变，实现知识体系的重构。最后"于自己有所得"，在学习和工作中做自己没有做过的事，获得成长；做自己不愿做的事，经历改变；做自己不敢做的事，实现突破。时间虽短，收获却大。

一、这是一次文化的熏陶

走进清华门，便是清华人，校长们徜徉于银杏飘飞的校园小道，仰望清丽庄严的二校门，领略青绿的大草坪，游览德国古典风格的清华学堂、引人入胜的"水木清华"、残荷重叠的荷塘……走进凝结了现代文明的清华科技园、中央主楼……跟随清华大学校史馆原副馆长徐振明教授的讲座"清华历史与清华精神"，仿佛聆听一位百年老人的诉说，感动于清华"自强不息、厚德载物"的校训，感动于清华"行胜于言"的校风，感动于清华"爱国奉献、追求卓越"的精神，感动于清华"严谨、勤奋、求实、创新"的学风，短短9天的润染，我们带走的是清华魂！

二、这是一次学习的提升

中国管理科学研究院科学研究所副所长吴新华教授"领导力与执行力"的讲座，从人性的角度切入学校行政工作，点石成金，令人茅塞顿开，"舌头与牙齿"的妙语，诡异的神情，让人记忆犹新。

国家行政学院教授、百家讲坛主持人李清泉教授"学记与中国传统教育"的讲座，观沧海，剖人文心态，诠释教育方法，坦率中有方法，豪爽中显真诚，"飘来飘去，飘出飘来"，飘飘然引人入胜。

北京市西城教育研修学院党委书记、原北京十四中校长王建宗教授"校长的综合素养与办学效能"的讲座朴实无华，五所学校的幸福回望，从教学目的的撰写到校长的综合素养，娓娓道来，以自己五所学校校长的成功经历，告诉校长们许多只可意会、不可言传的行政工作经验。向上：跟上一级领导的沟通与交流不能是经常的，但是是最重要的。向下：身边的人很重要，身边的人也很危险；感情消灭不了原则，跟身边的人一身正气，说感情、拉关系靠不住。兄弟单位：有事没事多来往，大事小事多商量。教育：养成"未经反思警醒的思想我不用的习惯"；"好孩子是夸出来的"是未经反思的思维，"好孩子是夸出来的"只说对了一半，夸什么比夸重要，不夸起步夸进步，不夸能力夸努力；表扬用喇叭、批评打电话；给概念插上直观的翅膀，让原理得到生活的类比；目标必须可测量，目标必须用行为动词为学生写目标。校长只能是吸引追随者，而不是行政命令者。让我们真正领略了"听君一席话，胜读十年书"的内涵。

中国名人演说家协会副主席、卫视网播音指导、语言教学专家、国语水平"一级甲等"李真顺教授"领导者的语言艺术"的讲座，一石激起千层浪，让课堂高潮迭起。屏气凝神，好想好想把时光停住。经典的案例、激情的互动、流淌的情感……演说准备，演说基本功（脑的训练、口语表达的训练、态势语的训练），自此新的追求、新的梦想，我们必将开始新的一页。

中央电视台经济频道财经记者、央视国际网站直播频道策划、主持人栾帆老师，百忙之中为我们讲述媒体与危机应对策略，提高了我们应对意外事件的能力。

三、这是一次视野的扩展

漫步北京市大峪中学，人文游学，大语文的观念，大学校的实践，让我们遐想联翩。一所北京郊区的学校，每一处墙壁都会说话，每一处设计都为学生健康成长着想，北京市最先拥有 3D 打印机的学校，拥有无菌实验室的学校，让我们真正体会了事在人为的道理。

走进中关村二小的课堂，课堂与学生生活实际紧密联系，让学生尽情表现，让学生合作探究，学生评老师，完全自主的课堂，让我们耳目一新；聆听中关村二小业务副校长的讲座，三所小学，一套行政班子，行政横向管理，业务纵向管理，让人心生敬佩；观赏中关村二小的校园，精致、干净给我们留下的深刻的印象。

四、这是一个交流的平台

在清华大学继续教育学院教育管理培训中心项目主任刘艳萍教授组织的破冰活动中，校长们用最幽默的语言诠释了自己姓名的内涵，像小学生一样找人签名，用 A4 纸撕封闭的圆，介绍每一个小组的组名、组训、介绍小组成员……仿佛回到了童年时代，特别是小组介绍，每组都用一个美丽的故事、一篇优美的散文诗把小组每一个人的姓名嵌入进去，让清华的老师由衷敬佩。

在问题研讨活动中，五个小组根据本组研讨的主题，采用结构分析树，确定解决问题的方法，无论是独自思考，还是集体交流、汇报，校长们都积极投入。

　　学习成果汇报与文艺汇演让本次学习进入高潮，朗诵改写的《沁园春·清华求学》，小组民歌联唱、三句半、合唱《团结就是力量》……无一不体现桃江校长们极高的素质和极好的才情。

　　活动是次要的，更主要的是为桃江的校长们提供了一个交流的平台，校长们表示：尽管学习已经结束，但是微信群不散，QQ群不散，在今后的工作中，必将加强沟通交流。

　　九天的培训，在校长们身上，我们感受了桃江教育人的责任和使命，我们看到了桃江教育的未来和希望，北京相约，清华相聚，是今生难得的缘分，感谢清华，感恩生命中的每一次相遇，我们一定带着今天的收获，去开创桃江教育美好灿烂的明天！

（培训机构：清华大学）

直抵人心的培训语录

长沙市一中开福中学　戴萍

培训一周了，收获很大，在写培训反思之前，我很想把其中的精彩语录与大家分享。

1. 教育是随着经济的发展而发展的。

2. 思路换了，行为也就换了。

3. 文化办学更注重校长的文化引领。

4. 自己行，有人说你行，说你行的人也一定要行。

5. 智慧的源泉来自于思考。

6. 对于一所学校而言，最重要的和谐是情感、生态环境的和谐。

7. 当校长一定要树正气。

8. 教育是一个心灵感动另一个心灵，是熟悉与思想的碰撞，是生命与生命的对话。

9. 校以育人为本，师以奉献为乐。

10. 人心的凝聚是办好一所学校的关键。

11. 校长应该像磁铁。

12. 推动学校发展的支点应该在课堂。

13. 有水平的校长在课堂，没有水平的校长在门房。

14. "以人为本"，本就是指的本钱，抓住人心就拥有本钱，抓住人心就容易成功。

15. 教师也要养心，以心养心。

16. 学校的管理不是简单的事情有人做，是要让人心搅动，让人心甘情愿地去做。

17. 当教师都能心甘情愿地去履行自己的职责时就能释放他的教育智慧，只有心情舒畅，才能心甘情愿。

18. 不要以为自己就是尺度。

19. 何谓"德"——真和诚实

20. 让欣赏成为生活习惯，幸福是一种心态。

21. 老师的笑脸比服饰更重要。

22. 心怀感恩，励志成才。

23. 制度要定，最好不要用，制度是底线。

24. 细节的关心能促动教师的心灵。

25. 爱学生必须付出很大的代价，不爱学生你会付出更大的代价，用在老师身上也是一样。

26. 当校长的，要给自己发呆的时间，让心静下来，才会看一些书，思考一些问题，感悟一些东西，你的管理才能得人心，才能更好地去影响和引领教师。

27. 用心第一，聪明第二。

对照精彩语录，反思自己在学校管理中的一些做法，很是汗颜，也很有感悟。一直以为自己为学校做了很多事情，可是老师们就不理解，自己一直不知道原因所在，原来自己能干有余，智慧不够，做好不讨好的根本就是没有抓住老师们的心。人心的凝聚才是办好一所学校的关键。而人心的凝聚需要的是智慧的思考，需要校长用心去考虑老师们的感受，换位思考，以人为本，重视、尊重、认同教师，关注每一个细节，让每一位教师每天上班都有一份愉悦的心情，用心养心，只有这样，你的教育理念才会被认同，教师的教育智慧才能得到充分的释放，才会心甘情愿地去做每一件事情，才会主动地参与学校的工作，把责任上升为一份自觉。而怎样去营造温馨的氛围，怎样去调理教师的心情，万小的张校长，徐州二中的徐校长都给我们提供了很多可操作性的案例，切忌高高在上、发号施令，真正做到感情留人、环境感人。

佛说，境由心生，心境不好，处境就会不好；境由心转，心情好了，处境就会好。弥尔顿曾说："心，乃是你活动的天地，你可以把地狱变成天国，亦可将天国变成地狱。"认识到这一点，校长们就可以通过营造心境，来诗化校园生活，造就有灵魂的教育。

（培训机构：湖南文理学院）

第四篇　教学设计类

　　余新老师指出，缺少行为培训，培训中容易出现只有"感动""激动"和"心动"，而没有"行动"的现象，这样的培训效果将会弱化、衰竭甚至消失。

　　为了尽量减少这种现象的发生，让学员通过培训把学到的东西真正内化于心，外化于行，我省在进行国培项目顶层设计的时候特别突出实践教学，很多项目特设"影子实践""返岗实践"环节。

　　各培训机构为落实这一理念，他们在"影子实践""返岗实践"环节通过"课例研修""同课异构"等多种方式组织学员进行了基于集中研修成果的行为跟进活动。

　　本篇的"教学设计""活动课例"课例分析"文章就是学员在培训实践环节中生成的重要成果。

第十二章　教学设计

"楞次定律"教学设计

沅陵县第二中学　包雪玉

一、教学目标

1. 通过楞次定律的学习，学会表述感应电流的方向与引起感应电流的磁通量的变化之间的关系。

2. 通过实验探究，学会用自己的语言组织表述"感应电流的磁场总要阻碍引起感应电流的磁通量的变化"中的"阻碍"的意义。

3. 通过探究过程，学会用楞次定律判断电磁感应现象中感应电流的方向。

二、教学重点与难点

感应电流的方向与引起感应电流的磁通量变化之间的关系是本节的教学重点；根据目标，进行实验设计与操作是本节的教学难点。

三、学情分析

1. 学生已经掌握了磁通量的概念，并会分析磁通量的变化。

2. 已经知道了条形磁铁的磁感线的分布。

3. 学生已经利用（条形磁铁、电流计、线圈等）实验器材研究感应电流产生的条件。

四、教学器材

1. 教师演示用器材：灵敏电流计，干电池一节，滑动变阻器，开关，导线若干，铝环。

2. 学生实验用器材：灵敏电流计，标明导线绕向的线圈，条形磁铁，导线等各11组。

五、设计思想

本节作为一堂物理规律课的教学，重点在于指导学生思考问题的方法和利用实验研究物理规律的手段。为了使学生能从感性认识真正上升到理性认识，必须使学生参与科学的抽象过程，使他们在这个过程中区别本质的东西与非本质的东西，在此基础上让他们试作概括，并由他们自己得出结论，再利用实验对所得出的结论进行验证。为此本课采用学生分组随堂实验探究的操作模式，学生在老师的启发和帮助下通过自己实验操作来发现、解决问题，获取新知识。在教学过程中，抓住知识的产生过程，积极引导学生主动探究，突出学生的课堂教学的主体地位。

六、教学过程

1. 新课引入

（1）教师复习提问：

第一问：闭合电路中产生感应电流的条件是什么？

第二问：电磁感应中感应电流的方向如何判定？（从而引出课题楞次定律）

（2）教师演示实验：A 和 B 都是轻质铝环，环 A 闭合，环 B 断开，横梁可以绕中间的支点转动。用磁铁分别靠近铝环 A 和 B，然后又分别撤离铝环 A 和 B，观察铝环运动状态。

学生讨论，教师总结得出：磁铁运动线圈 Φ 变化感应电流与感应磁场相互作用。

2. 猜想与假设

教师提问："由之前的实验我们看到了闭合电路中产生了感应电流并激发了磁场，从而影响了铝环的运动，那么感应电流所激发磁场的方向与引起感应电流的原磁场方向有什么关系呢？"

学生猜想：（1）感应电流的磁场方向与原磁场的方向相同。

（2）感应电流的磁场方向与原磁场的方向相反。

3. 学生分组讨论

教师："为了检验各自猜想的正确性，利用手中的实验器材（线圈、和线圈大小差不多大小的条形磁铁、灵敏电流计、导线）设计一个实验方案，并思考其实验原理。"同时，教师可以利用以下几个问题进行引导：

（1）如何让线圈中的磁通量发生变化产生感应电流？

（2）如何知道感应电流的方向？（教师演示说明灵敏电流计指针偏转方向与电流流向的关系。）

（3）如何知道感应电流激发的磁场的方向？

最后根据老师和同学们的建议，修订完善一个简单易做的实验方案。方案如下：

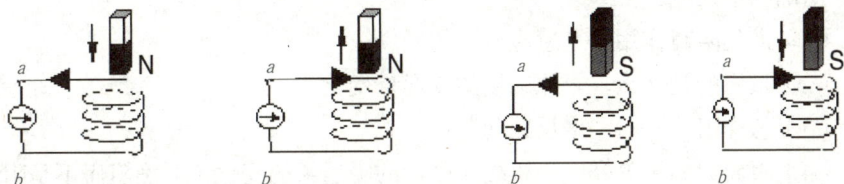

条形磁铁运动的情况	N极向下插入线圈	N极向上拔出线圈	S极向下插入线圈	S极向上拔出线圈
原磁场方向（向上或向下）				
线圈的磁通量变化情况（增加或减少）				
感应电流的方向（从a流入或从b流入）				
感应电流的磁场方向（向上或向下）				

4. 实验操作

学生：根据实验方案进行电路图连接与实验操作，并填好实验现象记录表格。

教师：巡查提醒学生实验操作的规范性，及时帮助学生解决实验中遇到的问题。

5. 分析现象

第一问：感应电流产生磁场的方向是否始终与原磁场的方向相同或相反？

回答小结：不一定。有时相同，有时相反。（推翻原有的猜想，为建立新认知结构做铺垫）

第二问：在什么情况下，B感与B原同向？在什么情况下，B感与B原反向？

回答小结：当Φ原增大时，B感与B原相反；当Φ原减小时，B感与B原相同。（进一步探讨关系）

第三问：你认为感应电流产生的磁场对磁通量的变化起什么作用？（提炼关系）

回答小结：当Φ原增大时，B感与B原相反，它不想让穿过线圈的磁通量增大；当Φ原减小时，B感与B原相同，它不想让穿过线圈的磁通量减小。即B感对磁通量的变化起阻碍作用。

6. 学生总结

楞次定律内容：感应电流具有这样的方向，就是感应电流的磁场总是阻碍引起感应电流的磁通量的变化——楞次定律对"阻碍"的理解：当Φ原增大时，B感与B原相反；当Φ原减小时；B感与B原相同。

理解规律，领会内涵。

　　明确以下几点：

（1）谁起阻碍作用——感应电流的磁场

（2）阻碍的是什么——原磁场的磁通量变化

（3）怎样阻碍——"增反减同"

（4）阻碍的结果怎样——减缓原磁场的磁通量的变化（明确阻碍不是阻止）

7.迁移应用

　　思考题：通电导线与矩形线圈在同一平面内，当线圈远离导线时，判断线圈中感应电流的方向，并总结判断感应电流方向的步骤。

　　分析：

（1）原磁场的方向：向里

（2）原磁通量变化情况：减小

（3）感应电流的磁场方向：向里

（4）感应电流的方向：顺时针

解题小结：

运用楞次定律判断感应电流方向的基本步骤：

第一步，明确原磁场的方向

第二步，明确穿过回路的磁通量是增加还是减少

第三步，根据楞次定律判断感应电流的磁场方向

第四步，利用右手螺旋法则来判断感应电流的方向

　　例：条形磁铁水平放置，金属圆环环面水平，从条形磁铁附近自由释放，分析下落过程中圆环中的电流方向。

七、课堂总结

（1）楞次定律的内容。（让学生用自己的语言组织后表述）

（2）"阻碍"的表现。（让学生用自己的语言组织后表述）

（3）判断感应电流方向的四步骤。

（培训机构：怀化学院）

"区位分析"专题复习

永州市祁阳县第二中学　刘博

【出处】

2015 年 6 月在广东实验中学附属天河学校跟岗学习时进行的同课异构。

【学段及课型】

高一地理期末复习。

【教学目标】

1. 了解区位的概念。

2. 结合案例，初步掌握区位分析的一般方法。

3. 区位分析的注意事项。

【教学过程】

［导入］

我国地域辽阔，在长期的历史发展中形成了不同的农业类型。你能说出来有哪些农业类型吗？为什么会形成这些农业类型？

[**设计意图**]

　　我国是一个传统的农业大国，不同地区因地制宜，扬长避短，形成了独具特色的农业类型。如东北大小兴安岭长白山地的林业、内蒙古的畜牧业、新疆的绿洲农业、青藏高原的河谷农业、西南地区的立体农业、南方水田农业、北方旱作农业。通过导入环节的思考问题，引导学生关注国情，把握学习方向。

[**导思**]

问题1　本学期地理学习的主要内容有哪些?

　　人文地理是探讨各种人文现象的地理分布、扩散和变化，以及人类社会活动的地域结构的形成和发展规律的一门学科。涉及人口、城市、农业、工业、交通、商业、旅游等。

问题2　区位分析是人文地理的核心主干知识，因为任何人类活动都要落实到某个区域。那么什么是区位? 如何进行区位分析?

　　区位即区域位置，包括绝对位置和相对位置。因此，区位分析包括区域位置的描述和区域事物之间联系的分析。

[**导练1**]

　　案例1　桑基、蔗基鱼塘是珠江三角洲地区传统的农业景观和被联合国推介的典型生态循环农业模式。改革开放以来，随着工业化和城镇化的快速发展，传统的基塘农业用地大部分变为建设用地，保留下来的基塘也变为以花基、菜基为主。分析珠江三角洲当初形成桑基、蔗基鱼塘及改革开放以来转变为花基鱼塘、菜基鱼塘的主导因素。

　　案例2　珠江三角洲城市群是我国三大城市群之一。描述珠江三角洲的位置并分析其发展的有利条件。

[**方法归纳1**]

策略一:梳理主干知识，构建分析模型

区位类型	自然因素	社会经济因素
农业区位	地形、气候、水源、土壤	市场、交通、劳动力、技术、政策
工业区位	土地、水源、原料、燃料	市场、交通、劳动力、技术、政策、环境
城市区位	地形、气候、河流	自然资源、交通、科技、旅游、政治、军事、宗教
交通线路	地形、地质、气候、河流	经济发展、资源状况、科技、政治等

[导练2]

案例3　图中 M_1 为能源地，M_2 为原料地，M_3 为市场，P_1、P_2 分别为甲、乙两企业所在地。当企业甲选择在 P_1 时，则该企业可能是（　　　）。

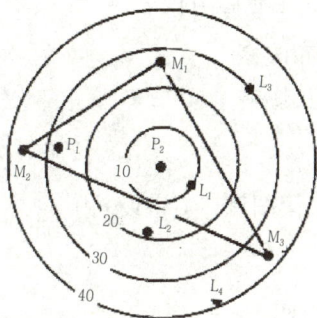

A.印刷工业　　　B.电解铝工业　　　C.电子工业　　　D.制糖工业

案例4　读下图，回答（1）～（2）题。

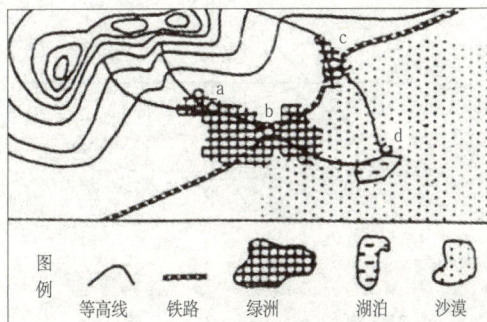

（1）图中 a、b、c、d 四个位置，最容易形成城镇的是（　　　）。

A.a　　　　　　B.b　　　　　　C.c　　　　　　D.d

（2）在上述城镇的城市化过程中，首先要考虑的是（　　　）。

A.土地生产力大小　B.水资源的多少　C.基础设施建设　D.经济规模设想

案例5　读某城市用地变化示意图，回答（1）～（2）题。

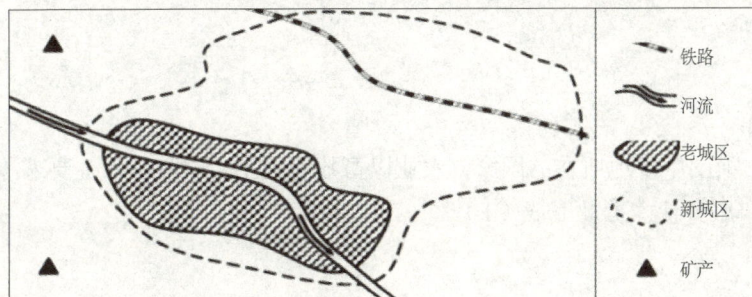

（1）老城区选址主要考虑的区位因素是（　　）。

A. 河流　　　　　　　　　B. 铁路运输

C. 气候　　　　　　　　　D. 矿产资源

（2）由图中信息可知，该城市形态发展变化的主要原因是（　　）。

A. 矿产资源开发　　　　　B. 人口分布改变

C. 铁路运输发展　　　　　D. 环境污染影响

［方法归纳2］

策略二：提取信息，明确条件（一读图名，二读图例，三审设问）

［学科素养训练1］

你能分别说出下列地理图像所包含的地理信息吗?

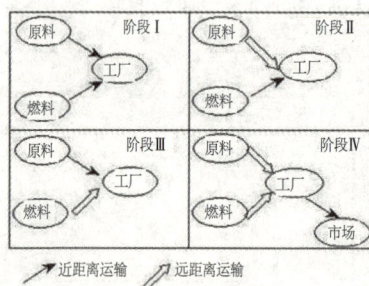

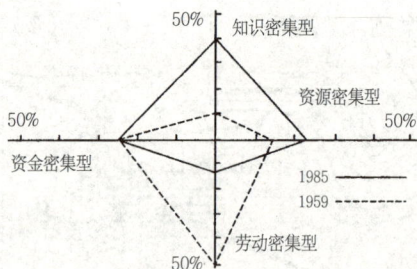

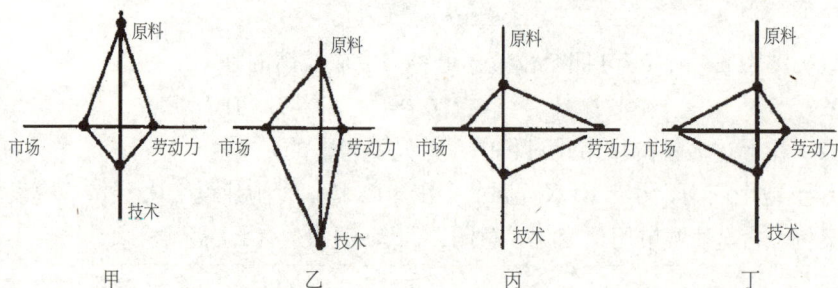

甲　　　　　乙　　　　　丙　　　　　丁

［导练3］

案例6　下图中甲地所在的国家，农业以畜牧业为主，财政收入主要来源于货物过境和港口服务业。据此完成（1）~（2）题。

（1）在甲地形成城市的主导区位因素是（   ）。

A. 地形
B. 气候
C. 公路交通枢纽
D. 港口

（2）该城市发展成为该国首都的优势条件是（   ）。

A. 位置适中
B. 资源丰富
C. 气候宜人
D. 经济中心

案例7 读某城市略图，回答下列问题。

（1）如果①②③代表城市三大基本功能区，请说出它们分别是什么。

（2）该城市计划在甲处建设一座火力发电厂，试评价其布局的合理性。

（3）乙处为新建高档住宅区，试简析其区位优势。

答案：（1）①住宅区，②商业区，③工业区。（2）靠近铁路，交通便利；位于盛行风的下风向，对城区空气污染较小；地处城市外围，地价较低。（3）上风、上水地带，环境优美；交通便利。

　　［**方法归纳3**］
　　策略三：审清题意，明确要求（全面分析、对比分析、主导因素分析、优势条件分析、劣势条件分析）

　　［**学科素养训练2**］
　　说出下列地理事物的主导因素。
　　（1）农业：东北大豆、青藏高原河谷农业、河西走廊粮棉、云贵高原梯田、城郊农业。
　　（2）工业：①制糖厂、水产品厂；②有色金属冶炼厂；③啤酒、印刷厂、石化厂；④电子装配厂；⑤卫星、飞机、电子。
　　答案：（1）土壤、热量、水源、地形、市场。（2）①原料指向型，②动力指向型，③市场指向型，④廉价劳动力指向型，⑤技术指向型。

　　［**导练4**］
　　案例8　钢铁工业是四川省攀枝花市的主导工业部门，试简述攀枝花市发展钢铁工业的主要区位条件。
　　答案：接近铁矿、煤矿区，原料丰富；接近煤矿区、水电站，能源丰富；水源充沛；水陆交通便利；国家政策支持；地形起伏大，平地少。
　　案例9　南昆铁路所经过地区地形险峻、地质条件复杂，通过七度以上高烈度地震区242千米，可溶性岩区375千米，膨胀土区146千米，被称为"地层博览"。该铁路从海拔78米南宁盆地上升到海拔2000多米的云贵高原，工程难度是铁路建设史上前所未有。
　　（1）从影响铁路建设的区位因素考虑，致使南昆铁路1997年才得以成功修建的原因有哪些？
　　（2）分析南昆铁路建设的重大意义。
　　答案：（1）从自然方面分析：铁路线穿过云贵高原，喀斯特地貌区地形地质条件复杂；河流众多，水文条件复杂，有地下暗河；受季风影响，气候复杂多变。从社会经济技术方面分析：沿线地区矿产、旅游资源丰富；是少数民族聚居区，贫困人口多，沿途城市众多；经济、科技的发展为修建铁路提供了物质和技术的保障。
　　（2）经济意义：有利于加快西南地区资源开发与物资输出，使资源优势转化为经济优势；有利于促进西南地区与沿海地区的经济交往和区域合作，实行优势互补；交通条件改善有利于带动相关产业发展。政治意义：巩固民族团结和社会安定，巩固国防、保卫边疆。战略意义：有利于我国全方位开放格局的形成和外向型经济的发展。

［**方法归纳 4**］

策略四：组织答案，规范答题（答案宜做到"五化"：要点化、序列化、逻辑化、术语化和具体化。切忌含糊不清、前后矛盾、口语化和套用"答题模板"）

［**总结提升**］

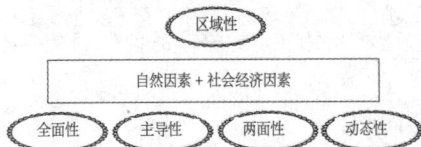

【板书设计】

一、梳理主干知识，构建分析模型

二、提取信息，明确条件

三、审清题意，明确要求

四、组织答案，规范答题。

【教学反思】

本节课通过"做中学"，引导学生从整体上把握区位分析的基本方法，同时注重地理学科核心素养的培养——人地观念、综合思维、区域认知、地理实践。

【寄语】

生命的精彩在于奋进，事业的辉煌来自创新！

（培训机构：华南师范大学）

"方阵问题"教学设计与教后感悟

株洲市天元区天元小学　吴川湘

教学设计

学科：数学	年级：四年级	单元：第 8 单元	课型：新授课	课时：1 课时

教学目标：1.使学生通过生活中的事例，主动探索方阵问题的解题策略，并探索所有正多边形最外层总数的规律。2.初步培养学生从实际问题中探索规律，找出解决方阵问题的有效方法的能力。3.让学生感受数学在日常生活中的广泛应用和妙趣。
教学重点：探索所有正多边形最外层总数的规律。
教学难点：逆向运用正多边形最外层总数的规律解决实际问题。
教具准备：方格纸、课件。
学具准备：方格纸。

教师活动	教学环节	学生活动	设计意图
一、说说下列图中树的棵数与间隔数的关系： 1. 两端都栽的情况 2. 两端都不栽的情况 3. 一端栽的情况 4. 封闭图形的情况	常规积累		复习植树问题知识
我们学校要举行全校的集体舞比赛，看，这就是四年级设计的队形，这个队形有什么特点？（课件出示：实心方阵） 像这样的行数列数相等的正方形队列我们把它叫做方阵。今天我们就一起来研究方阵中的数学问题。 板书课题：方阵问题	开放导入	观看图片 了解方阵的概念	从学生生活中的事例引入，激发学生兴趣
一放：操作中探究 1. 这个方阵总共有多少人？怎么计算？ 2. 四年级派出了 81 人的队伍，他们队伍的最外层全站男同学，而里面全是女同学。（课件：实心方阵变色） 3. 如果不看里面的女同学，这也是一个方阵，是个什么方阵呢？ 4. 大家能不能算出最外层一共站了多少个男同学呢？ 活动一：画一画，算一算 1. 请每个同学在老师给的方格纸上画一画、算一算； 2. 小组交流自己的做法，把自己的思路讲给其他组员听，看谁的方法多？谁的方法好？ 3. 小组准备汇报。 一收： 9×4 − 4 = 32 7×4 + 4 = 32 8×4 = 32 9×2 + 7×2 = 32 直接点数 这么多方法，你理解了每种方法的思路吗？ 你更喜欢哪种算法？	核心推进 一放一收	 1.学生口答。 2.你是怎么算的？ 通过操作，探究方法 （学生可能会出现多种答案） 9×4 − 4 = 32 7×4 + 4 = 32 8×4 = 32 9×2 + 7×2 = 32 直接点数	由生活实例，简单介绍实心方阵与空心方阵。并探求实心方阵总数和空心方阵最外层总数的算法 通过学生在方格纸上"画一画"的操作，经历独立思考寻求最外层总数的算法。并通过小组交流，集思广益，打开思路，了解更多更好的算法 学会从众多方法中辨别方法的优劣

学科：数学	年级：四年级		单元：第8单元	课型：新授课	课时：1课时
二放：应用中深化 为了准备这次集体舞比赛，我们的大队干部们可忙坏了，他们在操场上摆鲜花时设计了各种各样的造型,瞧! 这是其中的几种造型，假设每条边上都摆了5盆花，每个顶点都摆一盆花。你能求出每种造型各需要多少盆花吗? 活动二：做一做，想一想 1. 做一做，独立解决以上问题。 2. 想一想，能不能找到求最外层总数的解题规律呢? 3. 组内交流，准备汇报。 二收（板书）： 每边个数 × 边数 −4 =最外层总数，或（每边个数 −1）× 边数 =最外层总数		核心推进 二放二收	△ ○ ☆ 学生汇报： （每边数 −1）× 边数 = 最外层的总数 或： 每边数 × 边数 − 4 = 最外层的总数	通过进一步探求三角形、五边形等多边形最外层总数的算法，找出解决同类问题的有效方法。抽取数学模型	
尝试应用： 1. 棋盘的最外层每边能放19个棋子，最外层一共可以摆放多少棋子? 2. 为迎接六一儿童节，学校举行团体操表演。四年级学生排成下面的方阵，最外层每边站了15人，最外一层共有多少名学生，整个方阵一共有多少学生? 3. 要在五边形的水池边上摆上花盆，使每一边都有4盆花，可以怎样摆放? 最少需要几盆花?		尝试应用	预设： 1.（19−1）×4 = 72 19×4 − 4 = 72 2.（15−1）×4 = 56 15×4 − 4 = 56 15×15 = 225 3. 4×5 = 20 （4−1）×5 = 15	通过解决生活中的实际问题，提高学生的应用能力和应用意识。数学来源于生活，并服务于生活	
三放：逆向思考中提升 大队干部们，摆好各种造型的花后，发现还剩48盆花，大家想把正方形舞台装饰一下，每边摆上数目相等的花，四个顶点都摆。每边摆几盆花? 活动三： 1. 自己独立思考解题思路和方法。 2. 组内交流，注意分析，看谁的算法好? 3. 准备汇报。 三收： 48÷4 + 1 = 13（个） （48−4）÷4 + 2 = 13 要求学生能说清这个算式的含义。		核心推进 三放三收	学生思考后，组内交流。指名汇报。 预设： 48÷4 + 1 = 13（个） （48−4）÷4 + 2 = 13	通过解决生活中的实际问题，进一步提高学生的思维能力，尤其是逆向思维能力	
拓展延伸：双层空心方阵 活动忙完了，大队长总结这次摆花的经验时，又想到了一种漂亮的造型，瞧! 这是一个什么方阵? 请你求出总共有多少盆花。能难倒你们吗? （课件出示） 总结全课：今天你有什么收获?		开放延伸	❀❀❀❀❀❀ ❀❀❀❀❀❀ ❀❀ ❀❀ ❀❀ ❀❀❀❀❀❀ 学生简述收获。	通过解决双层空心方阵总数的问题，让学生进一步发展思维，提高能力，并体会数学模型在解决实际问题中的应用	

教后感悟

新课标指出:"有效的数学学习活动不能单纯地依赖模仿与记忆,动手实践、自主探索与合作交流是学生学习数学的重要方式。"同时指出:"学生是数学学习的主人,教师是数学学习的组织者、引导者与合作者。"结合新课标的要求,教学中我力求发挥学生的主体地位,让他们动脑、动手、合作探究,经历分析、思考、解决问题的全过程,体会解决方阵问题中重要的数学思想方法。

"方阵问题"例题是已知每边棋子的颗数,求最外层的棋子总数。而习题中出现的习题1是已知总数求每边数,思路完全相反;习题2则求5条边的总数,并连续两问,情境也有所不同;习题3除了连续两问外,其中一个问题还是求的是全部人数,模式完全不同,这样的习题与例题变化幅度很大。教材这样安排的优势是能促使学生关注解决问题的策略,形成解题计划,发展数学思维能力。但问题是少了必要的模仿巩固,从而影响了新知的掌握。因此本节课我重在引导学生掌握空心方阵外层总数的解题策略,探索到所有正多边形的最外层总数的规律,最后发散提高到双层方阵的解决,渗透转化思想的运用。

本课的设计,我没有拘泥于教材内容,而是创造性地开发教材资源,充分关注学生的经验,用心捕捉方阵在生活中的原型,创设出特定的问题情境。在教学过程中还独特地安排了计算方阵外层总数的探究活动,引导学生运用不同的策略解决问题,使学生在"争""议"的过程中感知策略和选择与优化。通过对比练习提升认识。最后拓展到多层空心方阵的总数计算,逆向求边点数。整个教学设计,注意创设情境、点拨诱导,为学生搭建自主学习的平台;注意引导学生积极参与、主动探索,在互动交流中不断释放出潜能,完善自我的认识。

总的来讲,有以下几个流程:

1.感知认识模型。通过生活中的事例和问题情景认识方阵(实心方阵与空心方阵),并求实心方阵总数的算法。

2.探索研究模型。通过在活动单上画一画,圈一圈等操作让学生动手、动脑探索求空心方阵最外层总数的算法,并进一步探求三角形、五边形等多边形最外层总数的算法,找出解决同类问题的有效方法。建立和形成数学模型。

3.灵活运用模型。通过解决生活中的实际问题,提高学生的应用能力和应用意识。并进一步探求解决双层空心方阵总数的问题,让学生进一步发展思维,提高能力,并体会数学模型在解决实际问题中的应用,体会整体思想和化繁为简的转化思想。通过解决已知最外层总数求每边数,进一步提高学生逆向思维能力。

教学中也留下了不少的遗憾,例如在设计三放三收的几个大问题上,步子不大,台阶不高,如果是学生整体思维水平较好的班级,还可以适当调整。另外在求最外层总数时由于活动单上要求学生"圈一圈，再计算"，学生照着这个思路去探究，思维有点被圈住了，有一个重要的排空法，没有一个学生呈现。

　　总之，在教学上，要大胆摆脱教材一些束缚，做到充分感知，动手操作，交流合作，引导总结才能真正抓住重点、突破难点，让学生形成有效的方法，提升教学的实效性。

（培训机构：湘南学院）

第十三章　活动课例

三只小猪

岳阳市城关镇中心学校　黄亚丁

一、活动背景和意图

《纲要》提出："要培养幼儿对生活中常见的简单标记和文字符号的兴趣；利用图书、绘画和其他多种方式，引发幼儿对书籍、阅读和书写的兴趣，培养阅读和书写技能。"幼儿园的早期阅读活动，是有计划、有目的地培养幼儿学习书面语言的教育活动，早期阅读活动向幼儿提供集体学习的环境，帮助幼儿接触书面语言，发展他们学习书面语言的行为，培养他们对书面语言的敏感性，为进入学龄期的正式书面语言学习打下良好的基础。

二、研讨主题

如何有效地开展早期阅读活动。

三、研讨时间

2014 年 7 月 26 日

四、研讨方式

集体研讨，互动交流：

1. 组织活动前先确定绘本材料《三只小猪》。

2. 集体备课设计并研讨活动过程，首次试教后互动交流。

3. 针对第一次试教提出问题，解决问题。

4. 再次整理教案并开展组织活动。

五、实施过程与重要细节（实录）

（一）设疑导入，激发幼儿参与活动的兴趣

教室布置成草房、木房、砖房。教师情景导入活动：猪妈妈生了三个猪宝宝，猪宝宝们长大后各盖了自己的房子。老大盖了草房子，又快又省力；老二盖了木房子，简单又漂亮；老三盖了砖房子，费力又费工。有一天，来了一只大灰狼，你们猜猜发生了什么事呢？

幼儿纷纷说：把它们吃掉；房子倒了……

（二）幼儿自主阅读图书

1. 教师提出阅读要求

教师出示《三只小猪》图书：今天我带来了一本非常好看的书，我们一起看看，大灰狼来了之后，到底发生了什么事？看书的时候请小朋友从前面一页一页的往后翻着看。（教师边说边示范，要求幼儿安安静静看书，不打扰其他的小朋友）

2. 教师巡回指导幼儿阅读

幼儿人手一本《三只小猪》图书，自己阅读。

在幼儿自主阅读时，教师发现阳阳总是不停地翻书，并没有仔细观察画面内容，这时教师提示："阳阳你在干什么？"

阳阳："……"（笑一笑，继续翻着手上的图书）

教师："我们一起来看看这本书好不好？"

阳阳："好！"

于是教师和阳阳一起看图书。

教师翻至第一页："书上有什么呀？"

阳阳："小猪。"

教师："它在干什么呢？"

阳阳："盖房子。"

教师个别继续提示："后面的故事很有趣哦，你继续往后面看看，看发生了什么事，等下讲给老师听，好吗？"

阳阳满口答应，并拿着书认真地阅读起来。

教师指导幼儿程程阅读：

程程指着大灰狼那一页说："老师，大灰狼，大灰狼来了。"

教师："对啊，这是大灰狼，你的小眼睛真亮！大灰狼来了会怎么样呢？"

程程（没有继续看书即回答）："吃掉，把它们都吃掉啦。"

教师于是反问："真的吗？请你往下看，到底怎么样？"

（教师与幼儿一起继续看书，阅读到大灰狼推木房子那一页）

教师："大灰狼在干吗？"

程程："在推房子。"

教师："它的表情怎么样呢？"

　　程程："凶凶的。"

　　（教师与幼儿继续看书，翻阅到最后一页问）"大灰狼的表情怎样？发生了什么事情？"

　　程程："大灰狼被吓跑啦！"

　　……

　　3. 提问：大灰狼来了之后，发生了什么事情？

　　幼儿自主阅读后，教师请小朋友将书收起来，并问："大灰狼来了之后，发生了什么事情？"

　　幼儿："……"

　　教师："房子怎么样了？"

　　幼儿："房子倒了；后来大灰狼的尾巴着火了……"

　　（三）教师引导幼儿阅读

　　教师播放课件和幼儿共同阅读。教师与幼儿逐页阅读，提问："这是什么？它在干什么？"

　　幼儿纷纷回答："小猪，它在盖房子，是个草房子。"……

　　共同阅读至大灰狼出现的那一页："大灰狼来了发生了什么事？"

　　幼儿："它把房子吹倒了，它把房子推倒了。"

　　教师念书中的文字："大会狼使劲一吹，草房子倒了。"

　　"我们一起来学学，吹一吹，推一推。"（幼儿跟着做吹吹，推推的动作）

　　教师继续问："你们猜猜砖房子会怎么样？"

　　幼儿："砖房子不会倒。"

　　教师："为什么呢？"

　　幼儿："因为砖房子是硬硬的，很坚固。"

　　教师："是的，你们说得非常好，砖房子很坚固，住在里面会很安全……接着我们看看发生了什么事？"

　　幼儿："大灰狼的尾巴着火了，小猪想了办法。"

　　教师："如果要你砌个房子，你会砌什么房子？"

　　幼儿："砖房子，这样就不怕大灰狼啦；砖房子很坚固！"

　　教师："我们一起来读读这个故事吧！"

　　（四）讨论：哪个房子最坚固

　　教师："哪个房子最坚固？为什么？"

　　幼儿纷纷说："砖房子，因为大灰狼推不动他""因为住在里面不怕大灰狼，很安全"……

教师："你最喜欢哪个房子？"

幼儿："砖房子，因为它最牢固。"

教师："喜欢木房子吗？木房子又漂亮又简单。我比较喜欢。"

幼儿："不喜欢，喜欢砖房子……"

（五）师幼共同表演

教师与幼儿共同表演故事《三只小猪》。

教师播放《谁怕大灰狼》的音乐，孩子将自己的小椅子当成房子，在音乐的伴奏中，教师边讲解幼儿边表演。

六、活动启示

通过平时开展的早期阅读教学活动以及相关的各项实践活动，不断地摸索，不断的提高，在早期阅读活动中应该如何做才能更好，我有了以下几点启示：

1.设疑导入，激发兴趣。在活动开始时巧妙设置疑问，让孩子大胆猜测，带着问题去阅读会让孩子更有兴趣，让孩子的阅读更有目的性。这种导入的方式不但激发了孩子参与活动的兴趣，同时让幼儿的自主阅读更有目的性。例如活动中的开始部分，教师将教室布置成故事中的情景，让孩子感觉身临其境，激发了孩子参与活动的兴趣，教师的导语，让孩子了解了故事中的角色及三种不同材料的房子，并通过设疑：大灰狼来了会发生什么事情？让孩子猜一猜，并带着问题去阅读，让阅读更具目的性。

2.运用多种策略，引导幼儿理解画面内容。在师幼共同阅读时，应运用多种策略引导孩子理解画面。策略一：提问，与幼儿一起阅读时，其中最重要的就是教师对问题的把握，问题设置的准确性、有效性、层次性，决定了整个阅读活动的进程与质量，要巧用开放性问题有层次的提问。如："这是谁？它在干什么？"幼儿回答："小猪，它在盖房子。"这样的问题只需要幼儿专心观察图片，就可以在图书中找到答案，所以幼儿最容易回答。第二层次的问题，如："你们猜砖房子怎么样了？大灰狼来了会发生什么事？"这样层层递进地问题不仅能引导幼儿挖掘画面深层的内容，而且能帮助幼儿理清思路，培养幼儿思考、推理、分析能力。策略二：体验。图书中有些语言是描述动作之类的，可以运用体验法，让孩子学一学动作，在体验中学习，理解画面内容。如活动中学大灰狼吹、推的动作，师幼共同表演环节都是通过体验去学习理解的。策略三：猜测、想象。如提"大灰狼来了之后，发生了什么事情？你们猜猜会怎么样？为什么会这样呢？这样的问题。"培养幼儿思考、推理、分析的能力。同时也能更好的引导孩子理解画面。

3.注重孩子的体验。教师可依据教材本身的特点以及幼儿的情况，帮助幼儿选择不同的方式表达他们对图书的理解。例如活动中教师让幼儿学学大灰狼吹、推的动作，让孩子在体验中学习，师幼共同表演环节，幼儿通过阅读熟悉故事后，自己参与一定的准备活动，利用道具、肢体动作表演故事，从而满足幼儿的表达需要。当然还可以运用更多的表达方式，如：复述故事、制作图画书、展板等。

七、教师研讨

怎样有效地开展早期阅读活动

黄老师：首先选材要特别能让孩子感兴趣，《三只小猪》这个绘本是孩子感兴趣的内容，在活动中孩子们的兴趣非常浓厚，同时也是很符合孩子年龄特点的。

陈老师：为了更好、更有效地开展早期阅读活动，活动的导入特别重要，它能更好地激发孩子参与活动的兴趣，让孩子们尽快融入活动中。早期阅读活动重在为幼儿提供阅读经验，因而需要向幼儿提供含有较多阅读信息、教育环境。教师可利用一切机会、场所，让孩子感受书面语言，如：在出示三种房子时，可适当配上文字"草房子、木房子、砖房子"，以使幼儿从中获得语言文字知识。

李灿老师：在幼儿自主阅读环节中，因为小班孩子的阅读还处于阅读初级阶段，有时孩子的阅读是漫无目的的，教师让孩子带着问题阅读图书，对于小班孩子的阅读特有帮助。教师提出具体的阅读要求时说道："看书的时候请小朋友从前面一页一页的往后翻着看，安安静静地看书不打扰其他的朋友。"让孩子掌握一般的翻阅图书的规则方式。教师边说边做，这种方式也很适合小班的孩子，因为教师提出要求时，有的孩子会认真听，但也有部分孩子并不能很好地控制自己，因此教师适当提醒孩子更好。建议将要求提得更具体、更细致也许会更好。

毛老师：幼儿自主阅读时，并不意味着教师可以放手不闻不问，相反，在幼儿自主阅读过程中，教师要巧妙地进行引导。小班幼儿这个年龄阶段是"学习阅读的敏感期"。如果给予他们学习阅读的机会和正确的指导，那么对于他们自主阅读能力的培养将起到非常重要的作用。小班有些孩子在自主阅读时，往往缺乏对画面进行仔细观察的能力，有时阅读也是漫无目的的，因此教师适时的介入是很关键的，阳阳的阅读行为表明他的阅读经验不够，教师发现后提出和他一起看书，并通过简单提问："书上有什么？它在干什么呀？"慢慢将孩子的注意力，兴趣点转移到书上。这样有效地将孩子引入阅读中。而程程是个阅读能力较强的孩子，因有一定的阅读经验，在阅读时对图片的主体形象比较关注，教师对其以比较深层次的追问，让他表达自己的想法，并肯定孩子的回答。然后逐步引导孩子观察图书中的画面，从中发现人物表情、动作，并将之串起来理解故事情节。

王艳老师：活动中，教师应多设计一些过渡性的提问，让幼儿串联前后画面，从而理解故事情节的发展。在活动中，教师关注全体幼儿不够，有些孩子拿着书翻几下就看完了，对书本没什么兴趣，教师没有进行大面积指导。

黄老师：教师在幼儿自主阅读完之后，就开始提问：大灰狼来了之后，发生了什么事情？这一环节是教师了解幼儿通过自主阅读后对图书内容的理解，"大灰狼来了之后，发生了什么事情？"这个问题提的太大，幼儿回答不出，教师及时将问题调整为："房子怎么样了？"将问题简单化，更适合小班的幼儿。

王甜老师：教师与幼儿一起阅读，实际上是在幼儿自己观察认识接触到的书面语言信息的基础上，由教师带领幼儿来进一步学习理解这些书面语言信息。在这一环节中，教师采用"平行"的方式，与幼儿共同阅读。在阅读中要注重巧妙设问，与幼儿一起读书，其中最重要的就是教师对问题的把握，因为在这样的互动式阅读中，提问是教师最有效的教学手段，问题设置的准确性、有效性、层次性，决定了整个阅读活动的进程与质量。之所以说巧用，是因为开放性问题也有不同的层次。应该由浅入深，层层递进。在师、幼共同阅读中有些层次性问题，如："这是谁？它在干什么？"幼儿回答："小猪，它在盖房子。"这样的问题只需要幼儿专心观察图片，就可以在图书中找到答案，所以幼儿最容易回答。第二层次的问题，如："你们猜砖房子怎么样了？大灰狼来了会发生什么事？"这样层层递进的问题不仅能引导幼儿挖掘画面深层的内容，而且能帮助幼儿理清思路，培养幼儿思考、推理、分析能力。在活动中让孩子学会吹一吹、推一推，并在学一学、动一动中学习，孩子的兴趣非常浓厚，最后和孩子一起读故事，巩固理解。但活动中，教师提问形式单一，回应也不够灵活。

（培训机构：湖南民族职业学院）

250　**美丽的遇见**
——"国培计划"学员研修成果

我们身边的垃圾调查

周玉兰

一、研究什么

在三年级开展综合实践活动，学校首先以讲解案例的形式，给学生作了一系列的讲座，使学生对综合实践活动的内容、形式、实施与评价等有了初步的认识。

当学生听完他们的同龄人开展综合实践活动的案例后，急于想研究一些问题。于是，让学生观察大自然，观察社会，把发现的问题，感兴趣的问题，想研究的问题记在纸条上。学生的问题很多，涉及的范围也很广泛。学校把学生的问题整理了一下，一共有100多个。为了更有效地指导，学校决定让三年级全体学生共同先研究一个问题。先研究哪个问题呢？学生们争执不下，有的学生提出由老师做主确定一个。但是考虑到学生在综合实践活动中的主体性，还是把课题选择的决定权交给学生。于是列出学生比较感兴趣的10个问题，让学生投票选择一个，最终确定得票数最高的问题——"我们身边的垃圾"问题作为第一个研究问题。

综合实践活动主题的确定要基于儿童兴趣，基于儿童对自然、社会和人自身的关注。主题确定的过程也是培养学生发现问题的一个过程。在第一个主题的确定过程中，采用投票的形式，对学生进行了一次"民主集中制"思想的教育。从活动一开始，就确立了学生在综合实践活动中"主人翁"的地位。

二、组建研究小组

活动主题确定以后，学生便自愿组成研究小组。在自愿组成小组的过程中，产生了一系列的问题。有的学生成了"抢手货"，有的学生成了"弃儿"，有的刚过了半天就改变主意重新组合。这是学生交往过程中很正常的现象，同时也是对学生进行合作交往教育的一个良好时机。教师抓住这一良好的教育时机，有针对性地开展了教育，和学生们分析，为什么有的学生很受欢迎，大家都愿意和他交往合作；为什么有的学生不受欢迎，大家不愿和他交往合作；怎样做才能受别人欢迎；在和别人交往合作中有哪些技巧等。通过教师的指导、帮助，一个个研究小组组成了。同时，教师认真分析了学生在组成小组过程中所体现出来的心理特点，归纳了小组组成的影响因素，如空间因素、人格因素、指导因素等。

组成小组尊重学生的选择，让学生自愿组成小组，教师根据具体情况有针对性地指导，从而培养学生的合作意识和合作能力。学生在具体的环境中感觉到自身在交往合作中的不足，此时，教师的教育往往会事半功倍。

三、设计小组名片

研究小组组成后，学生为了联系方便，互相抄录电话号码和家庭住址，进而模仿大人，自己设计个人名片，最后发展到设计小组名片。期间曾有家长、教师提议由学校统一设计、制作，由学生填写而已。最终讨论决定，仍由各小组自行设计、制作。学生热情高涨，忙着讨论给自己的小组提个名字，设计口号。例如，"团结小队"，口号是"团结就是力量"；"五猴小组"，五个人都属猴，口号是"为了人类的明天"；"环保小队"，口号是"我们只有一个地球"。有的小组成员拍了合影，把照片也贴到了名片上。在设计名片内容时，还引发一场关于"电话号码""家庭住址"和"个人隐私"的争论，以及如何进行"自我保护"的大讨论。

大人们少一点条条框框，多给孩子们一点自由，孩子们有自己的思想，有自己的文化，有自己的创造，我们应该给孩子们机会。

在制作名片中还发生了这样一个小故事：一个学生说自己亲戚的广告公司承制名片，便自告奋勇地承担制作任务，并承诺可以优惠。结果本应三元一张的名片以六元一张卖给小组其他成员，最后讨价还价以每张五元成交。老师知情后，先颇为震惊，后冷静地作了处理。

教师找到该学生："这次制作名片，你盈利多少？"

学生答："每张赚2元，共5张，赚了10元钱。"

教师问："你盈利了，应该缴税？"

学生问："缴多少？"

教师答："我也不知道，你去问问你开店的亲戚，或者去查查税法？"

教师又问："你有营业执照吗？"

学生答："没有。"

教师说："没有营业执照，属于非法经营。非法经营，要没收非法所得，还要根据情节轻重作罚款处理。"

这个事件中，教师没有简单地批评学生，而是顺势利导地结合具体情况对学生进行了初步的税法、工商知识的教育。综合实践活动中会动态生成一个个问题，教师有时始料不及，但又必须引导学生解决一个个问题。

四、点击导师，给导师发聘书

学校征求了教师和三年级学生家长的意见，几乎百分之百的教师和家长都愿意做学生综合实践活动的导师。学校让学生自己商量请一位教师和一位家长做他们的导师。学校把教师的情况向学生们作了介绍，又让学生互相介绍家长的情况，以便学生选择。这期间就有学生主动打听教师的情况。结果，有的教师被多个小组点击，有的教师则没有被点击到。一时间，有的教师也感到一种"失落"，也觉得面临一次挑战。最后，为了指导工作的有效性，班主任老师征得学生同意后，适当作了调整。

学生依据自己的评判标准和综合实践活动的需要点击教师，一方面体现了学生的自主性，另一方面对教师也是一个挑战。热情、知识面广、动手能力强的教师很受学生欢迎。

学生有了意向后，教师让学生自己去聘请导师。有的学生完成得很顺利，有的学生则完成得相当艰难。因为有的学生不会问路，有的学生不会问人，瞎撞乱闯了半天，连个人也没找到，有的学生见到了教师，话也不会说。导师在这过程中，一一给予了指点。

有的学生想到了给导师一个聘书，可是不会写，于是向语文老师提出上一堂"怎样写聘书"的作文课。课后，一张张学生精心设计，精心制作的聘书送到了导师的手中……

在综合实践活动中，学生会碰到一个个问题，遇到一个个挫折，从而会产生一个个需要。这种需要是学习的动力，此时的学习是最有效的自主学习。

五、调查结果让我们吃惊

学生以小组为单位，周五的下午在学校导师的指导下开展了调查研究工作，双休日在家庭导师的指导下开展了调查研究工作。学生在新村内实地观察，参观了垃圾站和垃圾填埋场，访问了环保工人和环保局的同志，到新华书店查阅资料，有的还上网下载了许多有关垃圾的资料。

在调查研究的过程中，学生自发确定了自己的研究重点，有的研究垃圾的来源问题，有的研究垃圾的危害问题，有的研究垃圾的分类问题，有的研究垃圾的处理问题。

每周三下午的一节综合实践课上，组织学生交流成果，包括研究成果和在研究过程中的体验。学生用笔记录下数据，写了观察日记，用照相机拍了照片，用摄像机拍了录像，用计算机从网上下载了资料。学生们看到调查的结果都十分吃惊。

交流与反思是综合实践活动中重要的一环。交流可以促进相互之间的学习，反思可以促进学生不断改进学习方式。交流和反思本身也是一种学习。

六、研究在深入和拓展

在调查研究的过程中，学生对"垃圾"的认识越来越高。

一次外出观察活动中，一位学生带了照相机，才走了几十米的路，一卷胶卷便拍完了。胶卷冲出来后，导师和他一起分析，哪几张照片是有价值的，哪些照片是没有用的，指导学生如何有针对性拍照。同时指出，没有用的那些照片也是垃圾，无形中既浪费了资源，又不经意地产生了垃圾。

综合实践活动过程中，时时处处都是教育，而且是活生生的，种种体验知识在书本中、课堂上难以获得。

另一次外出参观活动中，一位学生对贴在墙上、电线杆上的那些"牛皮癣"广告产生了兴趣，认为无论是广告的内容还是广告的形式都是"垃圾"；另一位学生关注那些写在墙角上，垃圾箱旁的"警语"，什么"在此大小便是猪狗"等，认为这些话语也是一种"垃圾"。导师抓住这两个问题，在同学们中展开了讨论，"牛皮癣广告"和"不文明语言"是不是垃圾，从而使同学们对"垃圾"的认识提高了。

从"物质垃圾"到"精神垃圾"，这是学生在调查研究过程中认识上的拓展和升华。这种认识是学生在生活中自主发现的，经过导师的点拨形成的。导师在综合实践活动往往要巧妙地"画龙点睛""点石成金"。

学生们的研究还在继续，有的在设计"分类处理"的垃圾箱，有的提出"垃圾填埋""垃圾处理"的设计思想，有的在设计环保的宣传口号,有的在替市长写"致市民的一封公开信"，有的在制订《垃圾法》……

综合实践活动并不在乎学生最后"作品""成果"的质量的高低,而是注重过程!注重学生在过程中发现了什么问题，他又是如何想方设法地解决问题的；注重学生在实践中获得的种种体验，对自然、对社会、对人自身的一种关注；注重学生在实践中与他人的交往和合作。

（培训机构：湖南文理学院）

走近皮影

株洲市芦淞区贺家土小学　陈石兰

一、教学由来

皮影戏是中国民间艺术形式，又称"影戏""灯影戏""土影戏"，是一种民间艺术，顾名思义，其演出是利用灯光把兽皮或纸板做成的人物剪影照射在白色的银幕上，集造型艺术、表演艺术、音响艺术于一体的一种戏剧形式。在过去电影、电视等媒体尚未发达的年代，皮影戏曾是十分受欢迎的民间娱乐活动之一。皮影戏亦是湖南长沙的代表艺术，流行于长沙、湘潭、株洲、浏阳、望城、宁乡等地。受到外在环境以及兽皮材料质地上的差异等种种因素影响，皮影戏偶造型风格各地不同。

在2006年的春节晚会上，由12位老太太表演的《俏夕阳》引起了很大的反响。她们精彩的表演，使很多人了解了皮影戏这种古老的民间艺术，而对于大多数生活在城市的学生而言，接触这种古朴的民间艺术的机会却很少，于是产生了把皮影戏这种艺术介绍给学生的想法。

二、教学目标

1.欣赏、了解皮影戏，感受皮影戏古朴的艺术风格，激发学生热爱中华民族民间文化遗产的情感。

2.运用皮影戏独特的艺术特点进行绘画创作，让学生在感受民间的艺术中得到启迪和创新。

3.提高学生的审美能力，想象能力和创造能力。

三、教学重、难点

能抓住皮影戏中人物的造型特征和动态特点，用传统图案来装饰皮影戏中人物的服饰。

四、教学准备

彩色卡纸、记号笔、油画棒、课件等。

五、教学过程

（一）欣赏交流——感受文化

1.播放一段皮影戏的影像资料，让学生对皮影戏有一个直观的了解，从而感受其独特的艺术表现形式。

2. 学生相互交流，说说自己对皮影戏的了解和看了之后的感受。

3. 教师小结，渗透湖南皮影历史及相关情况。出示课题《走近皮影戏——画皮影》。

（二）模仿表演——激发兴趣

观看皮影戏片段和 2006 年春节晚会上表演的依据皮影创作的舞蹈节目《俏夕阳》的片段，模仿皮影人物的动作。（活跃课堂气氛，并从模仿中感受皮影机械式的动作特点）

1. 请同学们根据刚才看的影像来表演一个自己印象深刻的动作，学学里面的人物来做一个造型。

2. 同学们通过看、记、演等方式了解皮影人表演时的动作特点。

（三）局部分析——加强理解

通过欣赏分析师生探讨皮影戏中人物几个部分的结构特征。

1. 头部

2. 服饰

3. 动作

（四）创作指导——落实要求

1. 创作一幅有趣的皮影戏。

2. 抓住人物的造型特点，可夸张地表现人物的动态。

3. 运用民间的传统图案来装饰人物头饰和服饰。

4. 注意画面的布局和色调。

（五）开展评价——巩固拓展

展示作业，开展评价。自评与互评结合，评价可以客观多样，尽量让学生找到作品中的闪光点，增加学习自信，激发创新热情。在拓展中，出示相关皮影网站，让学生到广阔的网络世界中吸收更多的知识，并为下一课做皮影作准备。

（培训机构：湖南第一师范学院）

第十四章　课例分析

《踏雪寻梅》教学个案分析

湘钢二校　黎捷

新课标提出："音乐课是人文学科的一个重要领域，是实施美育的主要途径之一，是基础教育的一门必修课。"其课堂教学是一种开放性、多面性的交流活动，它让学生体验情感、张扬个性、培养自信、学会做人。而目前的音乐课堂教学状况是学生对音乐很感兴趣，喜欢真正走进音乐课堂的却不多。一些音乐教师上课的随意性很大，课堂教学缺乏严谨性，导致学生把音乐课当成放松课、自由课。长此以往，学生脑海中的音乐领地贫瘠得只剩几曲似像非像的流行歌，音乐基础知识匮乏，音乐素养更是无从谈起。作为一名音乐教师，我想结合自己上过的《踏雪寻梅》一课，谈谈自己对音乐课堂教学的点滴收获。

一、仪表形象美是赢得学生尊敬的第一步

很难想象一个邋里邋遢、衣着不加修饰的教师会受到学生的欢迎。音乐教育以审美为核心，我们音乐教师要想得到学生的信任和尊敬，首先要有吸引学生眼球的东西——"外在美"。年轻、漂亮那是年轻教师的资本，而服装端庄、仪态优雅、体态语得当……却是各个年龄段的音乐教师能赢得学生喜爱的法宝。音乐教师在这方面应更为注重，在教学《踏雪寻梅》这节课时，我特意买了一条绣有梅花的旗袍，并化了淡淡的妆，以求与本节课的氛围搭调。再加上我平时经常注意自己形体的训练，形象上焕发出无形的魅力。因此，胆子稍大的学生见了我说："黎老师，你今天好漂亮哇！就像电视上的明星一样啊！"……上课时，就连班上几个调皮捣蛋鬼也抵不住"美"的诱惑，在课堂上主动与我互动，全神贯注地上课，这样的学习效果——自然是不言而喻的。

二、良好的文学素养是上好音乐课的基础

教师美的语言，能让学生受到美的熏陶，感受到祖国语言文学的美，从而培植热爱祖国语言文学的情感；教师美的语言，能引起学生情感的共鸣，加深学生对

所学知识的理解与体验；教师美的语言，能激发学生积极主动地思维，开发学生的创造潜能，促进学生可持续发展；教师美的语言，能引起学生对美的向往，提高学生的文化品位和审美情趣。《踏雪寻梅》这首歌的歌词是一首很美的文学小诗。为了教学本课时能做到"胸有成竹"，我查阅了大量的有关歌曲创作者的资料，并熟悉了歌曲的创作背景……为了能引导学生更好地走进歌曲的意境，我将自己平时在阅读中逐步形成的积淀化作了上课伊始的歌词朗读。哪里该扬，何处该抑，拿捏得十分到位。那份朗读的美，让孩子们被这首词的优美意境所打动，忍不住轻声地跟我一起合诵。在接下来的教学中，我恰当的评价语，灵活的过渡语，让我的课堂有了一种同音符一样律动的美。这样的教学效果正是我想要的。

三、扎实的教学基本功是有效教学的重要前提

如果说教学是技术加艺术，那么这种技术和艺术主要表现在教师课堂教学的基本功上面。作为音乐教师，除了要具备其他任课老师必备的基本功外，其专业技术方面的基本功尤为重要。课堂中，由教师现场激情演奏，比放音乐更能引起学生的学习兴趣。在这节课中，我依据自己的特长（在大学主修的专业就是二胡），特意设计了一个展示教师基本功的环节——演奏乐曲。等我结束演奏时，同学们都情不自禁地为我鼓掌。我明白这是学生内心发出的真诚的声音，也是对我为这节课所付出努力的最好回报。他们因为见证了我的能力，将对我的佩服化作了在课堂上对音乐涌动的激情。

四、良好的音乐课堂教学常规是有效教学的保障

课堂教学必须以课堂常规为基础，它培养学生良好的学习行为习惯，是顺利进行音乐教学活动的重要条件。音乐课的课堂常规又有着与其他学科不同的特点。它包括：课前课后师生问好、歌唱的姿势方法、音乐律动的注意事项等。《踏雪寻梅》这节课有一个伴奏律动环节让我记忆犹新，在欣赏完合唱版的《踏雪寻梅》后，我让学生用打击乐器为这首乐曲伴奏。试教时，我忘记交代学生用合适的力度为歌曲伴奏，而是让学生自由发挥，结果那个环节秩序混乱，教室成了嘈杂的海洋。铃鼓声、沙锤声、三角铁、碰铃，所有的打击乐器都发出刺耳的尖叫，那一刻简直是让我气不打一处来，费了很大的劲才让他们完全安静下来。接下来，我自然是对学生一番整顿，这让前面良好的教学铺垫都化为乌有，那个环节的教学效果可想而知。课后，我冷静下来反思，这不能都怪学生，主要问题在于自己对教学场景没有良好的预见性，没有注重课堂的生成，不重视课堂教学常规训练所致。小孩子爱动好奇是天性，面对这些平时鲜有机会接触到的新奇打击乐器，刚拿到手自然有些兴奋，看到别的同学也是一通乱敲，也就不管不顾比试谁的声音

大，老师的要求自然完全抛之脑后。再次试教到这个环节时，我事先交代学生伴奏与音乐是绿叶与红花的关系，红花要靠绿叶来衬托，音乐因为有伴奏而更加动听。这一次的教学效果就达到了预期的效果，学生沉浸在合唱版《踏雪寻梅》的美妙音乐中，手中的小乐器适时发出轻柔的声音，可爱的孩子们此时变得细腻而敏锐了，他们深深地融入了音乐。

　　总之，教师要充分利用好有限的 40 分钟时间，不断地完善自己教学过程，创新自己的教学理念，提高自己的教学技巧，用自己的音乐素养将音乐的美传给学生，让学生在良好的课堂教学秩序和氛围中融入音乐。只有这样，我们的课堂才是充满魅力的课堂；只有这样，我们的学生才会爱音乐，也爱音乐课堂。

（培训机构：零陵区永实学校）

"走进祁剧"教学案例分析与反思

祁阳县浯溪二中　蔡金枝

祁剧虽然是地方剧种，但已被国家列为非物质文化遗产。500 年的历史，500年的传承，如何将祁剧发扬光大，让这一地方剧种不被遗忘，一直是作为祁剧传人兼音乐教师的我的一份沉甸甸的责任。基于此，我创作了"走进祁剧"教学。

祁剧发源于祁阳，旧称"大戏""祁阳戏""祁阳班子""楚南戏"等。新中国成立后，始称祁剧。明代中叶，江西"弋阳腔"目莲戏传入祁阳，与祁阳地方语言、音乐、祭祀、风俗、民情相结合，逐步演变为祁剧高腔。以后昆、弹腔相继传入，成为祁剧三大声腔。明嘉靖年间，祁剧已初具规模。此后，逐步流传到湘南、湘西、湘中、粤北、赣南、闽西、广西、黔东一带，有"祁阳弟子遍天下"之称。在长期流传过程中，造成剧目、唱腔、脸谱、服饰、应工、表演风格的差异，形成两大流派：以祁阳县、永州市为中心的湘南各地祁剧叫永河派，以邵阳市为中心的湘中、湘西各地祁剧叫宝河派。作为音乐教师如何上好传统艺术课，本人结合实践，着重从以下几方面入手：

一、祁剧教学苦与乐

上课铃响了，我带着 MP3 走进教室，微笑着和同学们问好，复习一首上节课学过的歌曲，平时扎实的歌唱训练真是没有白费工夫，同学们的歌声让我也陶醉其中。教学进行得非常顺利，该进入新课了，我先环视了教室一周，然后在黑板上画了一个耳机，学生马上知道下面应该安静地欣赏音乐了。教室里静悄悄的，不错，纪律很好，我得意地微笑起来。"同学们，今天老师要请大家欣赏一段戏曲……"我简单地介绍了一下《红灯记》的剧情、人物，然后播放录音，祁剧独特的唱腔引得同学们阵阵发笑，看到孩子们笑，我还以为他们很喜欢听，也不由自主地跟着音乐节奏小声哼唱。这时，突然听到一位男孩放肆地笑了起来："哈哈哈，真难听。"其他学生一阵哄笑，原本安静的课堂顿时喧闹起来，几个调皮的男孩子干脆跟着录音咿咿呀呀的怪唱起来，女孩子则捂着嘴偷偷地笑。这还了得，我的火气直线上升，"啪"的关掉录音，拍桌子示意学生安静下来，看着我生气的样子，学生们知趣地恢复了安静。我的脑海里飞速地转动着："怎么办，怎么样才能把这节音乐课成功地上下去？"毕竟有着多年教学经验，我镇定了一下情绪，走到那个男同学面前，拍拍他的肩膀，轻声问道："这位同学，请你告诉老师，为什么这样说？"同学意识到自己过于放肆，低着头支支吾吾地说："我，我只是觉得声音尖尖的，怪怪的。"我又问了其他几位同学，他们对祁剧都知之甚少。"同学们，你们知道吗，其实老师以前也不怎么喜欢听戏曲,对戏曲了解得也不是很多,但是看了电视剧《陶铸》以后,我改变了这种看法。现在,我知道了祁剧是名列全国第二的地方戏曲,它发源于我们祁阳,它的历史悠久,已有 500 年,覆盖全国 9 个省市。今天大家第一次接触祁剧,有不同的看法是可以理解的。老师觉得祁剧就像一杯醇香的清茶,需要我们慢慢品味才能感受到它的美,它的魅力……"接着,我又给他们介绍了祁剧名家的故事,我绘声绘色的讲述使学生们听得入迷,看得出来,他们的兴趣慢慢被调动起来。于是,我趁热打铁,给学生们安排了课下任务:"下节课开始我们就开展一个活动'祁剧知识知多少',比比看谁了解的祁剧知识最多,谁会唱的祁剧曲目最多?"同学们在我极富鼓动性的语言下燃起了求知的欲望,课下纷纷行动起来,有的上网到处找资料,有的向爷爷奶奶学祁剧,那个调皮的同学还跑到我的办公室兴奋地告诉我:"老师,我知道祁剧有生、旦、净、丑四个行当,我奶奶还会唱孟丽君哩!"看着他一本正经的样子,我禁不住笑了起来,这笑,是发自内心的……

第二节音乐课俨然成了祁剧小沙龙,同学们不仅交流了很多祁剧常识,大方的同学还上台演唱了在家向长辈学习的祁剧唱段,虽然唱得跑了调,但是我知道,祁剧,已开始走进同学们的心里。还有个同学自豪地说:"外国人也喜欢听我们中国的戏曲,称它为中国的歌剧。"我抓住时机,为同学们播放了祁剧《陶铸》唱段,这是祁阳春节联欢晚会上曾经唱过的戏歌,很多孩子一听就知道,在愉快的氛围中,我们师生共同感受到祁剧的魅力和作为一个祁阳人的自豪。

在这之后的几年里我分别上了几节祁剧欣赏课,像 2008 年湖南省"送教下乡"音乐课展示活动,2011 年国家中西部音乐骨干教师培训活动,2013 年湖南省音乐骨干教师音乐技术培训活动,每一次都有不同的改进和进步,学员来自各地,听课感受各不相同,但对戏曲的兴趣还是很浓的。2008 年,在永州市江永三中上初二音乐课,记得那天早上来到三班教室与同学们进行课前见面,同学们一听上戏曲课,都非常高兴,在课堂上更是争先恐后地举手,小组配合默契,课堂气氛甚是活跃,因此获得一致好评。2011 年上的那节课,我稍微进行了调整,课前要学生学说祁阳话并与普通话进行比较,之后学唱祁阳小调引入到新课,同学们的兴趣更浓,上课表现积极,各组活动开展得很好,上课效果明显地提高了。2013 年12 月上的课,我将后部分学唱《红灯记》唱段改为欣赏,并将思想品德教育贯穿其中,结合父亲 2000 年在中央戏曲频道表演《黄飞虎》的武打视频与同学们一起分享,由父亲的敬业精神谈到对我自己的影响,使课的内容得到升华,课上得比较成功。

二、教学案例分析与反思

1. 祁剧是一门博大精深的艺术，在一节课中根本无法把它全部讲完，只能"蜻蜓点水"式地让学生对祁剧有一个较全面的了解，目的在于激发其对中国地方戏曲的兴趣和自豪之情。本课教学内容以祁剧欣赏为基点，加入创新，将更多的祁剧知识，如祁剧的唱腔、板式、表演形式、艺术魅力等融入其中，以达到良好的教学效果，比较成功的地方是让学生穿上戏曲服装进行情境表演以及听锣鼓点即兴表演动作，充分发挥学生的主体性；课前学说祁阳话，用生活中的语言来唱祁阳小调，学生的学习兴趣更浓。

2. 老师要引导学生发现祁剧的美。学生在欣赏戏曲时，教师进行剧情人物介绍，并渗透积极向上的思想内容，让学生先激发起对剧中正面人物的热爱，然后重点对有影响的生、旦、净、丑的优秀剧目和唱段进行教唱与练唱，如将父亲表演《黄飞虎》的武打视频与同学们一起分享，由父亲的敬业精神到对我自己的影响，让学生体会到"戏如人生、人生如戏""戏曲来源于生活，但高于生活"等。

3. 戏曲的学唱学习结合了戏曲本身的韵味和特点，要与歌唱教学区分开来，多采用一些教学手段。如：学唱环节，学生可模仿听戏者"摇头晃脑"的神情去唱，还有每一句的"亮相"，祁剧的"精、气、神"方面的引导等。

4. 课堂开始和结束语言可以用祁阳话来说，如"欢迎同学们到祁阳来做客，吃祁阳米粉，讲祁阳官话"，课堂的结束可以设计"念白式"的师生告别和学生走"台步"离开教室的方法，这样就使教学得到升华，别有一番韵味。

三、今后教学中要注意的几点

1. 由点带面，让典型带动一般。让戏曲兴趣小组带动日常的戏曲课，着重进行普及戏曲基本知识的工作，然后步入实际课教学，让部分学生能达到实际演出水平。

2. 随时进行调查。教师要在学生中对喜欢、比较喜欢、一般可以接受及不喜欢戏曲的情况进行随时调查摸底，有针对性地进行宣传教育，促进戏曲艺术的普及教学。

3. 把戏曲艺术与其他科目很好地结合在一起，如：美术、音乐、舞蹈、文学、影视等。分析戏曲艺术与其他相关文学艺术门类的关系。

这节课上了几次，也改过几次，通过几次实践，在不同程度地改进，也得到同学们的喜爱。虽然已经过去了，却一直令我难以忘怀，我深深地感受到，音乐教学也正像醇香的清茶，慢慢品味才知其中滋味。在当今瞬息万变的信息社会，很多音乐教师都在感叹流行音乐大受欢迎，传统艺术备受冷落。其实，感叹之余，我们应该问问自己，身为音乐文化的传播者，我们又做了些什么？所以，我呼吁所有的音乐教师，从我做起，和同学们共同走进传统艺术，为戏曲艺术的继承与发展尽一份力！

（培训机构：湖南第一师范学院）

以《梅花》为例谈小学古诗教学策略

江华瑶族自治县沱江镇为人小学　　左丽

古诗词是中华民族艺术文化的精髓，也是世界文化宝库中一颗璀璨的明珠。语文教师在古诗教学中，要善于创设情境，引导学生体验感悟、诵读积累、品味想象，从中去感受美、探究美、品析美、创造美。

一、创设情境，感受美

古诗的意境千姿百态，有的委婉、有的悲凉、有的雄伟、有的豪放。在古诗教学中，教师可运用多种方式来创设情境，营造充满诗意的学习氛围，激发学生的学习兴趣。

在情境中激发兴趣。《梅花》这首诗是北宋诗人王安石所作。全诗从梅花的神态、颜色和香味三方面突出梅花的特点，不仅描绘了梅花的外形美，而且着意刻画了梅花内在的精神品格美：耐寒、洁白、清香。全诗赞扬了梅花不畏严寒，独自开放的顽强精神，表现出诗人高洁的品格。

为了激发学生的兴趣，一开课，我就创设梅园赏梅的情境，播放梅花雪景视频，优美的画面和悦耳的音乐顿时把学生带入了寒冬腊月，梅花傲雪斗霜的风姿让人赞叹不已，学生通过听梅花歌曲、赏梅景，初步感受到了梅花的美，这样就为课文的学习创设了良好的开端。然后我以称赞梅花的诗句"梅须逊雪三分白，雪却输梅一段香""俏也不争春，只把春来报"导入《梅花》的教学，导入自然流畅，学生饶有兴致。

在情境中体会情感。画面和声音能给人以直观的形象，容易使人"体味其境，察其人物，闻其声音"。《梅花》一诗的教学重难点是引导学生有感情地朗读古诗，背诵古诗，了解古诗的意思，想象诗中描绘的梅花，感受梅花不畏严寒、顽强不屈、高洁的品格。为此，在教学过程中我创设有利于学生积极体验的氛围，放手让学生读一读，悟一悟，赞一赞，画一画，写一写。如用图画再现情境——在僻静的墙角，几枝雪白的梅花正傲然怒放；音乐渲染情景——伴上一曲优美的富有幻想色彩的古典音乐，把学生带入遐想的天地。通过各种方式激发学生丰富的想象，从中感悟古诗的意境美，体会到梅花的外在美和品格美。

在情境中体验创新。情境教学能调动学生的感觉器官和思维器官，启发学生的形象思维，唤起想象，活跃学生的创新思维。教学《梅花》时，为使学生准确地理解"数枝"的意思，我引导学生通过看图、联系上下诗句进行理解，出示"数枝"梅花图和"一树"梅花图进行对比，学生很快就体会到了"数枝"是指"几枝"。

再如，对于"暗香"一词，学生不理解，有些学生理解为天色暗下来时闻到的花香，于是我引入了古诗"不要人夸好颜色，只留清气满乾坤""梅花朵朵斗妍开，清香阵阵沁入怀"让学生讨论交流，学生一下就明白了"暗香"是指"清香""淡淡的香味"。

情感总是与情境相伴随的。语文教师不能局限于课内对诗句词意的注释和理解，要善于创设丰富多彩的情境，引导学生展开想象的翅膀，身临其境地去谛听、去触摸、去体验。

二、阅读理解，探究美

教学《梅花》一诗我以诵读为主，给学生充足的时间，让学生在读准确、读流利的基础上，进一步诵出节奏，诵出音韵，诵出感情，诵出诗意。

本诗感悟理解的重点是体会诗的意境。教学时，我让学生反复吟诵诗句，初步感知全诗的意思。然后让学生提出不懂的词语，结合插图和联系上下诗句让学生合作解决，对于学生不能理解的词语，进行适当点拨。在了解词语的基础上，连起来说说诗句的大意，再让学生反复吟诵，想象画面，体会诗的意境。教学中，我抓住梅花的特点，让学生自读感悟梅花傲然怒放、洁白、幽香远飘的特点。同时引入了唐代诗人张渭的诗句"不近水花先发，疑是经冬雪未消"，进一步体会梅花的洁白无瑕。

为了让学生体会到梅花不畏严寒、坚强、勇敢的品质，我创设了这样一个引读环节：梅花开得多有精神啊！你们喜欢这样的梅花吗？（喜欢）把我们高兴的心情读出来吧！（学生读诗）梅花不怕严寒，独自静静地开放。寒风来了，呼——呼——此时此刻，你就是其中的一朵梅花，你怕吗？（不怕）读出梅花的勇敢吧！（学生读诗）下雪了，小梅花，你的身上落满了雪花，你怕不怕？（不怕）读出梅花的坚强吧！（学生读诗）通过三次情境朗读，学生不仅真切地感悟到了梅花不畏严寒、坚强、勇敢的品质，也明白了做人也要做一个像梅花一样的人。

阅读能使学生产生独特的情感体验，探究能让学生体验到知识习得的快乐。学生在探究知识的过程中闪烁着智慧的火花和灵动的个性。

三、感悟生活，品析美

生活是一首诗，诗来自于生活。教学《梅花》时，我引导学生联系生活实际进行体验感悟。

早春的大自然，春寒料峭，大雪纷纷，看不见桃红柳绿，听不见鸟儿欢唱，可是此时树枝上的梅花绽开了笑脸，梅花开在墙角里、小溪边、悬崖上，你从梅花身上体会到了什么？学生在感悟后说得很精彩，如梅花以它的洁白无瑕为早春的大自然增添了美；梅花以它淡雅的清香，为人们带来了喜悦；梅花以它高尚纯洁的品格，为人们树立了榜样；等等。

古诗，充满了诗情画意，展现了中国文化的巨大魅力。古诗源于生活，教师要引导学生从诗中去感悟生活，只有感悟生活，学生才能在生活的碰撞中点燃灵感的火花，古诗学习才会变得更加生动活泼。

四、综合运用，创造美

《语文课程标准》提出："语文课程致力于培养学生的语言文字运用能力，提升学生的综合素养，为学好其他课程打下基础。"语文学科以语言的学习和运用为目的，很多东西需要学生亲自去实践，小到一个词语的运用，大到一篇文章的写作，乃至做人的道理，只有通过亲身的实践，才能体会到词语运用之妙，语言表达之妙、寓意寄托之妙。

在学生体会到梅花洁白如雪这一特点时，我创设了一个写话训练，让学生以"_____如_____似的_____"的句式写两句话。学生仿照"梅花如雪似的白"写出了许多精彩的句子，如：梅花如火似的红；桃花如脸似的美；春风如手似的柔等。

在赞一赞梅花环节，我设置了四项实践活动，让学生选择自己喜欢的一两种方式来赞一赞梅花：一是读一读——美美地读古诗；二是唱一唱——自编曲子唱古诗；三是画一画——画几枝梅花；四是写一写——写一句赞美梅花的句子。

在读一读活动中，我拓展了一首元代诗人王冕的《墨梅》一诗以及关于兰、竹、菊、松的诗句，不仅让学生进一步体会到了自然景物高洁的品格，还激发了学生课外收集更多古诗的兴趣，激发他们从小热爱中国古诗词的情感。

（培训机构：衡阳师范学院）

第五篇　课题论文类

　　教育教学工作千头万绪，但概括起来无外乎三件事：管理、教学、教研。在这三者中，教研是学校教育改革的"助推器"，是引领教师专业成长的重要平台，是促进学校内涵发展、可持续发展的必要条件和不竭动力，更是全面提高教育教学质量的重要手段。

　　因此，国培不仅要引导教师用行为改变课堂，还要引导他们对课堂进行专题性系统研究；不仅要引导校长用行动改变学校，还要引导校长对学校教育进行深层次的专题研究。

　　本篇所选文章是学员参培后在教育教研中的运用成果。

第十五章　教研为本

广东名校参访的几点启示

汝城县第一中学　扶祥联

在两年的研修中，华南师范大学基础教育研究院为我们安排了广东省办学水平很高的一些中学跟岗学习。其中，对我感触较大的是广东实验中学、中山纪念中学和深圳中学。通过参观校园，听取学校领导工作报告，深入课堂听课，与几所学校教师开展备课和评课等活动，并结合自身教育教学工作，我有如下一些启示。

启示一、办学理念要有引领激励作用

校训是办学理念的集中体现。中山纪念中学的校训是"祖国高于一切，才华奉献人类"。在这样的办学目标指引下，教师有胸怀中国、放眼世界的气魄，有为国家教书育人的使命；学生置身于这样的环境之中，能将祖国命运、社会发展和自身前途结合起来，为中华民族伟大复兴而读书。

深圳中学的校训是"主动发展　共同成长　不断超越"。壁立千仞，不拒细壤；沧海无涯，不择细流。唯其"主动发展，共同成长，不断超越"，才能以生之有涯而达海之无涯，以身之跬步而凌峰之绝顶，成为横绝沧海，览小众山的太阳。太阳是深中学子的象征——他们能自主发现和实现个人的潜能，成为他们最好的自己；而且他们无论身在何处，都能尊重自然，关爱他人，服务社会，造福世界，并且乐在其中。

名校之所以成为名校，固然与其光辉的历史有关，然而更重要的是其办学目标能体现教育的核心价值，鼓励一代一代的师生继承优良传统，开拓进取。可以说，文化育人，办中国最好的中学，是名校对基础教育的更好诠释和不懈追求！反观有些学校，学校领导者缺乏眼光，没有基本的办学思路，育人目标不清晰，不善于提炼学校的教育价值，校训过于抽象，过于强调规矩，不能起到凝聚教师和学生奋发向上的作用。

启示二、德育要切合学生的心灵需要

中山纪念中学虽然地处伟人孙中山的故乡翠亨，但离市区较远，可以说生源方面并没有多大的优势。是什么原因让这所学校如此具有吸引力？我认为是这所学校德育能切合学生心灵需要。中山纪念中学校长说："作为学校，更要与时俱进思考教育新课题，要让孩子度过幸福人生，关键是要培养他们良好的品德、人格，培养他们的承受能力、抗挫能力、生存能力、竞争能力、发展能力、创造能力，唯有这些综合素质，才真正是孩子立足社会、发展未来的精装武器。"

情景：中山纪念中学德育品牌素材型班会课。

时间：12月5日下午。

班次：1609班。

主题："文明就在我们身边"。

过程：(1) 班主任播放课件：美丽的纪中校园；校园中不和谐的场景（班主任抓拍的教室、宿舍和食堂中部分不文明现象），引出课的主题。(2) 小组讨论：我们身边还有哪些不文明现象？这些现象有什么危害？(3) 309室男生表演情景剧：男生群体中各种不文明现象。(4) 班主任作总结性发言，对学生提出要求。

评价：师生紧密联系身边的现象，积极交流互动，时效性、针对性强。

中山纪念中学德育品牌素材型班会课源于王家文老师穷十几年之功，专门收集、整理、制作各种班会课素材，内容涉及励志教育、感恩教育、行为习惯教育等等几乎所有可能用到的素材；形式有文章、视频、音乐、PPT、对联、诗词、墙报等各种学习媒介。经过学校进一步研究和开发，经过班主任名师工作室的发扬光大，把王家文老师的理念规模化，素材基本涵盖整个中学阶段，而且开发出适合中学班主任成长的系列课程。

目前，中山纪念中学德育品牌素材型班会课早已享誉全中山市，受到各级领导的高度赞扬。重视德育队伍建设，德育课程不流于形式，增加德育的时效性和针对性，这些无疑值得我们深入学习。

启示三、培养创新人才应该成为我们的使命

深圳中学把自己的教育使命确定为"建设学术性高中，培养创新型人才"，致力于培养具有丰富生命力的人——他们能自主发现和实现个人的潜能，成为他们最好的自己；无论身在何处，都能尊重自然，关爱他人，服务社会，造福世界，并且乐在其中。由此可见，深圳中学把培养创新人才作为自己的教育使命。曾就读于深圳中学的腾讯创办人，被称为"QQ之父"马化腾的巨大成功，就证明了深圳中学创新人才培养机制的成功。其成功之处体现在各个方面：第一，创新管理

机制。取消全国通用的年级组管理模式，创立体系管理和单元管理。例如其高一新生的军训就是通过单元管理由高二学生带高一新生的模式进行的。在其他学校由学校包办的事情在深圳中学由学生社团完成，学生的服务社会的意识和管理能力、实践能力得到快速提升。第二，创新课程体系。深圳中学的课程体系具有独创性，标准课程体系追求特别认真；实验课程体系追求走在前面；荣誉课程体系追求超越自己。通过实施课程，提高学生的学术素养，做知识丰富者、深度探究者、问题解决者、理性批判者；通过课程实施培养学生的专业精神，做主动规划者、敢于负责者、专注笃行者、善于合作者；要求通过课程实施培养学生的审美情趣，做协调发展者、自觉审美者、胸怀天下者、积极创造者。第三，民主自由的教育文化。深中的教化与育人特色体现于：在"研究"中培养人，耕耘一片"研究"的土壤，创造一种"研究"的气候，促进每一位学生充分发展——发现潜能，实现潜能，成为他自己。例如在"富集在海水中的氯"教学中，教师提供了历史上四位研究氯气的化学家的观点，学生阅读后，找出氯气共有的物理性质和化学性质，找出化学家有争议的观点，然后进行实验探究，最后进行归纳提炼。教师巧妙地将化学史教育与元素化合物知识教学、实验探究能力培养融合在一起，学生参与度高，思维能力得到培养，教师创造性的劳动给人耳目一新的感觉。课后其他化学教师积极评课，既讲优点，又谈建议，学术氛围很好，从一个侧面反映了深圳中学民主自由的教育文化。

启示四、学生身心健康成长比分数重要

在广东几所名校，我们看到了每一所学校都有比较松散的作息时间安排，重视艺术教育、科学教育和学生的体育锻炼。如中山纪念中学提供学生文艺表演的平台，深圳中学则有扎扎实实的体育课。最让人难忘的是广东实验中学重视素质教育，铸就了科技教育、体育和艺术教育这三大成绩辉煌、蜚声中外的特色教育品牌。学校积极开展"阳光体育运动"，是全国获得体育世界冠军最多的中学之一。学校拥有羽毛球队、无线电测向队、乒乓球队、游泳队、网球队、健美操队、篮球队、田径队、武术队等九支高水平运动队。羽毛球队在广东省、全国和世界中学生羽毛球锦标赛中成绩显赫，曾三次代表中国参加世界中学生羽毛球锦标赛，勇夺12枚金牌中的10枚。其他体育代表队也享誉全国，甚至在亚洲有一定的影响。可以说，广东名校是真正地把培养人当成了教育的最根本任务。

（培训机构：华南师范大学）

让爱点燃希望

宜章县教师进修学校附小　李婕

　　9月11日，我们几百人在宜章六中的大会议厅参加了"国培计划"送教下乡培训开班仪式。宜章三完小黄郴宜老师的讲座——"用热爱之心，喜爱之情去做班主任"引发了我深深的思考。

　　高尔基说过："谁不爱孩子，孩子就不爱他，只有爱孩子的人，才能教育孩子。"可以说爱是最伟大的教育，也是最成功的教育。

　　回首18年的从教之路，我和学生一起快乐地学习着，成长着。我深深地体会到：孩子们有他们自己奇异精彩的内心世界；他们纯真善良，用爱的眼睛看着这个多彩的世界；他们都渴望着家长和老师的关心、关注和关爱；他们对知识的了解和感悟超出你的想象；他们是一张张七色组合的白纸，等着你去描绘，去塑造，只要你用爱、用心去描绘塑造，他们就会成为你所希望的样子。

一、让每一个孩子得到爱

　　"没有爱，也就是没有教育。"这是中国现代教育家夏丏尊的话。在班主任工作中，要将自己的爱无私地撒播给每一个孩子。

1.慈母的爱给后进生

　　在班主任管理中，后进生的工作是最难做的。后进生在班级中往往不受同学欢迎，也不讨老师的喜欢；他们对自己缺乏信心，容易自暴自弃。每每遇到这样的孩子，我会给他们更多的关注，用慈母般的爱，去温暖他们的心，让他们感受到自己在班上有一席之地。就拿我刚进附小遇到的小楠来说吧，她是一个内向、孤独、自卑的女孩，身材高高肥肥，看上去傻傻的，班里的同学对她是"敬"而远之，吃饭不与她坐同一张桌子，睡觉不愿与她睡同一个寝室，排队不让她挨在身边，甚至有些男生一看到她，便捂着鼻子作呕吐状。据了解，她读三年级时从乡下转入附小，一直读到五年级，考试从来没及过格。有好心的老师也对我说："李老师，'冰冻三尺，非一日之寒'，别白费劲了，让她自生自灭吧！"我意识到问题的严重性，但心里却想：不能轻言放弃，我要用百分之百的热情去争取那哪怕是百分之一的效果。我带的是寄宿班，有较多的时间与孩子们一起。吃饭时，我让小楠跟我同坐一张桌子；活动中，我让她跟我在一个组；睡觉时，我让她的床紧靠着我的床，甚至在冬天时，我故意说自己怕冷，让她跟我同睡一张床，帮我暖暖脚。小楠因此变得开朗和自信起来。有一次，我买了几个扫把背往学校，别的学生看到我，只是叫一句"李老师好"，只有小楠快步冲过来抢过我手中的扫把，对我说："老师，我来背吧！"当时，我特别感动。回到教室，我大肆表扬了小楠，并说她是我最喜欢的孩子。灯光下,我看到其他孩子都低下了头,而小楠眼里却含着泪花。自信起来的小楠上课认真了。同学们也在我的熏陶下,开始接纳她,帮助她。一个学期后小楠的语文考了 67 分,小六会考中,小楠的语文得了一个"优"。我为自己的付出得了回报感到非常幸福。

2. 严父的爱给优等生

优等生,谁都喜欢他们。也因为如此,优点生的缺点往往容易被忽视,被掩盖,被袒护。但小的缺点也可能造成大的隐患。对这类学生,我从不迁就他们,就像严格的父亲一样,时时提醒他们:"做学问得先做人。"这样的警钟长鸣,让他们能克服自身的弱点,扬帆前进。

3. 贴心的爱给中等生

中等生往往是班级中最容易忽视的群体,他们既不像优等生那样有优越感,也不像后进生那样自暴自弃。但他们同样渴望得到老师的关注与重视。于是,我常在他们作业中写上几句鼓励的话语,不经意间摸摸他们的小脸,闲暇时搭着他们的肩在校园的小路上说说悄悄话……这样的举动,常常让处于中游的孩子备受鼓舞,在学习中更大限度地发挥自己的潜能。

二、让每一孩子学会爱

一个班就是一个大家庭。在这个大家庭中,如果只知道接受别人给予的爱,这无疑是自私的。在班级管理中,我们不仅让每个孩子得到爱,而且还在每一个孩子心中播下"爱"的种子,让他们懂得如何去爱身边的每一个人。

我后来任教的(27)班,是从一年级带上来的。刚开学时,我发现班里有位叫小龙的男孩,8 岁了,整天挂着两条鼻涕,脏兮兮的,问他什么问题,他都只说三个字"不知道"。通过了解,我知道这是一个有智障的孩子。其他孩子的洞察力似乎也很敏锐,他们开始把小龙当做让自己开心的玩偶,叫他钻桌子,学狗叫,在他脸上画胡子,画眼镜……我知道无论怎样批评,压制这些孩子,他们都很难控制自己的行为。为了遏制这种不良行为,为小龙的成长创造一个良好的环境,我想了很多办法:把小龙安排在讲台下的位置;在学校,我每天都会为他整理一下衣裤,教他擦去嘴边的鼻涕;下午放学,牵着他的小手,跟他一起回家;他爱喝豆浆,我便把自己的那份也留给他喝……"随风潜入夜,润物细无声",我用自己的爱感染着孩子,影响着孩子。渐渐地,孩子们不欺负他了,还常常递纸巾给他擦鼻涕,教他写自己的名字。现在,我常看到孩子们拉着小龙的手在操场上玩游戏,下雨时,孩子们争着让小龙在自己的雨伞下躲雨……我幸福地感受到,我播撒在孩子们心中那颗"爱"的种子,已经悄悄发芽了。

(培训机构:宜章县教师进修学校)

用最初的心，做永远的事

衡阳市珠晖区东风路小学　伍红君

　　时间从指缝间划过，不经意间，为期 15 天的校长省外研修学习接近尾声。在这次培训中，教室里曾无数次响起热烈的掌声，那是我们发自内心地对授课教师专业素养的敬佩；教室也曾无数次荡漾着欢快的笑声，那是师生间一次次心灵和思想的共鸣。师生之间轻松愉悦的交流，各组学员的认真结课，校内的学习，校外的参观，整个研修学习虽紧张但充实。此次研修学习我们有幸聆听了 16 位专家的授课，参观了 3 所小学，开展了 3 次主题论坛，收获满满。静下心来梳理自己 15 天的研修学习，最能触发我思考的是作为一名小学校长应该具备的三种意识和三种智慧。具体来说，就是教育信息化发展的意识、从学生视角思考问题的意识、事故风险防范的意识；"有效放大优秀教师经验"的智慧、处理矛盾"慢半拍"的智慧、"发现和成就别人"的智慧。

一、教育信息化是大势所趋

　　习近平主席在 2015 年致国际教育信息化大会的贺信中指出：中国坚持不懈地推进教育信息化，努力以信息化为手段扩大优质教育资源覆盖面。我们将通过教育信息化，逐步缩小区域、城乡数字差距，大力促进教育公平，让亿万孩子同在蓝天下共享优质教育，通过知识改变命运。洪早清教授在"教师团队建设与学校发展"的授课中指出教师是学校生存的根本，要努力培养教师信息化的能力。左明章教授"教学信息化与学校教学创新"中一个个新名词刷新着我们的眼球：慕课、物联网、大数据、翻转课堂、移动学习、无缝学习……教育信息化将会推动教育思想、观念、模式、内容和方法等发生深刻变革。

二、小学德育应是儿童视角下的生活

　　孙民校长的"学校德育新思路"是很受欢迎的一堂课。他的小故事《会魔法的拖把》《花儿会感谢你》《让我猜猜你吃啥》《从竹蜻蜓到吹泡泡》等虽然朴实但却能扣人心弦。他是"德育即生活"真正的践行者，他办出了一所有内涵的学校，一所能为学生终身发展打基础的学校。在我们身边的学校里德育活动也无处不在，但我觉得挂在墙上的德育多，说在嘴上的德育多，能真正顾及学生感受触动学生内心的德育太少，"儿童视角下的德育生活"将会是我今后进行学校德育工作努力的方向。

三、有效应对校园危机和舆情

张振宇教授的"教育领域突发事件及其舆情应对"是学员们关注度较高的一堂课。当今社会对学校的关注度过高，对老师的道德规范要求过严，家长稍不如意状告学校攻击老师的事件时有发生。在如今的新媒体时代，一个事件从发生到成为新闻热点只需两小时。因此作为一名小学校长应具备对突发事件舆情的防范和应对的意识，做到：快报事实，慎报原因，重在态度，多讲措施；同时也应做到放松心态，心存善念："前知其当然，事至不惧，而徐为之图。"

四、"放大优秀教师经验"的智慧

束玉良专家的"学校精致管理的思考和实践"是很接地气的一堂课。"找到属于自己的句子""相信每位学生都想学好都能学好、相信每位老师都想教好都能教好""以父母之心办学校、以父母之心做教师""放大优秀教师的经验"……字字句句不华丽，但每一句话都能激发教育工作者的思考。"放大优秀教师经验"的智慧在于它不仅让优秀教师有成就感和价值感，也能让其他教师有据可依，提高工作效率，提升专业成长。在束玉良专家讲到"提高推进有效教学中优化教案管理、突出课型模式研究"等措施的实施及成效时让我们每一个学员茅塞顿开，每项措施操作性强易于实施，这不得不让我们佩服束玉良专家每项措施背后所蕴含的教育理念和教育智慧。

五、处理矛盾中"慢半拍"的智慧

处理学校矛盾"慢半拍"并非置之不理、消极对待，而是冷静应对的一种智慧。沈爱华校长"修己安人——新形势下校长的有为之道"一课中提到的这个观点我很赞同。在校园里，各类矛盾经常交织存在，矛盾的处理常让校长焦头烂额。我也曾有焦虑过，也曾在处理矛盾中有过偏激行为。耿喜玲老师在"学校如何开展心理健康教育"一课里也指出，一个人在情绪非常激动或生气时智商会降低甚至成为弱智，所说的话和所做的事都是不理智的。

六、"发现别人、成就别人"的智慧

田恒平博士在"内圣外王话管理"一课里将枯燥的历史事件讲得风趣幽默，给学员们留下很深刻的印象。他的"修己安人，内圣外王之道"体现了教育管理的大智慧。"安人"校长就是要发现教师、帮助教师、成就教师，让教师在团队中找到自己位置和存在的价值。现在的社会，对教师的种种非议让教师已没有尊严感，教师工作任务的繁杂让教师也没有幸福感，教师的专业化成长不足更让教师

没有成就感等等。作为校长就应该努力搭建教师成长的平台，张扬个性，支持改革，鼓励探索，宽容失败，在专业上成就教师。正如张基广校长所说："校长应做好两件事：脖子上的事，思考学校发展，思考教师成长；脚底下的事，接地气，抓细节。"

　　教育部部长陈宝生强调，学校教育要做到四个"回归"：回归常识，回归本分，回归初心，回归梦想。作为教育工作者的初心就是培养人才，一要成人，二要成才。最后我用沈旎老师"校本课程的反思与建构——兼谈课程领导力"中的一句话来结束我的研修学习总结，那就是"虽还不至，心向往之，用最初的心，做永远的事"！

（培训机构：华中师范大学）

有感于"五重教学法"

新宁县解放小 伍海华

今天，我刚刚参加完我们学校的语文新课改赛课，得了最高分，得到了学校领导老师的高度评价。课后，我问郑校长：我比以前有进步吗？郑校长称赞：你不单单是有进步，而是突飞猛进啊！其实，我的进步要感谢邓水平老师，要感谢于永正老师，因为，我是在反复研读邓老师在网络研修空间上传的文章《于永正老师"五重教学法"》的基础上，潜心钻研教材，精心设计教案，才上好了这堂比赛课。下面，我想把自己学习尝试于永正老师"五重教学法"的过程和心得分享给大家。

邓老师布置的这项网络研修活动，于我而言，就是一场及时雨。当我选定湘教版三年级《鹬蚌相争》一课作为我参加学校赛课的课题时，邓水平老师布置了研读《于永正老师"五重教学法"》的任务，我反复看了几遍，很受启发，深感认同。于是决定，试着用"五重教学法"来指导这次赛课的教学设计。

于永正老师结合多年的语文教学实际，总结出的"五重教学法"，主要包括五个方面的内容，我也是围绕着这五个方面来学习尝试的。

一、重情趣

于老师认为，教育应少些包办，多些自主；少些限制，多些引导；少些理性，多些情趣。一句话，要尊重人，理解人，关心人，把学生培养成"人"。"重情趣"中的"情"指情感，包括两个意思：一是对学生有情，二是对语文教学有情。"趣"指课上得要有趣味，让学生乐此不疲。要做到这一点，首先要钻研好教材，此外要精心设计教学程序，使其有新颖性。所以，我在设计《鹬蚌相争》一课时，用故事导入，质疑激趣。初读课文时，让学生用疑问号标出疑难字词，用横线标出重要的或用得好的词语。读完后，放手让学生提出疑难字词，再让班上学生一起来交流释疑，而不再是老师来直接解答。哪些词用得好，也让学生自己主动找到并说出来。这样一来，学生的主体性得到了尊重，学习热情得到了激发。中间，让学生展开想象，想象"鹬想要摆脱蚌壳的夹住会做些什么"，让学生大胆想，并上台演，学生的兴趣上来了，语文课的情趣也出来了。

二、重感悟

就是要把学习的权利还给学生，让学生在教师的指导下自己读书，自己领会。"悟"首先要悟其义，课文内容要读懂；还要悟其情，悟其法，即体会文章表达的感情，体会文章的表达方法，悟出作者遣词造句的妙处。在他看来，语文中的很多东西难以讲懂，所以不要担心学生暂时悟不出来，尽管放心把时间留给学生读书。得益于此,我把引导学生领悟这则寓言的寓意寄托在朗读训练上。先是让学生自由读,再是齐读,中间两段鹬和蚌的对话,我让学生分角色朗读,先是三个人一组读(其中一个读对话以外的部分),再男女分组读。接着,把对话以外的部分去掉,让学生两人一组分角色直接对话,然后请了一组学生来读,这两个小家伙还配上了表情和动作。最后,全班男女分组直接分角色对话,语速由慢到快,语气由弱到强,让学生充分体会到了"鹬和蚌的相争",正是鹬和蚌的互不相让,才让渔夫毫不费力地把它们都捉住了,水到渠成地让学生明白了"鹬蚌相争,渔翁得利"的道理。课堂气氛在这个环节达到了高潮,也收到了预想中的效果。看来,正如于老师所言:"要放心把时间留给学生读书,放手让孩子们在读中感悟。"

三、重积累

积累,不仅仅是语言的积累,还有生活的积累和感受(情感)的积累。语言积累要做到:在教学中重视学生的读和背,对学生一生用得着的东西,不但要求熟记,而且要想办法让他们记得快、背得牢;要重视课外阅读;要重视做读书笔记,重视对生活感悟的积累。我教《鹬蚌相争》一课时,文中好的词语,让学生找出并积累。学生在讨论交流过程中说出的好的词语和句子,先予以表扬,再把它们复述分享给全班同学,如学生说出的"两败俱伤""螳螂捕蝉,黄雀在后"等词语。在结束课堂教学时,我向学生推荐了《世界经典寓言》一书,把积累扩展到课外。

四、重迁移

就是要学生学会举一反三。语文教学的迁移主要包括"读的迁移"和"写的迁移"。前者主要指要由课内读到课外,得法于课内,得益于课外;后者是说要让学生根据学过的课文,进行片断仿写,在此基础上,逐步提高写的能力。《鹬蚌相争》一文,我发现了多个可以发挥学生想象的读写结合点,把重点放在了这则寓言续写上,围绕着"渔夫把它们捉住后,心里会怎么想?鹬和蚌又会想些什么?说些什么呢?"这些问题,让学生放飞想象,先写后说。

五、重习惯

包括两点:一是学习习惯,二是运用语言的习惯。在于老师看来,学习习惯主要指爱读书的习惯,边读边想的习惯,不动笔墨不读书的习惯,遇到生字查字典的习惯等。运用语言的习惯怎样养成?要通过反复的练习和实践,而不能过分依赖老师的分析和讲解。于老师不主张繁琐的分析,目的就是为了让学生在语文的实践中拥有语言,在语文的实践中去熟练地运用语言,最后形成运用语言的习惯。教《鹬蚌相争》这一课,为了培养学生的良好学习习惯,在初读课文时,我再次提起"不动笔墨不读书"，提醒学生边读边标记疑难字词和好词语，我在黑板上板书时，不忘提醒学生：老师在黑板上写，你们要跟着写，要及时做好课堂笔记喔！课堂答问方面，我反复提到举手提问、答问，这次上课，我先叫那些坐得端正、手举得好的同学先来提问答问，就是为了强化这一学习习惯的养成。在运用语言的习惯培养方面，我自从暑假参加国培回来以后，阅读教学开始有意识地注重语用训练。教《鹬蚌相争》，我把语用训练放在了训练学生的想象力上，先让学生放飞想象的翅膀，再让学生放开了来说。

利用这次赛课，我对于老师的"五重教学法"进行了初步的学习尝试，可能我习得的还只是些皮毛，"五重教学法"的精髓，还有待我进一步去研读领悟，还有待我进一步去实践探究。

（培训机构：衡阳师范学院）

对新课改的反思与展望

隆回县万和实验学校 贺春晖

金秋时节，我有幸与湖南办学富有成效的 49 位校长参加在北京师范大学举办的"未来教育家"第一阶段培训。通过聆听专家、教授的讲学并亲临办学楷模校——北京玉渊潭中学、海淀进修学校实验高中考察，我获益匪浅。他山之石，可以攻玉。我对我们的新课改进行深入反思，当前，我们的课堂发生了许多喜人的变化，也收到了良好的效果，当然我们也应当看到，我们的课堂仍然存在着许多不尽如人意的地方。

一、现象及问题

1. 课堂教学形式化

我们的课堂还存在许多形式主义的东西。例如：为了让学生"主动"，就兜圈子提问；为了师生、生生"合作"，就不加选择进行小组讨论；为了完成多个教学环节，课堂上就开展许多活动，占用有效的学习时间；为了便于学生展示，避难就易，故意降低教学内容的难度；为了突出学生的"主体地位"，就特意对文本或教学内容避重就轻、删繁就简等等。究其原因，是我们有的老师将课堂改革理解为教学形式的改革，因而将改革的重心放在教学手段和方法的变化上。

2. 小组学习程式化

新课改倡导"自主、合作、探究"的学习方式，目的是为了突出学生的主体地位。在教学中教师大都采用分组的形式，无论什么样的课都让学生讨论、合作。从表面上看，课堂气氛比较活跃，但从实际的教学效果看，合作学习显得匆忙、凌乱。还有的将小组合作理解为小组讨论。我们经常可以看到这样的教学场面：讨论时，学生各自为政，不善于独立思考，不善于互相配合，不善于尊重别人的意见，也不善于做必要的妥协。

小组合作学习是新课程倡导的学习方式，班级教学、个人学习仍有着合作学习所不可替代的独特地位和作用。但不是所有的内容都适合，不一定每节课都要搞小组合作学习，也并非所有的教学任务都要通过小组活动才能完成。

3. 教学模式僵硬化

课堂教学改革的初级阶段是在一定的课堂模式下进行的。但是，当课堂教学改革走入深水区时，就不能拘泥于模式。唯模式马首是瞻，不但缺少教育的个性，也违背了教育"因材施教"的原则。我们知道，教学过程是一个复杂而真实的过程，不同的学科教学都有自己的特定内容、方法和活动方式，即使是同一门学科，因教学内容等差异，而采取的教学方法也不尽相同。因此，采用教学模式，必须从教师、学生等实际状态出发，因"班"选模，因"生"用模，教师决不能成为教学模式化的机械重复者，更不能失去自己的个性化追求。如果一成不变地生搬硬套，那就失去了教学模式应有的价值，必将成为"东施效颦"的笑话。亚里士多德说："如果学习只在于模仿，那么我们就不会有科学，也不会有技术。"所以，我们"用模"的最高境界是"脱模"而不能"套模"。

4.课堂评价模糊化

我们都知道，课堂评价要充分发挥激励作用，要具有针对性、时效性。但是不能为了所谓的保护学生的自信心，我们就连学生的错误都视而不见。课堂上，有些学生的回答漫无边际，老师也说很好；有些学生的回答完全错误，老师也不敢义正词严地说"回答错误"。想一想，我们这样培养出的学生以后在生活中又怎能听得进一点点不同的意见？又怎能承受生活中的挫折？佛教中有这样一句禅语："重重请问西来意，唯指庭前一柏树。"就是现在课堂上一些模糊评价的生动写照。因此，我们必须始终坚持"严师出高徒"这一亘古不变的真理。无论是对知识的判断还是对课堂的评价，我们都应该坚持一是一，二是二的原则，不能含糊不清，误导学生。

二、原因及对策

造成这些新课改困境的原因是什么呢？

1.忽视课堂教学改革的价值追求

捷克教育家夸美纽斯创立班级授课制，德国教育家赫尔巴特提出课堂教学阶段论，美国教育家杜威提出学生中心论，都是为了提高教育的效果和效率。

推动课堂教学改革，不是为了迎合什么口号，更不是作秀，而是实实在在的为了提高教育教学质量。经过课堂教学改革，学校应该有三个最明显的变化：一是减轻学生的经济和学业负担；二是解放我们的老师，让老师少一点补课，多一点休闲；三是大面积提高教学质量，包括考试成绩。

2.忽视课堂教学改革的关键

课堂要让学生动起来，让学生嘴动——多读、多问，手动——多写、多参与，这还只是动的表层，关键是要让学生脑动——多思考、积极思考。子曰："学而不思则罔，思而不学则殆。"如果我们没有真正让学生参与教学活动，讲课只是为了完成教学任务，学生只是一个旁观者，学生就不可能会有学习的兴趣，课堂效率也就一定会低下，久而久之，学生的成绩也就会越来越差。因为学生没有真正动起来，所以我们总会看到这样的情况，学生上课好像听懂了，但作业不会做，或者面对稍难一点的迁移与拓展就束手无策。

3. 忽视课堂教学改革的核心理念

教学的本来意义是"教"学生"学"。课堂不是讲堂，至少在中小学校是这样。教师的任务不是照本宣科，不是把知识简单地灌输给学生。要提高课堂教学的效果和效率，从根本上说要依靠每个学生的努力和进取。每个学生的学习状态和学习方式，是课堂教学效果和效率的源泉和根本。学习是学生自己的事情，这是人尽皆知的常识。但在教育实践中，总有很多常识被我们忽略，或者被我们弄得很复杂和深奥。改革课堂，首先要转变观念，把课堂还给学生，让学生成为学习的主人。

4. 否定老师的作用

课堂教学改革从不否定老师的作用。老师的作用是显而易见的，至少体现在：学习目标定向、组织教学、解答疑难、检测反馈。正因为有这些作用，所以也就不排斥老师的"讲"。只是要求老师的讲必须是针对学生的问题，必须是讲在点子上，讲在关键处。老师的讲主要是为了帮助学生解决疑难，或者将肤浅的引向深刻，将零散的归于系统。

5. 重在激发学生的求知欲

鼓励学生展示，毫无疑问是有价值的。展示可以唤起学生的自信，增强学生的学习兴趣，但如果仅限于此，展示很有可能是肤浅的。从某种程度上说，激发学生的求知欲比展示欲更重要，更有价值。一方面，求知欲针对问题的解决，另一方面，求知的欢乐和自我实现的愿望是推动课堂教学发展的永恒内在动力。

那么，我们应该怎么做呢？

1. 新课堂的建设要重"效"，不能变成图形式

"团团坐"未必就是新课堂，"排排坐"也未必就是旧课堂。新课堂的关键就是一个"新"字，新在哪里？新在课堂的主人是学生，这样的课堂的核心应该是"实效"两个字，没有实效的课堂不是新课堂。

2. 导学案的编写要重"导"，不能成为习题集

导学案是路线图、方向盘。形象地说就像是小孩的学步车。我们来看"导学案"三个字。首先导学案的关键是"导"，就如走路，从这里到那里该怎么走，不知道，但给我一张地图，我就知道该怎么走了。其次，导学案的核心是"学"，是便于学生自学的习题，将学习的重点、难点题目化，使学生对知识不再抽象。最后，导学案的重心是"案"，是一切行动的方案。总之，导学案在教学活动中始终处于统帅地位，是教和学的依托，是老师和学生的共同抓手，导学案重在导学，始终围绕学生的学而设计，始终服务于学生的学。这就要求我们在编制导学案时要重点突出，难易适度，并针对学生的学习进行分层，切实引导，帮助他们自学、讨

论和探究。要注重导的功能，不仅要有习题，更要把培养学生的学习方法、学习习惯融入其中，才能起到导的功能，要不真成了习题集。

3. 新课堂的生成要重"控"，不能任洪水泛滥

一强调重视生成，有的老师的课堂就变得无序，课上得信马由缰。其实，谁都知道，教师的备课是越充分越好，真正的预设应该是连课堂上可能会生成什么都能预料的。只不过在实施过程中要尽量启发引导学生，不要限制学生思维。当学生在课堂上理解偏离轨道，甚至错误时，应全面掌控，及时纠正，不能任洪水泛滥，水漫金山。星云法师说得好："不吃过头的饭，不讲过头的话，不走过头的路，不做过头的事。"

4. 课堂上的讲解要重"度"，不能因噎而废食

现在许多课堂老师谈"讲"色变，教室四面墙壁都成了黑板，课桌也是"团团坐"。课堂上，学生围坐在一起，你说我说他说，声声入耳，可结果却是"两个黄鹂鸣翠柳——不知所云"。"自主、合作、探究"固然重要，可是学生终归是学生，思想、阅历、经验、知识储备都很有限，常只能在一个浅层面上讨论，在一个大众面上展示，深度不够，广度不够，重复与单调变成了主要形式。更有甚者，有时老师为了能如期完成教学任务，就让几个学生唱到底，严重忽视了教育的全体性。课堂上，教师一言不发或一言堂，都是我们应该坚决反对的。教师的讲与不讲，应该把握一个度，绝不能因噎废食。

5. 新课堂的环节要重"真"，不能走马观花

在自主、合作的学习过程中，我认为教师应该培养学生"三会"：一是学会倾听，不随便打断别人的发言，努力掌握别人发言的要点；二是学会质疑，听不懂时，请求对方作进一步的解释；三是学会组织、主持小组学习，能根据他人的观点，做总结性发言。使学生在交流中不断完善自己的认识，不断产生新的想法，同时也在交流和碰撞中，一次又一次地学会理解他人，尊重他人，共享他人的思维方法和思维成果。

课堂应该真实。学生讨论时，教师应以听、看为主，把注意力集中在了解上，在此基础上，迅速地加以思考，下一步的教学应该做哪些调整，哪些问题值得全班讨论，哪些问题需要教师讲解，教师要做出最恰当的选择。搞课改不是邯郸学步，合作、探究性学习作为一种教育思想，应贯穿于教学的环节中，而不仅仅是一种模式。

三、建议及愿景

我们的课堂如果不改，将会是什么样的情况？

1. 教师很累

这样的课堂，教师眼里只有教材，心中只顾进度，口里只管任务，学生无差异，教材无选择，按部就班，一潭死水，工作毫无幸福感。

2. 学生很苦

这样的课堂，学生没有老师学不会，没有教辅不会学，没有考试不去学，没有约束不愿学。上课就像开会，信息密集，交流甚少，穷于应付，听不会听不懂，听懂了也消化不了，听懂了也做不出，考不好。

3. 效率很低

这样的课堂，讲课方式机械，课堂气氛沉闷，教学进度缓慢，知识掌握率低，课堂效率低下。

4. 课后很忙

这样的课堂，因为教学效率低，学习成绩提高慢，从而大量挤压艺体课，大量布置作业，不断进行重复的残酷的考试。导致课外辅导班遍地开花，学生进辅导班犹如歌星走穴，马不停蹄，疲于奔命。

5. 成绩很差

这样的课堂，尖子生无潜力，潜质生无动力，合格率低，平均分低，优秀率低，尖子生少，差生面大，甚至害怕考试。不仅如此，其他能力也上不来，学习成了极为痛苦的事。

6. 埋怨很多

这样的课堂，老师埋怨学生差，学校埋怨老师没努力，老师埋怨学校无能耐，家长也埋怨，或埋怨学校，或埋怨老师，或埋怨子女。

那么，怎样建设我们的新课堂呢？

1. 新课堂，教师要学会"引导"

好学生不是教出来的，而是"引导"出来的。好教师就是善于"引导"的教师。

2. 新课堂，教师要学会"偷懒"

俗话说："勤妈懒闺女。"教师"懒"一点，学生才会"勤"一点。一名"懒"教师会培养一班"勤"学生。相反，一名"勤"教师，就会培养一班"懒"学生。

3. 新课堂，教师要学会"装傻"

教师"傻"，学生才会聪明；教师太聪明，学生一定会变傻。现在，我们教育最大的问题就是教师太"聪明"。

4. 新课堂，教师要学会"踢球"

学生是课堂上的主体，是学习的主体，教师不要当"保姆"，什么事情都包办。教师要学会把皮球踢给学生，让学生学会自己解决问题。

5. 新课堂，教师要学会"配菜"

要"用教材教"，而不要"教教材"。用教材教，从创造性加工教材开始，教师要对教材科学地重组、合并、放大、缩小、添加、删除，让教材符合学生实际，符合学生口味。

禅语有言："不忘初心，不畏将来。"为了学生的成长与发展，我们共同努力，课堂改革一定大有作为。

（培训机构：北京师范大学）

心中有愿景，手上有行动，向智慧型校长努力

株洲市实验学校　胡孝武

　　2016 年 10 月 16—28 日，我有幸参加了"湖南省高中未来教育家高端研修项目"，为期 12 天的北京师范大学学习，使我有机会和国内外顶尖级教育专家、知名校长近距离探讨交流，不仅开阔了眼界、丰富了阅历，提升了素养，更是收获了友谊。专家们精彩讲座给我留下了深刻的印象，吴圣谷院长"四有"好老师的要求，顾明远教授与彼德·圣吉关于"未来的教育"对话，使我们懂得新时期的好老师要做学生发展路上的引路人和学生一起分享成长的快乐，更要具备带着未知进行教学的能力。苏君阳教授在"创新教学模式的理论与实践"中提出的校本教研学习型组织文化建设，风险管理意识和焦点实践处理机制，王建宗教授在"学校文化建设与品牌打造"所谈到的学校魂、法、形、主四种文化以及校长角色定位与工作意识，从拥有远景、形成战略、沟通协调、激励鼓舞四个维度进行了阐述。北方工业大学姚彩琴老师的"做幸福的教育者"使我们懂得如何管理情绪，塑造积极心态，适用跟和领的技术，做一名幸福的教育实践者。西城区陈立丽老师介绍的北京社会大课堂建设，整合校外教育资源，加大综合实践活动课程改革力度，构建基础教育持续发展的统一战线。孙亚清校长所作"成长是自己的事儿"的讲座，充分尊重了学生发展的主体地位和教师的引领作用，提出基于为"人的全面发展服务"京源学校课程体系重构，从课程规划、课程价值、课程研发、课程实施、课程评价等角度进行了深入剖析。中国政法大学纪格非教授所作"高中生管理、教育工作中的若干法律问题"的讲座使我们进一步学习了法律知识，懂得了如何依法治校等等。湖南省教师发展中心龚明斌科长的"未来教育家研修项目的设计与实施"使我们明确了名校长的培养途径、保障举措及研修模式。大师们的智慧启迪了我们前行的方向，12 天学习中，我一直是带着问题进行听课。其间遇到与我密切相关的话题，课间我就主动跟老师单独交流，讨教学习。在参观北京玉渊潭中学时，他们学校的职业规划课程建设、语文专题阅读、书法课程做得特别精致，从核心价值素养角度编织课程体系，构成了独特的校本课程体系。海淀进修学校的书院教学、场馆活动令我们大开眼界。这些天的参观学习、专题讲座带给我思想的洗礼，灵魂的触动，也进一步坚定了我对教育真理的执著追求。

　　学习归来，扎根基层，我们用行动来诠释先进理念。结合当前工作实际，我从智慧型好校长的角度来阐述自己的感悟。本文将从教育思想、教育情怀、能力素养、魄力胆识、创新实践及个性发展六个角度加以阐述。

一、思想新

智慧型校长在教育思想、办学理念、规划发展等方面有自己独到的见解和判断，面对纷繁复杂的教育现象有独立的思考和研究。当前正值教育领域全面深化改革的关键时期，各种新的教育思想、理念不断涌现，作为校长，如何在坚持教育真谛、传承育人的基础上与时俱进，接受新事物、新思潮的挑战，是保守应对还是主动迎接，这既是机遇和挑战，更是校长的智慧所在。结合目前我校的工作特点，示范性综合实践基地既为全市中小学生提供综合实践教育，也为全市综合实践课程开发、中小学生综合素质评价、综合实践教师培训提供实验，具有教学和研发平台双重功能。这样一所全新的学校，更期盼新的理念和思路，无论是学校管理、课程开发、教育教学、师资培训还是项目运行，都需要借助社会其他行业的优秀经验作为支撑，不断更新教育理念，才能切合师生个性化的需求，获得优先发展的机会。

二、情怀美

什么是教育情怀？朱自清先生曾说："教育上的水是什么？就是情，就是爱。教育没有了情爱，就成了无水的池。"由此可见智慧校长的教育情怀应该是对教育的挚爱之情。我校自 2012 年获批中央彩票基金支持项目，成功转型为综合实践基地以来，经历了重重困难和艰难考验。我们也是 2012 年面向全市公开招聘组建的学校管理新团队。工作伊始，教师转型困难，由原来的文化课教师转型为综合实践教师，由熟悉领域转岗到陌生领域，由循环化的工作模式到空白的天地，老师经历了痛苦的煎熬，学校也在艰难摸索中前行。想当初，活泼有序的完全中学瞬间变为一所只有教师没有固定学生的学校，校舍面临重新拆迁、场馆重新建设、器材重新添置、课程重新开发、专业重新起步、社会不理解的尴尬局面，我们硬是拧成一股绳，集全校员工的智慧，建校园、跑项目、开课程、做培训、搞演练、写报道，用一双双勤劳的双手开辟了学校发展的新篇章。三年来，我们跑遍了株洲市所有的委办局，科研、立项、环评、审批、招标、拆违、建校等手续我们都一一经历。综合实践活动课程是国家管理、校本开发，国家没有标准、没有范例、没有评价，但我们始终坚信实践教育的春天已经来临，著名教育家杜威先生的活动课程理念很快将在我们这里开花生根，这里一定会成为学生"创新的平台、实践的乐园和成长的摇篮"。我们硬是在摸爬滚打中探索了一套具有株洲特色的基地课程体系，目前已开发出 60 余门主题课程，指导五所联盟学校开发校本课程达40 余项。面对教师专业发展的难题，我们想引进高校专业人才，可目前为止还没有哪所高校有综合实践教育专业。三年来我们提出了"一专多能"教师发展理念，采取请进来、走出去的办法，通过跟岗培训、模拟演练、师徒结对、技能比武、考察学习、高校研修等形式先后送 300 余人次赴全国知名基地跟岗学习，举行了 30 余次专题讲座，教师转岗进程加快，专业素养大幅度提升，很多老师脱颖而出。目前我们已编印综合实践课程项目 50 余个，培训学生 2 万余名，有 80 人次获得心理咨询师、SYB 创业指导师、营养健康师、拓展培训师、DI 教练、机器人教练、厨师、金工、水电等人社部颁发的资质证书。在做好本校教师发展的同时，我们还带动区域学校一起发展，三年来组织送课进校 20 余次，培训其他学校综合实践教师 1000 余名。组织 3 届科技夏令营、3 届少年宫辅导员培训、3 届综合实践教师培训、3 次创新与实践技能比赛、1 次中小学生创业设计比赛。随着活动的开展，越来越多的社会人士了解了我们，越来越多的项目落户我校，学校的知名度与日提升。可以说，没有三年的攻坚克难，就没有今天学校发展的局面，这正是我们坚守教育情怀的最好体现。

三、能力强

智慧型校长，在谋划发展、决断工作、组织力量、沟通艺术等方面要有足够的能力，更重要的是，还要有独立的研究能力。特别是在课程改革的今天，校长更应具备学校课程领导能力。课程改革过程中，课程管理赋予了校长更多的权利与义务，校长不仅承担着国家课程、地方课程的有效实施责任，还承担着提升课程品质、研发校本课程以及协助教师专业发展的重任。在这种教育背景下，校长必须更新自己的课程理念和角色意识，主动从"行政"权威向"专业"权威转变，即校长作为新课程改革的主体，不仅要在学校的日常行政工作中有所作为，还要成为课程团队的建设者和领导者，课程方案的制订者。这就要校长能够准确地定位自身的课程角色，深刻理解其角色内涵，有效履行校长职责。所以智慧校长应是集思想领导、行政领导和课程领导于一体的教育专家。

四、魄力足

真正有智慧的校长，一定是有魅力的校长。真正有思想、有作为、有胸怀，不管以什么方式展示给外人，最终都会成为有人格魅力的校长，成为有大批教师的追随者。

五、会创新

校长的成长有三个阶段，即入格、定格、出格。出格就是打破常规，努力创新。超越自我、不断创新是智慧型校长的一个重要标志。如此循环，校长的品质会日臻完善，境界会日趋高尚。

六、个性明

智慧型校长富有宽广的胸怀，善于把各种想法不同、需求各异的人群集合在自己的旗下，共同实现自己的办学理想、信念和目标。在办学过程中做到"兼容并包、胸怀坦荡"。除此之外，执行力强、果断、担当更是智慧型校长的重要的品质。

学校管理需要智慧。政策方向必须清晰，办学理念必须精准，校园精神必须动人，课程建设必须跟进，机制杠杆必须给力……所有的工作开展，都需要校长的智慧。

智慧的校长不仅热爱学习，更善于启迪和传播智慧，而让整个团队充满活力。学校工作的开展，恰似动车的运行，车头的作用更主要是把握方向。而运行速度之所以那么快，是因为每一节车厢都有强劲的动力。

智慧的校长，一定会注重干部队伍和教师队伍建设。通过加强课程和文化领导力，通过建设学习型组织，让校长的办学思想内化于师生之心，外化于活动之形。智慧的校长，一定会加强全员德育建设，注重德育的实效性和艺术性，让学生管理严而有爱，让师生关系亲而不密，让教师之爱看得见，从而让学生知书达理，让校园礼仪蔚然。

只有智慧的教师才能培养出有智慧的学生，只有智慧的校长才能带出有智慧的学校，只有智慧的教育才能培养有智慧的人。

梦想在前方，我们正在路上。我坚信，只要守住宁静的心田，坚守心中的梦想，始终保持向上向善向真向美的志趣，就一定能听到花开的声音，成为一名有教育智慧的好校长。

（培训机构：北京师范大学）

第十六章　科研引路

"优秀传统文化与校园文化的融合"建设方案

岳阳市玉华中学　孙凯宇

校园文化建设是学校育人工作的重要环节，是引领学校教育思想、教育管理、育人方法发生变革的灵魂。校园文化建设是一个不断建设、反思、提高的整体工程，是学校可持续发展的动力，是学校综合办学水平的重要体现，也是学校个性魅力与办学特色的体现，更是学校培养适应时代要求的高素质人才的内在需要。为深入贯彻十八届四中全会精神，进一步加强传统文化建设，用文化的方式发展有灵魂的教育，注重内涵发展，彰显办学特色，打造学校品牌，根据学校实际，特制订本方案。

一、建设目标

1. 促进学生和谐发展

围绕中国传统文化教育活动，进行校本课程的开发，使学生能更好地汲取中国传统文化精髓，培养学生"自强不息、厚德载物"的精神。通过校园文化建设，营造有利于师生思想道德和文化素质提高的育人环境，培养科学的人文精神，形成和谐共进的学校神韵，把学生培养成有理想、有道德、有文化、有纪律、会创新的新型人才，使学生的价值观念、道德行为、心理品格、审美修养、艺术情趣得到全面提升，成为既具有健康个性又具有健全人格的人。

2. 促进教师持续发展

在传统文化与校园文化建设融合的过程中，教师要达成目标，首先要提升自我专业水平，引导教师逐步形成以人为本的人文性教育思想。同时，创建人文性师生评价机制。教师在学科教学中讲究方法，渗透传统文化教育思想，促进其持续发展。

3.促进学校健康发展

以创新校园文化价值理念为引力，真正发挥校园文化的育人功能。利用多种手段，围绕传统文化与现代校园文化有效的融合开展系列配套活动，达到育人目的。通过物质的硬件文化和精神的软件文化建设，全面提高办学水平，增强学校发展的核心竞争力，打造学校品牌，使学校科学和谐发展，达到良性有序发展的高层境界。同时，围绕传统文化活动，逐步形成彰显学校人文特色和育人品位的校园文化。

二、政策与理论依据

1.党的十八大以来的重大精神和党中央重要决策：弘扬中华文化，构建中华民族共同精神家园。全面认识祖国传统文化，加强中华传统文化教育。（十八届三中全会）建设优秀传统文化传承体系。加强中华传统文化教育。（十八届四中全会）

习近平主席的重要讲话：优秀传统文化可以说是中华民族永远不能离别的精神家园。读优秀传统文化书籍，是一种以一当十、含金量高的文化阅读。中华传统文化是中华民族的根，是中华民族的魂。如果丢了这个根，丢了这个魂，我们中华民族就没有根基。（2012年12月广东深圳考察时的讲话）要从娃娃抓起、从学校抓起，做到进教材、进课堂、进头脑。（2014年2月24日中共中央政治局第十三次集体学习中强调）

李克强总理的重要讲话：我们中国人，首先要把自己的文化搞通搞透，做到所谓"教化之流，家至人说"。（2015年2月11日出席新一届文史馆员座谈会上的讲话）

2.教育部《完善中华优秀传统文化教育指导纲要》：把优秀传统文化教育系统融入课程和教材体系。

3.著名专家学者的言论：有自己文化传统的国家，而且珍惜自己传统的国家，才是有希望的国家。——汤一介（著名哲学家、国学大师、哲学史家、哲学教育家）中华优秀传统文化和中华传统美德教育要从小抓起，使之贯穿于家庭教育、学校教育、国民教育、社会教育的整个过程与各个环节。——郭齐勇（武汉大学国学院院长、国际中国哲学会会长、中国哲学史学会副会长）

三、实际情况分析

1.学生经过多年的学校教育却存在"有知识没文化、有聪明没智慧、有专业没人格、有学历没能力"的现象。

2.当前，中小学生中存在任性、自私、娇气、懒惰、怕苦、不孝、自卑、脆弱等不良品德表现。

3.随着社会的发展，时代的进步，人们对人才的标准和要求越来越突出"德"：

有德有才大贡献，有德无才小贡献，无德无才不贡献，无德有才大破坏。

四、实施步骤

（一）宣传发动阶段

1.高度重视，明确职责。成立以校长为组长，以校务会成员为副组长，以全体班主任和语文教师为成员的校园文化建设领导小组。把相关内容向各位教师和各班级进行责任分解，打造一个对校园文化建设工作人人参与、齐抓共管的良好格局。

2.统一思想，大力宣传。组织全体教职工认真学习，领会精神，提高认识，营造全校上下认真贯彻该《方案》的思想氛围。加大校园文化建设宣传力度，组织开展校园文化研讨交流活动，积极探索新形势下加强和改进校园文化建设的新思路、新举措、新模式，为校园文化建设献计献策，全面提升校园文化的质量和品位，努力营造校园文化建设的良好氛围。

（二）全面启动阶段

1.物质文化建设突出传统文化色彩

校园物质文化包括校容校貌、教学设施、生活资料等，是校园文化的外在标志，是校园文化建设的基础，它属于校园文化的硬件，看得见、摸得着的。校园物质文化的每一个实体，以及各实体之间的关系，无不反映出某种教育价值观。良好的学习环境和生活氛围，无疑会使人产生一种向上的激情。

（1）墙名。"让传统文化的气息洋溢在每一栋建筑的墙面上"是校园文化墙建设的构思原点。我们本着"高品位、重传统"的原则，对学校的墙壁进行文化着装。让每一面墙所说的话和它的外在形式和谐统一。比如，给教学楼取名为：惟一楼（取李邕"迈惟一之德，究吹万之性"之意），广益楼（取诸葛亮《前出师表》："愚以为宫中之事，事无大小，悉以咨之，然后施行，必能裨补阙漏，有所广益"之意）。

（2）路名。将学校每一条道路赋予一个高雅而富有诗意的名字，让学生漫步于校园小径中仍徜徉于传统文化的海洋中。如给道路取名为：攀登路、樟华路、景行路等。

（3）标语。贴经典诗词名句于室内，"长风破浪会有时，直挂云帆济沧海"承载在困难面前不气馁、不放弃之精神；贴名人名言于廊上，"路漫漫其修远兮，吾将上下而求索"承载百折不挠、积极进取的精神。标语中所蕴含的"文以载道"的教育理念，在不经意间让学生接受传统文化的熏陶，让他们更自信、沉着、积极、优雅。

（4）雕像。在校园绿化带中、教学楼前等学生活动的主要地带中，建立孔子、屈原、李白等名人雕像，并在雕像旁或对其进行主要事迹的介绍，或摘抄其主要诗句言论。如孔子的雕像，可选取"己所不欲，勿施于人""己欲立而立人，己欲达而达人"，让学生在休闲之于仍能接受传统文化的熏陶。

（5）走廊。在教学楼和宿舍之间，或是宿舍与食堂之间建两座文化长廊，女子长廊中主要雕刻《孙子兵法》，选择其中具有代表性的语句让女学生每天在到教学楼或回宿舍时背诵一二句，让其于柔弱中感受刚强；男生长廊主要雕刻《大学》《论语》中的语句，每天闲暇之余背诵一二句，树立中正平庸之道。长期坚持，有助于帮助学生掌握传统文化的精髓。

（6）绿化。努力做到"春有花，夏有荫，秋有香，冬有绿"。将绘画艺术中审美观与现代建筑要求相结合，让花草树木的布局错落有致，疏密相间，暗含着祖国的花朵，他们的个体是有差异的，我们将充分尊重这种差异，让孩子尽可能的和谐发展、全面发展。

2. 精神文化建设注重传统文化精髓

校园精神文化建设是校园文化建设的核心内容，也是校园文化的最高层次。它主要包括校园历史传统和被全体师生员工认同的共同文化观念、价值观念、生活观念等意识形态，是一所学校本质、个性、精神面貌的集中反映。校园精神文化又被称为"学校精神"，并具体体现在校风、教风、学风、班风和学校人际关系上。

"诚、行、毅"，是培养创新人格的基础，是一个人在人生发展过程中的奠基石。在"诚、行、毅"思想的熏陶下，全体师生奉"诚"之思想，以诚待人，友好相处，齐心协力，在人文的氛围中培养服务与合作的精神。全体师生树"行"之意识，独立思考，崇尚科学，追求真理，开创未为人知的广阔天地，培养弘毅的明天。全体师生树"毅"之品格，好学不倦，勤奋进取，不懈奋斗，传承优秀文化。

（1）恪守"诚"。诚是做人的基本要求，教育学生言行一致，诚实守信。倡导和谐共进理念，培育合作精神。《大学》经文说："欲正其心者，先诚其意。欲诚其意者，先致其知。知至而后意诚，意诚而后心正。"强调在以"以人为本，科学管理，培养学生健全人格，积极发展学生个性和特长，为学生终身发展奠基"。建立新型的人际关系，全校上下团结一致，共同努力，克服困难，迎接挑战。

（2）践行"行"。行是求知的基本要求，教育学生躬践身处，博学近思。在生活、学习、工作、做人方面累积人生丰富的知识与经验。体现王阳明主张"求理于吾心"，即"知行合一"。其内涵："凡谓之行者，只是着实去做这件事。若着实做学问思辨工夫，则学问思辨亦便是行矣。学是学做这件事，问是问做这件事，思辨是思辨做这件事，则行亦便是学问辩矣。"蕴含"学、问、思、辨"的道理。子夏曰："博学而笃志，切问而近思，仁在其中矣。"鼓励张扬个性，培育创新精神。以相互尊重和宽容为前提，提倡每一名教师和学生都要努力地认识自我、发现自我、挑战自我、完善自我；大胆张扬个性，发挥自己的潜能和创造力。

（3）秉持"毅"。毅是做事的基本要求，教育学生克服困难，毅力而行。培养学生勤奋精神，立志科学创新具有重要作用。吻合"知行合一"的教育理念，对于加强学生实践能力、探究能力的培养，对于培养具有创新精神和实践能力的人才亦具有指导意义。增强师生主人翁意识，培育负责精神。每一名教师都对自己的工作负责，每一位学生都对自己的学习和学业负责；每一位教职工都积极参与学校事务，为学校的前途和命运负责，每一位学生都积极响应学校的号召，知难而进，为学校增光添彩。使校荣我荣，校衰我耻的意识深入人心。

3. 活动文化建设彰扬传统文化气息

（1）全力推动师德建设活动。深入开展师德教育，转变工作作风，为人师表，以情感人，人格育人，科学管理，在全校范围内逐步形成讲责任、讲质量、讲师德，作表率的工作氛围和勤思考、好学习、敢创新、乐奉献，形成"和谐、向上、求实、明理"的良好风气。与建立和谐师生关系紧密结合起来，突出开展"对学生要有爱心，对工作要有责任心，对同事要有诚心"三心活动，使师生凝心聚力。注重师生外在仪表，树立师生良好的外在形象。每学年以师德师风教育月为平台，师德师风建设的核心就是爱与责任。引导全体教师明白"师爱"的伟大意义和力量，播撒爱心与智慧，培养教师掌握爱的技巧。提升教师释放爱的质量。赞赏是爱的核心，要让每一个教师学会赞赏，掌握并熟练运用一些基本的赞赏动作和语言，如拍肩、握手、击掌、抚摸、竖起大拇指、鼓掌等动作，又如"你真棒，你能行，你好能干，你成功了，祝贺你"等语言。

（2）努力推进学生德育活动。坚持每周一次的升国旗仪式，通过内容生动具体的国旗下讲话，弘扬以爱国主义为核心的民族精神。通过阐释校训、校歌、班风等形式，培养学生的集体荣誉感。积极开展"我与孤寡老人度周末"、敬老院卫生清整行动等社会实践活动，培育学生尊老爱幼的传统美德和勤劳俭朴的质朴品格。传统节日，开展"妈妈（爸爸），我想对您说（我想为您做）……"亲子活动。

（3）大力推行传统主题活动。校园文化艺术节，"我与经典名著有个约会"演讲比赛、书法比赛等活动常抓不懈，把学生喜闻乐见的娱乐形式纳入传统文化教育的正向轨道。利用各种纪念日，组织开展读书宣传活动。结合学校实际，每周开一节书画课，培养学生的兴趣。成立各种课外业余活动小组，通过开展舞蹈、乐器、武术等交流活动，丰富学生学习传统文化的形式。

4. 制度文化建设凸显传统文化因素

制度本身就是一种文化，因此制度形成必须由管理者和师生共同参与制订，这样形成的制度，更显出它的优越性，最后能够转化为全体师生主动遵守的制度。

（1）制度管理中突出以人为本。子曰："仁者，爱人。"学校的发展最终是人的发展。坚持以人为本，以教师发展为本，以学生发展为本，不断修订和完善本单位工作职责、办事程序和工作要求，转变工作作风，提高工作效率，人格育人。强化师德师风建设，进一步提高师德水平，弘扬正气，抵制不正之风。加强学生学习，行为习惯等方面的制度建设。通过各种教育管理形式，使各项管理内化为学生的自主活动，变纪律为自律，体现教育管理的人文性，做到情感管理、人文管理和制度约束的协调统一。

（2）制度管理中突出有章可循。坚持以德治校与以法治校密切结合，研制有利于师生、学校健康发展的教师管理、学生管理、教学管理、总务管理、学校设施管理等各种管理制度，使各项教学管理活动有章可循，在一个有秩序的氛围下良性发展。建立健全管理制度，使学校各项工作有章可循，依法治教，依法执教，依法治校。严格按学校规章制度实事求是，讲求实效，进行科学管理。完善财务管理制度，确保国有资产保值、增值。完善教职工聘任实施方案和教职工年度考核细则等。坚持有尊重的管理，体现激励机制。

（三）成果验收阶段

活动开展所取得的成效，校园文化建设领导小组将分阶段进行检查，对没有按照要求完成的人员，将依照相关制度进行处理。

五、实施建议

1.根据学校实际情况，设列专项经费，加强校园文化建设的经费投入。

2.校园文化建设与平安校园、卫生校园、绿色校园、园林校园、生态校园、文明校园、依法治校等活动有机结合起来。

校园文化建设渗透于学校的教学、科研、管理、生活及各种校园活动等方面，校园文化建设是学校实施素质教育和精神文明建设的重要组成部分。只有和谐、健康、积极向上的校园文化才能培养和谐发展的师生，才能推动学校的和谐发展。这是我们教育人持之以恒的追求，也是我们继承传统、展望未来的强劲推动力。

（培训机构：湖南师范大学）

情境教学法对激发小学生体育课学习兴趣的探讨

常德临澧县丁玲学校　李小慧

一、前言

情境教学法是指融言、行、情为一体的教学方法，它是利用创设情境来激发学生参与的情绪，引导学生对知识技能的理解和掌握，启发学生思维的积极性，激发学生学习的主动性与积极性，培养情感意识，达到师生信息交流的方法。

我国对情境教学的研究，是从 1978 年李吉林进行情境教学法实验开始的，最初是在语文学科获得成功的，但情境教学总结出的一些基本思想和理论观点，乃至一些操作方法，在各科教学乃至整个教育过程中都具有普遍意义，是符合教育教学规律和学生身心发展规律的。

湘西经济、体育文化比较落后。长期以来，小学体育教学一直是"教师:讲解—示范，学生:听看—练习"的传统教学模式，这种枯燥、单一、成人化的教学方法，抑制了小学生学习体育的兴趣。在学生眼中,体育课无外乎就是跑跑、跳跳、玩一玩、甚至是玩耍课。如何让体育课焕发活力？如何借助情境教学法来实现体育课的破局？笔者就此展开了研究。

二、研究的对象与方法

（一）研究的对象

研究选取湘西麻阳民族小学四年级 1、2 班 100 人为实验对象。在实验前对这些学生进行体育学习兴趣的调查。结果显示，两个班无显著性差异，并随机确定了 1 班为对照班，2 班为实验班，实验班采用情境教学模式进行教学，对照班采用常规教学模式进行教学，教学内容均为教学计划规定的内容，时间一个学期。

（二）研究的方法

1.问卷调查法

本实验采用汪晓赞（2005）的《小学生体育学习兴趣水平评价量表》进行问卷调查，实验前实验班与对照班无明显差异，实验后对其两个班再次进行调查。

《小学生体育学习兴趣水平评价量表》是汪晓赞根据小学生的学习兴趣编制而成的,该量表包括27道题目,共四个维度,分别为运动参与程度、体育学习积极兴趣、体育学习消极兴趣和自主学习程度。

采用当场发放并测试，当场回收的数据收集方式。发放调查问卷 100 套，回收卷 97 套，回收率为 96.0%，有效问卷为 95 套，问卷有效率为 99.0%。

问卷的发放、回收情况统计表如下：

表一　对实验对象问卷的发放、回收情况统计表

	发放问卷数	回收问卷数	有效问卷	回收率	有效率
实验班	50	47	47	94.0%	100%
对照班	50	49	48	98.0%	98.0%
总计	100	96	95	96.0%	99.0%

2. 文献参考法

在图书馆、市县体育部门大量查阅各校教育手段对小学生体育学习情况的文献资料。

3. 访问法

本人深入城乡等学校进行访问，实地考察了解情况。

课后通过访问 100 名学生（实验组：50 人；对照组：50 人）对体育课学习兴趣调查，得出情况统计如下：

表二　访问实验对象对体育课学习兴趣调查统计表

	人数	喜爱	中等	厌恶	效率
实验组	50	46	3	1	92.0%
对照组	50	34	10	6	68.0%

4. 数理统计法

运用 SPSS13.0、EXCEL 软件对实验前后问卷调查进行数据统计以及分析。

三、研究结果与分析

（一）小学体育课创设情境的基本手段

1. 运用语言描述创设情境

通过教师声情并茂、妙趣横生的教学语言，描述活动情节、过程，以及角色对话等，激发学生学习兴趣和求知欲的目的，使学生如临其境，尽情参与。

2. 运用图画显示创设情境

即用图板（小黑板等）标示人物、球类活动路线、方向，用挂图显现人物动作形态、过程，利用景物烘托环境氛围，以及在场地上描画"河沟""鱼塘"等。

3. 运用歌谣口诀创设情境

从学生的学习特点和认知水平出发，把技术动作要领编写成通俗易懂的歌谣口诀，使朗诵与意念相结合，学习与锻炼相结合，尽快领会动作要领。

4. 运用角色扮演创设情景

低年级学生喜欢动物，好表现，善于模仿。在教学时让他们扮演自己喜爱的小动物进行学习、游戏，学生会在角色扮演的环境中体验到学习的乐趣，并自觉、积极地学习动作，如在教学双脚跳时，让学生扮演一个个"小青蛙"来进行争当"青蛙王子"的活动，学生从扮演的角色中快乐地学习、练习动作，会显得乐此不疲。

5.运用声像工具和多媒体技术创设情境

利用多媒体教学(电影、电视、录音等)工具创设情境,展示丰富多彩、形式多样、声形并茂的画面。通过画面的展示能使学生对画面中的慢动作和分解动作看得一清二楚，以激发学生更好地掌握动作要领。如在教学前滚翻技巧时，可利用多媒体软件把滚翻的过程演示给学生看，学生就会明白"圆"的东西最容易滚动，从而在学习中有意识地注意团身、更好地完成动作，增强学习的效果。

6.运用实物创设情境

直观教具、形象化的头饰是学生所喜爱的。教学时有意识地加以运用，能让学生达到一定的内心感受和情绪体验，从而积极地参与各项体育活动。如在立定跳远教学时，让学生戴上自己或教师准备的小白兔、小青蛙头饰，在"小河"里的"荷叶"上进行跳跃、"找家"比赛，将学生的兴趣充分调动起来，使他们能更加主动、积极地进行动作的学习。

(二)小学体育课情境教学的运用时机

1.在课的准备部分中运用

小学生活泼好动，极善形象思维，他们见到某种事物，便会情不自禁地浮想联翩，甚至手舞足蹈。教师可利用这一特点，如刚上课时小学生一下子很难安静下来，在集合的时候你推我拉你的，就可以用手做成个菱形当做一台相机，不站好的人在相机里找出来的照片就不好看，抓住学生的心理特征，这样学生就会把注意力集中到教师身上。如"找春天"就是在教师语言启发下，学生发挥丰富的想象力，创造出很多奇妙的动作。准备活动是在教师主导作用下完成的，教师说"春天来了，小树长高了"，学生可做伸展运动，也可做提踵练习；"春天来了，桃花悄悄开了"，可三五人拉手成圆形，表示桃花开；"春天来了，青蛙醒了"，学生可边叫边跳。在这样的活动中，使学生的智能和体能有机结合起来，在教师预设的情境教学中，吸引学生的主动参与，为基本部分的教学打下良好的基础。

2.在课的主体部分中运用

主体部分的教学，是完成教学任务的关键，教师要把主要精力投入到教学方法的运用上，根据不同的教材内容，预设有一定情趣的教学方法。常用的有：

作为处理教材的手段：当学习某项运动技术时，常常用特点相近的运动现象来说明学习中的某个问题，通过教师生动形象的语言，描述动作的情节、过程，使学生从中受到启发。形象化地感知到运动技术的速度、弧度、角度、用力方向、用力顺序、特点等，从而加快学生理解技术要领的过程。如，在教正面投掷垒球的动作时，提示学生想一想"鞭子抽打动物"一瞬间的举动，使学生产生思维联想，初步得出技术动作的正确概念和要领，从而促进技术动作的掌握和技能的形成。

作为组织教学的手段：要求学生以最快速度，到达指定的场地位置，或站成规定的队形，或完成布置场地、器材的任务而创设的情境活动。如将梯形队调成半圆形队时，可以让学生模仿小燕子飞过去、蚂蚁搬家的游戏走过去，或者是四队可分别模仿开大汽车、开拖拉机、赶马车、推着小推车，跑到教师指定的地点。另外，还可以创设边转换边放松的调节性的情境活动。

3. 在课的结束部分运用

为了使运动中所造成的疲劳能尽快消除，使高度兴奋的精神状态得到适当抑制，使身体由紧张的运动状态逐渐地过渡到相对静止状态，这部分教学是不可忽视。在课结束时，常常采用闭目入静放松法，教师提示学生想象自己驾驶着一条大船，课中的大运动量练习，是船在大风大浪中航行，而入静放松时，则是船进入了风平浪静的港湾，静静的，没有一丝风，没有一点浪，犹如军港之夜。也可以把自己想象成一只鸟、一只鹰在万里晴空之中翱翔，从而达到快速放松的目的。

（三）实验后男生对体育课学习兴趣数据统计分析表：

表三 民族小学四年级男生对体育课学习兴趣数据统计表

变量	实验班（X±SD）	对照班（X±SD）	t	p
运动参与程度	5.50±1.14	4.01±1.29	2.58	0.037*
学习积极兴趣	5.64±1.26	4.24±1.06	2.34	0.002*
学习消极兴趣	4.24±1.34	5.27±1.33	2.52	0.042*
自主学习程度	5.34±1.48	3.61±1.53	2.69	0.028*

此表显示，四年级实验班男生实验后的运动参与程度和自主学习程度维度在得分高低上与对照班有显著性差异，实验班得分明显高于对照班的得分；而且在学习积极兴趣维度上达到了非常明显的显著性差异；在学习消极兴趣维度的得分高低上，实验班则与对照班有显著性差异，实验班得分明显低于对照班得分。

实验后女生对体育学习兴趣数据统计分析表：

表四　民族小学四年级女生对体育课学习兴趣数据统计表

变量	实验班（X±SD）	对照班（X±SD）	t	p
运动参与程度	5.10±1.33	4.61±1.39	2.48	0.036*
学习积极兴趣	5.35±1.27	5.24±1.50	2.34	0.006*
学习消极兴趣	4.24±1.36	5.24±1.27	2.62	0.034*
自主学习程度	5.04±1.48	4.26±1.19	2.49	0.029*

此表显示，四年级实验班女生的运动参与程度和自主学习程度维度在得分高低上与对照班有明显的显著性差异，实验班得分明显高于对照班的分；而且在学习积极兴趣维度上的得分有非常明显的显著性差异；在学习积极兴趣维度的得分高低上，实验班则与对照班有显著性的差异，实验班得分明显低于对照班得分。

四、结论与建议

（一）结论

通过对照班与实验班的体育学习兴趣得分显示，传统的教学方法实际上并不能充分引起学生的学习兴趣，不能满足小学生参加体育活动的心理需求，得不到小学生的喜爱。由于教学方法单一、死板，致使学生的学习积极性难以得到激发，学生的创造性得不到表达，学生难有愉快的体验。采用情境教学法的实验班，学生运动参与程度、体育学习积极兴趣和自主学习程度维度的得分，明显高于对照班。可见，满足小学生的心理需求，使学生对上课的内容和方法产生兴趣，是小学生对体育活动产生参与欲望的必要前提。情境教学法正是根据小学生好奇心强，爱表现自己，爱听故事，富于幻想，喜爱有节奏的舞蹈和角色游戏，喜欢和小动物交朋友的心理特点设置情境，有计划、有目的地培养小学生参加锻炼的兴趣，引导小学生积极锻炼身体，使其全面发展。

（二）建议

1. 提高对情境教学的认识

根据对情境教学科学性的分析和已取得的实验成效，它确实是全面推进素质教育的一条重要途径，情感是教学的灵魂，以知识育人，以技术服人，更要以情化人。

2. 树立以学生为主体的核心理念

根据体育教育改革要坚持以"健康第一"的指导思想，树立真正关注学生的健康意识；以学生的发展为中心，重视学生的主体地位，在注意发挥教学活动中教师主导作用同时，特别强调学生学习主体地位的体现，以充分发挥学生的学习积极性和学习潜能。

3. 领导重视

领导的决定和支持是实施情境教学的关键，学校教育的重大改革都是由学校领导做出决定而后实施的，领导重视，必然会给教师和学生以深远的影响。

4. 加强师德建设

师德建设是实施情境教学的保证。教师是情境教学的组织者和实践者，能否以高尚的人格和灵魂去影响学生，能否全身心地投入到教学中去，最终取决于师德建设。

5. 增加体育经费

增加体育经费投入，保证体育场地、器材等体育设施的齐全，改善办学条件，解决体育教师的后顾之忧，使教师有更多的经历投入教学中。

（培训机构：湖南第一师范学院）

情感在中学数学教学中的应用研究

东安县澄江实验中学　唐五清

对于大部分人来说数学是一门枯燥而又单调的学科，我们怎么去改变这种困境呢？通过对一些事实案例和文献的仔细研究，我们发现当教师把情感应用到教学中去的时候会取得更好的教学效果。情感教学是人类通过漫长的实践与研究而积累下来的智慧结晶。在数学教学中，教师要有感情地去教学，学生才会有感情地去学习。

一、情感的内涵及其作用

（一）情感的定义

生活中，我们会体会到不同的情感：欢乐、忧愁、热爱、自信……那么究竟什么是情感呢？情感是一种复杂的心理行为，它是人对客观事物是否符合自己的需要而产生的态度体验和行为反映。这说明，情感是以个体愿望和需要为中介的一种心理活动。当客观事物符合个体愿望和需要时，就会产生积极肯定的情感体验。比如一个学生得到教师的肯定时就会感到欣慰和满足。当然，当客观事物不符合个体愿望和需要时就会产生消极否定的情感体验。比如学生因为数学成绩不理想而烦恼和忧郁。

（二）情感对教师的必要性

1.情感与教师素质

教师素质从结构上来看，至少包括以下成分：教师的职业理想、教师的知识水平、教育观念、教师的教学监控能力以及教师的教学行为。

职业理想是教师献身于教育事业的根本动力，教师要干好本职工作，首先要有强烈而持久的教育动机，有很高的教育积极性，很难设想一个对教育工作毫无兴趣的人，一个见到学生就心烦的人，会努力做好教育教学工作。目前我国教育面临一个严重的问题就是受社会不良因素的影响，教师队伍的工作积极性普遍不高，这个问题对我国的教育事业构成了很大的威胁。增强教师的事业心，强化教师的职业道德感，已成为了教育改革的一个重要课题。我们将教师的事业心，责任感和积极性称之为师德，师德的主要成分就是对学生的爱，我们称之为师魂，在一定程度上，热爱学生就是热爱教育事业。

教师的教育观念是直接影响其教学效果的关键因素，教师的教育观念一般是指老师的教育观点和教育信念体系。"我一定能教育好学生""我的学生一定会进步"，这种对自己和学生有着强烈自信情感的教育理念是一种很好的教育观念。心理学家把教师对自己影响学生行为和学习成绩能力的主观判断主义为教师的教育效能感。教师的教育观念能直接影响他们的情感态度，从而影响其教学效果。

所以我们可以看出，情感对教师素质的影响很大，教师的情感可以影响教师素质的高低。

2. 情感与教师威信

（1）教师威信

教师的威信是指教师在学生心目中的威望和信誉，教师威信是师生之间积极肯定关系的表现。一个教师如果思想进步，热爱教育事业，热爱学生，品德高尚，知识渊博，要求严格而又平等待人，尊重学生，了解、关怀学生，便会成为学生心目中的典范和榜样，成为一个真正有威信的老师。所以说情感是一个有威望的教师必须具备的。

（2）教师威信的形成

教师威信的形成取决于许多因素，但可概括为主观因素和客观因素。

客观因素：教育行政机关，教师在社会生活中的地位、教育行政机关、学校领导对教师的态度、学生及其家长对教师的态度。

主观因素：教师的政治思想觉悟与道德品质，广泛的兴趣，教育工作能力，对学生的爱护、关心、体贴、耐心等等。此外，教师仪表、生活作风、习惯，对教师威信的形成也有一定影响。

从教师威信的形成来看，情感是教师威信形成的重要部分。

3. 情感与教师形象

（1）学生心目中的理想教师

学生心目中的理想教师是什么样的呢？这一点，有的教师很少考虑，而有威望的教师往往能"设身处地"进行"心理交换"，以学生的目光来考察怎样才算一个好老师。他们能从学生的生活习惯、心理特点来选择教育措施，从而成为学生喜爱的教师。当学生喜欢一个教师时，那么必然会喜欢上其教的学科。这样教育效果就提高了。关于学生心目中的理想教师的问题，国内外心理学家做了很多调查，发现学生喜欢的教师：教学方法灵活、活泼、开朗，能与学生一起学习和平等交流。他们不喜欢的教师：教学枯燥无味，经常责骂学生，对学生没有同情心，处理问题不公正，自私。

（2）如何成为学生心目中的理想教师

情感吸引可以使学生和教师建立十分融洽的情感关系，学生便会对教师产生亲近感，愿意接近老师，学生对教师的教育就更容易接受。热爱学生、尊重学生、关心学生、循循善诱、和蔼可亲、严格要求、鼓励学生上进的教师是很受学生欢迎的。

从此我们可以看出，情感是一个判断教师是否是个好老师的重要因素。

（三）情感教育能让学生全面发展

对学生来说，他们接受的不仅是书本上的知识内容，还应该包括性格、品质、情感、意志等各方面的素质发展。情感教育的实施，是构成师生之间的教育桥梁，能够拉近师生之间的距离。教师对学生的真诚关爱，是赢得学生信任的基础，是学生乐于接受教育的前提。中学生在心理上接近成人，渴望独立，有着较强的独立意识，但还是渴望得到教师的关爱和关注，有时候老师的一句问候的话，理解、关心的言语和帮助的行为都能触动到学生的心底，让他们体会到老师那份真诚的爱护而乐于接受批评和教育，促进他们良好素质的形成和发展。榜样具有强大的感染力，它能把英雄事迹、高尚的道德品质和行为深深的印于学生的思想和行为中，它是学生的精神支柱，是学生模仿的楷模。因此实施情感教育时，结合教学内容上的数学发展和数学家的故事，比如数学家们所做的贡献，使榜样形象引发出学生情感上的共鸣，使他们的道德品质和价值取向得到更好的发展。

在中学数学教学中，我们不仅要培养学生的运算能力、逻辑思维能力、动手操作能力和空间想象能力，更要培养学生具有高尚的道德品质、良好的心理素质、正确的审美观。这些都是数学素质不可或缺的重要组成部分，善于运用情感于数学教学中，不仅是当前素质教育的要求，也是教师更高教育素质的具体表现。在传统教育中对知识的灌输是教育的核心，对于非理性、非逻辑的情感往往被忽略得不到重视，这样就不可避免的造成了教育事业有很多缺陷，也成了落实当前素质教育的最大障碍。因此我们现在最急迫的就是，要认识情感在中学教学中的重要作用。很明显，情感的应用可以使教学效果得到极大提升，更能培养出学生良好的学习素质。教师要注重用情感教学，寓情于教，让情感教学成为课程内容教学中的主导，教师要学会善于倾听学生的心声，充分挖掘教材中的情感资源，面向学生，坚持德育观念。这样才会产生和谐、良好的师生关系，教师的情感就在数学教学中起到了重要作用。

二、在数学教学中渗透情感教育的基本原则

（一）情境性

情感总与情景相伴随，为此，我们必须注重创设问题情境，即教师根据教材内容创设出一种学习环境，在学习环境中诱发学生的情感。如创设问题情境：汽车站入口处常常会在墙上 110 厘米、140 厘米处各标上一条红线，小朋友进站时，只要走到标记处，脚跟靠墙站立，看看身高是否超过免票线，或者半票线，就可以决定这个孩子是否需要购买半票或全票。教师引导学生思考这个实际问题，从这个问题中引入线段大小的比较的学习。这一设计很好地贴近了学生生活的问题情

境，引入新课，学生会倍感亲切，觉得数学就发生在自己平日生活之中，从而激发学生学习的兴趣，放飞思想，发掘创造的源泉。

（二）和谐性

在一个班级中有很多学生，每个学生，相貌有美丑，智商有高低，但学生对尊重的需求是相同的。对于这一点，我个人认为学生和教师之间在教育过程当中虽然扮演着不同的角色，但是彼此之间又有着不可替代的依赖性。教师最重要的是不可以"偏心"，教师应对每个学生都是等同的。尊重全体学生，关键在于能否对后进生也进行同等的尊重，对他们应当更加重视，更为喜爱，多一分关爱，后进生的每一次进步其实更能让教师得到成就感。我们要调整课堂上的视线投向，让后进生也能沐浴在老师亲切的目光下。老师的每一次表扬、每一句赞语，对学生来说都是一种激励。课堂上教师对学生的关注，对学生的信任，温柔地询问都是师爱情感的流露。教师学生双方处于积极情感状态时候，便会产生感情上的共鸣，课堂上将会出现一种协调而又自然的气氛。对后进生要创造条件，使他们有机会完全而体面地表现自己，使后进生在"表扬→努力→成功→自信→再努力→取得更大的成功"，这样的过程中形成学习上的良性循环，不断萌发上进的心理，不断增强对数学学习的信心。教师要以真诚的自我对待学生，坦率不做作地表达自己的真实思想情感。做到言行一致，表里如一，学生就会坦诚地向教师敞开心灵的大门，愿和老师心心相印，投之以桃，报之以李。当学生感到自己被老师尊重、欣赏、理解时，他就会全心全意地与教师配合，并努力地学习报答教师，从而也使自己的潜能得到更为充分的发挥。

（三）灵活性

教学活动是认知教学与情感陶冶同时进行的一个过程，而在兴趣和愉快的背景下更为学生的智力活动提供了最佳的情感场，它可以改变学生在教学过程中的情感活动的性质，变消极学习为积极学习，提高教师的教学效率和学生的学习效果。

如何培养兴趣呢？首先是教师要采取灵活多样的教法满足学生的情感需要。比如：在一种特殊情景中讲概念；在观察和类比中讲性质、公式、法则或定理；用练练、讲讲、比一比或议论等方式上练习课或复习课等等。启发诱导，让学生们积极参与，生动愉快地学习。其次是增强数学学习的趣味性。在课堂上，结合教学，运用教具和多媒体课件，让学生认真观察、仔细思考、积极讨论，用建造模型或实物观察的方式帮助学生掌握一些抽象的知识，甚至还可以让学生自己动手制造教具，其效果是传统教学方式无法比拟的，这样既使学生学到了知识，又增加了趣味，也提高了学生动手动脑的能力。如在学习"相似三角形的应用"时，教师给学生边讲古希腊哲学家泰勒斯测量金字塔高度的故事，边用多媒体展示情景图片，学生在仔细观察后肯定会产生种种疑问并进行讨论，教师因势引入相似三角形知识应用的学习，学完新课后，再问问学生泰勒斯是用什么方法原理测量出了金字塔高度。这样的一个问题情境持续贯穿于整堂课堂教学，激发了学生思维，同时也培养了学生应用数学知识解决设计问题的意识。

三、情感在中学数学教学中的应用

（一）把数学教学内容情感化

数学的世界对于大部分人来讲是单调、枯燥、乏味的。但作为一个数学教师，我们要认为数学的世界是一个充满了美的世界，有数的美、行的美、式的美，在那里我们可以感觉到和谐、对称和比例，我们可以看到布局的严谨、形式的简洁和关系的和谐。这些都能给学生一种数学美感。因此教师要依据学生的心理特征，遵循教学规律，提炼出数学中蕴含的美，让学生体会到其实数学也是一个充满美的学科，从而对数学产生浓厚的学习兴趣，提高学生的学习积极性。

（二）以情动人，激发学生的学习热情

在数学教学中有不少学生存在这样的情况，数学考试能得高分受到老师的青睐和表扬、家长的鼓励和同学的羡慕。但是会觉得数学没意思，太枯燥，在学习中不能快乐起来。这些学生具备学好数学的基础，但是情感上空白，对数学谈不上热爱，所以不能去自主地探究和终身地学习数学。

作为一个数学教师，要极具热情，富有感情地去对待每一节课，利用情感在教学中的积极作用，提升学生对学习的热情；对任何学生都需要多一分鼓励、多一分耐心，仔细地观察学生，对他们多一些帮助和关怀。让每个学生都能在知识的海洋之中得到自己的收获。

（三）重视数学课堂中的情感环境渲染，加强师生的情感交流

在实际教学中，教师对待任何烦恼与挫折，都需要调整好自己的情感，让学生感觉到老师的态度，多和学生交流，使学生乐于和老师交往，从而主动地参与学习。作为一名数学教师，只有使自己具有学生的心理，才能走进学生的情感世界，去感受学生的心理变化，才能使学生感受到一种师生平等的情感，这样，师生才能成为朋友。师生才能有真实情感的交流。在数学教学中，教师热爱学生，师生关系就会融洽协调，这样才能缩短师生之间的心理差距，建立起良好的师生关系，让学生"亲其师，信其道"。教师要对学生充满爱心。爱，可以营造出一种轻松和谐的课堂氛围。每个学生都希望能得到老师的关爱。老师的关爱是一种催化剂，能促使学生积极地参与学习活动中，可以提高师生之间的交流，使学生敢于提问、敢于怀疑、敢于创新，这样肯定能得到更好的教学效果。

（四）灵活运用教学方法，调节学习情绪

数学教学最忌呆板，再好的教学方法天天如此学生也会心生厌恶，所以教学必须多样化。因此，在数学教学中要将多种教学方式进行一个最佳组合，做到富有情趣，灵活多样，具有时效并且能体现出时代的特点。教师要随着教学内容的变化选择不同的教学方法和授课方式。对于新课我们总会以讲授的形式向学生传输。对于内容比较简单的新课则可以选择让学生自学，然后通过老师提问，教师解答，练习巩固的形式以便让学生更容易掌握。这样显然可以提高课堂效率和学生的学习情绪。教师在课堂中必须学会将传统教法与现代教法结合。对于代数内容可能采用传统教法效果会更好，但是在几何问题上采取现代多媒体教法则能取得更有效的结果。

（五）善于表扬学生，增强学生的学习信心

在课堂教学中，教师在学生回答问题后，适时地给予表扬夸奖，会更加调动学生的发言、提问、回答的积极性，学生会以主人的心态主动去激烈的讨论问题，课堂情绪就会不断地高涨。基础差的同学有些问题可能回答不出来或者回答错误，这时候教师不能给予学生严厉的批评，应该去鼓励学生，用幽默温和的语言从侧面指正他的错误，这样既不会对回答问题错误的学生造成心理打击，也不会让后面回答问题的学生有所顾忌。可以说课堂上老师的表扬就是对学生学习状况的一种肯定，可见教师在课堂上对学生的表扬能让学生得到一种自我满足感，学生更能积极地参与讨论，师生之间就会产生亲切感。师生感情融洽，课堂情绪就会愉快轻松，学生兴趣浓厚，教学效果才会更好。

教学即是知识技能的传授，又是师生情感的交流。成功的教育需要爱的火焰和炽热的情感，数学学科虽然充满的是理性科学，但是数学教学活动更离不开人文关怀。作为一名合格的数学教师，不仅要具有深厚的数学知识、严谨的教学态度、高超的解题方法，而且还需要有丰富的情感世界和先进的教育理念，要建立和谐民主的师生关系，教师要以富有情感、生动形象的语言，激发学生学习数学的乐趣和热情，让学生感到教学内容生动有趣，情感上与老师产生共鸣，行动上积极上进。

四、结束语

在数学教学中渗透情感教育，对我们数学教学起着事半功倍的效果。无论是一个巧妙的比喻，还是一个有趣的故事，或者一个恰当的幽默，都可使学生回味无穷，从而增强数学教学艺术的感染力。正如陕西师范大学罗增儒教授说的一样："知识只有插上了情感的翅膀，才会富有趣味性的幽默和魅力。"所以说，情感教

育与数学教育在教学中相互交融、相互渗透、相互影响、相互促进，相辅相成。因此，我们要使以后的数学教学更加符合当下素质教育的需求，更加贴近新课标，努力探索情感教育的有效途径，通过情感教育更有效地提高数学课的教学质量。

（培训机构：湖南第一师范学院）

图书在版编目（CIP）数据

美丽的遇见——"国培计划"学员研修成果/黄佑生主编；湖南省中小学教师国家级教师培训计划项目实施工作办公室组编. —长沙：湖南师范大学出版社，2017.4

ISBN 978-7-5648-2819-6

Ⅰ.①美… Ⅱ.①黄… ②湖… Ⅲ.①中小学—乡村教育—师资培训—研究—湖南 Ⅳ.①G635.12

中国版本图书馆CIP数据核字（2016）第053675号

MEILI DE YUJIAN

美丽的遇见
——"国培计划"学员研修成果
本册主编｜黄佑生

责任编辑｜廖小刚　周基东
责任校对｜张晓芳

出版发行｜湖南师范大学出版社
　　　　　地址：长沙市岳麓山　邮编：410081
　　　　　电话：0731-88853867　88872751
　　　　　传真：0731-88872636
　　　　　网址：www.hunnu.edu.cn/press
经　　销｜湖南省新华书店
印　　刷｜湖南雅嘉彩色印刷有限公司

开　　本｜710 mm×1000 mm　　1/16
印　　张｜20.25
字　　数｜374千字
版　　次｜2017年4月第1版第1次印刷
书　　号｜ISBN 978-7-5648-2819-6

定　　价｜44.00元

投稿信箱｜435723851@qq.com

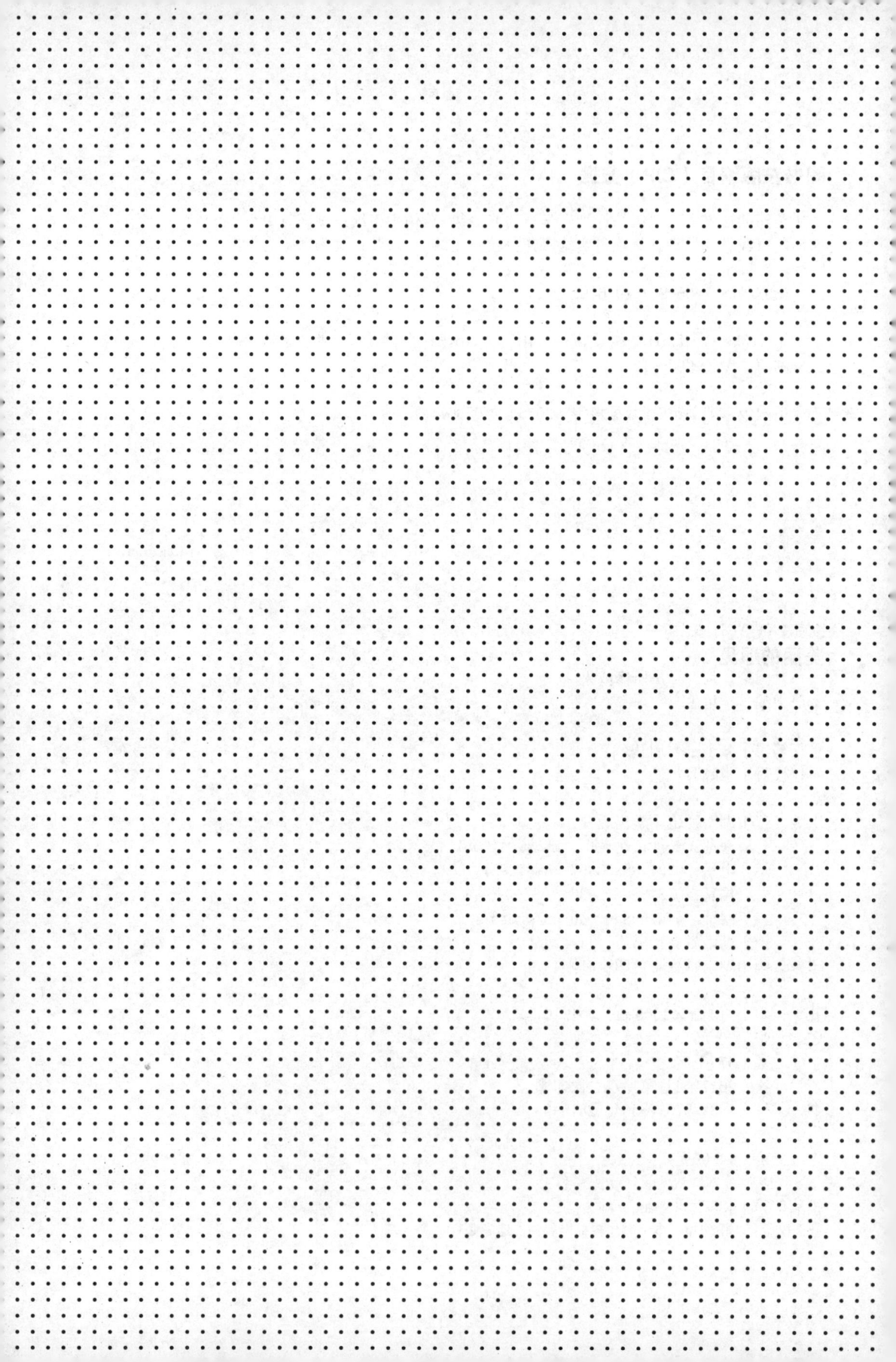